高等院校经济管理类主干课程教材

中小企业融资
理论与实践

主　编◎袁奋强　于　欢
副主编◎王志华　殷文娴　蔡志军

图书在版编目(CIP)数据

中小企业融资：理论与实践 / 袁奋强，于欢主编.
上海：立信会计出版社，2025.3. -- ISBN 978-7-5429-7778-6

Ⅰ．F279.243

中国国家版本馆 CIP 数据核字第 2025N0F068 号

策划编辑　　孙　勇　战小雨
责任编辑　　孙　勇
助理编辑　　吴佳璘
美术编辑　　北京任燕飞工作室

中小企业融资：理论与实践
ZHONGXIAO QIYE RONGZI LILUN YU SHIJIAN

出版发行	立信会计出版社	
地　　址	上海市中山西路 2230 号	邮政编码　200235
电　　话	(021)64411389	传　　真　(021)64411325
网　　址	www.lixinph.com	电子邮箱　lixinph2019@126.com
网上书店	http://lixin.jd.com	http://lxkjcbs.tmall.com
经　　销	各地新华书店	
印　　刷	常熟市华顺印刷有限公司	
开　　本	787 毫米×1092 毫米	1/16
印　　张	16.25	
字　　数	396 千字	
版　　次	2025 年 3 月第 1 版	
印　　次	2025 年 3 月第 1 次	
书　　号	ISBN 978-7-5429-7778-6/F	
定　　价	55.00 元	

如有印订差错，请与本社联系调换

前　言

面对中国经济发展动力向双循环条件下的创新驱动转变,作为国民经济发展生力军、创业创新主要力量、吸纳就业主力军的中小企业,其国民经济发展"压舱石"的地位得到了空前强调。密集出台的法规政策着力破解中小企业发展中的融资困境,引发了中小企业融资的制度变革。与此同时,全球科技创新进入空前密集活跃期,新一轮科技革命和产业变革正在重构全球创新版图、重塑全球经济结构。以"大智移云物区"为代表的新一代信息技术加速突破与应用,引起了中小企业融资实践的革命性变化。制度变革叠加新信息技术革命,不仅为中小企业融资提供了新思路、新方法与新工具,而且对人才培养提出了新要求。广大中小企业急需既有理论高度又有实践动手能力、既掌握最新信息技术又扎根中国大地的复合型融资管理人才。为此,各大高校也纷纷开展了人才培养探索与教学资源建设,但是教材建设仍显落后,全面而又系统、前沿而又实用的教材尤为缺乏。

《中小企业融资:理论与实践》针对应用型本科院校的学生特点和人才培养定位,面对中小企业融资难的现实问题,在全面反映中小企业融资一般规律的基础上,吸收了最新实践经验与研究成果,创新教材组织形式,注重培养学生的理论素养与实践能力,以提升课程教学效果。

本教材总体上分为"理论基础篇"与"融资工具篇",共十二章。"理论基础篇"包括第一章和第二章,本篇内容在分析中小企业融资难的基础上,从金融结构体系、信用担保与保险,以及征信三个方面介绍了中小企业融资的制度保障体系。"融资工具篇"是本教材的主体内容,包括第三章至第十二章,本篇内容对适合中小企业的融资工具进行了介绍,这些融资工具主要包括:天使投资、股权众筹、小额信贷、资产典当、风险投资、融资租赁、供应链金融、银行信贷,以及发行债券与上市融资等。

本教材的编写具有如下特色:

第一,在结构体系上,以企业生命周期为主线,注重融资的阶段性。中小企业的发展具有显著的生命周期特征,基本会沿着种子期、初创期、成长期、成熟期、衰退期的过程演进。在每一个生命周期阶段,中小企业都有自己"成长的烦恼",所面临的任务、风险与财务特征各不相同,所适用或匹配的融资方式、工具与渠道也相应地具备了阶段性的特征。如果能够将中小企业发展历程比喻成游戏中的"打怪升级"过程,那么,为中小企业提供"装备"支持的各种融资工具也应当是不断进阶的。因此,本教材在"融资工具篇"中对众多融资工具的组织与编排,遵循了企业生命周期的演进逻辑。

第二,在内容上,以中小企业融资实践为核心,注重对最新国家政策与技术应用的反映。中小企业融资难问题无论在理论还是实务中,都是一个历久而弥新的话题。在解决中小企业融资难的问题上,我们永远在路上,用不懈的实践不断创造出新的理念与工具。这些新的实践是本教材反映的重要内容,总结起来,可以概括为国家政策实践与技术应用实践两方面。为中小企业提供融资支持具有显著的"准公共物品"特性,诸如信用担保与征信体系的建设、各种中小企业债券的创设、多层次资本市场的完善、商业银行普惠金融贷款的提供等,在很大程度上都是政策推动的结果。而"大智移云物区"等新一代信息技术的深度应用,也同样创造了很多新的中小企业融资方式,如P2P、众筹融资、供应链金融、互联网小贷等。技术的应用从信息不对称缓解、风险控制、融资成本降低等方面为中小企业融资难问题的解决提供了重要思路与方法。

第三,在教材形式编排上,以方便学生学习为目标,注重能力的培养。本教材依照"德育为基、理论先行、案例同步、实训跟进、理实一体"的原则,采用"边学、边练"的教材编排形式,每章内容都由相关法律法规、本章学习目标、主体内容、拓展阅读、案例阅读、关键概念、本章小结、思考习题、案例与实训等构成。本教材编写充分利用线上资源与二维码技术手段,创新理论先行、案例同步、实训跟进的"三段式"教学组织方式,通过课内外混合、线上下结合,实现"教、学、做"一体化与考核方式立体化,在保证教材所阐述的概念、理论和所引用案例规范性的基础上,增强教材的趣味性,通过案例分析、实训练习提升教材的参与性,激发学生的创新思维,形成理实一体化的中小企业财务会计人才培养模式。

本教材的编写团队由具有丰富教学与实践经验的中青年教师与企业财务总监组成。袁奋强、于欢任主编,王志华、殷文娴、蔡志军任副主编。各章具体分工如下:第一章、第二章由王志华编写,第三章、第四章由蔡志军编写,第五章、第六章由殷文娴编写,第七章、第八章、第九章由袁奋强编写,第十章、第十一章、第十二章由于欢编写。于欢负责全书的统稿。

在本教材的编写过程中,编者参阅了国内外大量专家、学者的研究成果,对教材中引用的内容尽可能标注了相应的出处。在此,编者向这些专家和学者表示诚挚的谢意。感谢立信会计出版社的支持,感谢编辑在本教材出版过程中付出的辛勤劳动。

本教材适合应用型本科和高等职业院校经济管理类专业的相关课程教学使用,对于希望了解中小企业融资理论与工具的从业人员来说也有一定的参考价值。

限于作者的水平和时间,本教材难免有疏漏和不当之处,恳请读者批评指正,以便我们进一步修改和完善。您的宝贵建议可以发送至此邮箱:yuhuan_0211@sohu.com。

编者
2025年3月

目　　录

理论基础篇

第一章　中小企业融资概述 ··· 3
相关法律法规 ··· 3
本章学习目标 ··· 3
第一节　中小企业融资的界定 ··· 3
第二节　中小企业融资难分析 ··· 14
关键概念 ·· 17
本章小结 ·· 17
思考习题 ·· 17
案例与实训 ·· 18

第二章　中小企业融资的制度保障 ·· 19
相关法律法规 ··· 19
本章学习目标 ··· 19
第一节　金融结构体系 ·· 19
第二节　信用担保与保险 ··· 24
第三节　征信 ··· 32
关键概念 ·· 38
本章小结 ·· 38
思考习题 ·· 39
案例与实训 ·· 39

融资工具篇

第三章　天使投资与股权众筹 ··· 43
相关法律法规 ··· 43
本章学习目标 ··· 43
第一节　天使投资 ··· 43
第二节　股权众筹 ··· 50
关键概念 ·· 56

本章小结 ·· 56
　　思考习题 ·· 56
　　案例与实训 ··· 57

第四章　创业早期的债务融资 ··· 58
　　相关法律法规 ··· 58
　　本章学习目标 ··· 58
　　第一节　创业早期债务融资概述 ··· 58
　　第二节　典当融资 ·· 65
　　关键概念 ·· 69
　　本章小结 ·· 69
　　思考习题 ·· 70
　　案例与实训 ··· 70

第五章　风险投资 ··· 72
　　相关法律法规 ··· 72
　　本章学习目标 ··· 72
　　第一节　风险投资概述 ··· 72
　　第二节　风险投资的运作过程 ·· 79
　　第三节　风险投资的实务操作 ·· 88
　　关键概念 ·· 94
　　本章小结 ·· 94
　　思考习题 ·· 94
　　案例与实训 ··· 94

第六章　融资租赁 ··· 96
　　相关法律法规 ··· 96
　　本章学习目标 ··· 96
　　第一节　融资租赁概述 ··· 96
　　第二节　融资租赁的实务操作 ·· 101
　　关键概念 ·· 104
　　本章小结 ·· 104
　　思考习题 ·· 105
　　案例与实训 ··· 105

第七章　供应链金融与资产证券化 ······································ 106
　　相关法律法规 ··· 106
　　本章学习目标 ··· 106
　　第一节　商业信用融资 ··· 106

第二节　供应链金融 ·· 111
　　第三节　资产证券化 ·· 130
　　关键概念 ··· 138
　　本章小结 ··· 138
　　思考习题 ··· 138
　　案例与实训 ··· 139

第八章　中小企业银行信贷融资 ···································· 140
　　相关法律法规 ··· 140
　　本章学习目标 ··· 140
　　第一节　银行信贷融资概述 ······································ 140
　　第二节　商业银行中小企业信贷的创新模式 ··················· 145
　　第三节　中小企业银行信贷融资实务 ··························· 152
　　关键概念 ··· 157
　　本章小结 ··· 157
　　思考习题 ··· 158
　　案例与实训 ··· 158

第九章　区域性股权市场与新三板 ································· 159
　　相关法律法规 ··· 159
　　本章学习目标 ··· 159
　　第一节　股权融资概述 ·· 159
　　第二节　区域性股权市场 ··· 162
　　第三节　新三板 ·· 169
　　关键概念 ··· 176
　　本章小结 ··· 177
　　思考习题 ··· 177
　　案例与实训 ··· 177

第十章　私募股权投资 ·· 178
　　相关法律法规 ··· 178
　　本章学习目标 ··· 178
　　第一节　私募股权投资概述 ······································ 178
　　第二节　中国私募股权投资的主要类型 ························ 186
　　关键概念 ··· 194
　　本章小结 ··· 194
　　思考习题 ··· 194
　　案例与实训 ··· 194

第十一章　中小企业债券融资 195
相关法律法规 195
本章学习目标 195
第一节　债券融资概述 195
第二节　中小企业集合票据与集合债券 203
第三节　中小企业私募债 213
第四节　双创债券 214
关键概念 221
本章小结 221
思考习题 221
案例与实训 222

第十二章　中小企业上市融资 223
相关法律法规 223
本章学习目标 223
第一节　上市融资概述 223
第二节　科创板上市 233
第三节　创业板上市 236
第四节　北交所上市 237
第五节　上市公司的再融资 241
关键概念 245
本章小结 245
思考习题 246
案例与实训 246

参考文献 247

理论基础篇

第一章
中小企业融资概述

 相关法律法规

《中华人民共和国中小企业促进法》

第三条　国家将促进中小企业发展作为长期发展战略，坚持各类企业权利平等、机会平等、规则平等，对中小企业特别是其中的小型微型企业实行积极扶持、加强引导、完善服务、依法规范、保障权益的方针，为中小企业创立和发展创造有利的环境。

第十三条　金融机构应当发挥服务实体经济的功能，高效、公平地服务中小企业。

 本章学习目标

◇ 了解中小企业、创业企业的概念与关系，了解中小企业的分类。
◇ 理解企业生命周期的划分、不同生命周期阶段的资金需求特征。
◇ 理解中小企业的重要性、中小企业融资难的表现与原因。
◇ 能够根据中小企业生命周期阶段的资金需求特征，选择适用的融资工具。

微课视频
1-1：思维导图

第一节　中小企业融资的界定

一、中小企业

（一）中小企业的定义

中小企业是指规模较小或处于创业阶段和成长阶段的企业，它包括规模在规定标准以下的法人企业和自然人企业。其广义上包括中小微企业，狭义上不包括微型企业。

（二）界定标准

中小企业的定义因国家和地区不同而有所不同。在美国，一般雇员为100人以下的企业为小企业，而雇员为500人以下的企业为中型企业。在欧洲，雇员为50人以下的企业为小企业，雇员为250人以下的企业为中型企业。在我国，中小企业的标准根据企业职工人数、销售额、资产总额等指标，结合行业特点制定。工业、建筑业、零售业对中小企业的定义各有不同。

中小企业的界定参照标准包括定性和定量两个方面。定性的指标主要包括：独立所有、自主经营、较小的市场份额、组织结构简单、业务比较单纯和专一；定量的指标主要包括：实收资本（资产）、企业职工（员工/从业人员）人数、一定时期内（1年）的营业额（收入）。

根据经济形势的变化，中小企业的具体界定参考标准也会随之调整。中华人民共和国成立以来对中小企业划型标准的六次更改，如表1-1所示。

表1-1 我国中小企业划型标准的演变

时间	标准
1950年	职工人数
1962年	固定资产数量
1978年	年综合生产能力
1984年	固定资产原值、生产经营能力
2003年	职工人数、销售额、资产总额
2011年	从业人员、营业收入、资产总额

（三）中小企业划型标准

为贯彻落实《中华人民共和国中小企业促进法》和国务院《关于进一步促进中小企业发展的若干意见》（国发〔2009〕36号），工业和信息化部、国家统计局、国家发展和改革委员会、财政部研究制定了《中小企业划型标准规定》[①]。

中小企业的具体划型标准如表1-2所示。

表1-2 中小企业划型标准（2011年）

行业名称	指标名称	单位	大型≥	中型≥	小型≥	微型<
农、林、牧、渔业	营业收入	万元	20 000	500	50	50
工业	从业人员	人	1 000 或	300 且	20 且	20 或
	营业收入	万元	40 000	2 000	300	300
建筑业	营业收入	万元	80 000 或	6 000 且	300 且	300 或
	资产总额	万元	80 000	5 000	300	300
批发业	从业人员	人	200 或	20 且	5 且	5 或
	营业收入	万元	40 000	5 000	1 000	1 000
零售业	从业人员	人	300 或	50 且	10 且	10 或
	营业收入	万元	20 000	500	100	100
交通运输业	从业人员	人	1 000 或	300 且	20 且	20 或
	营业收入	万元	30 000	3 000	200	200

---

① 2021年4月，工业和信息化部与国家统计局会同有关部门开展了《中小企业划型标准规定》（工信部联企业〔2011〕300号）的研究修订工作，已形成修订征求意见稿。

(续表)

行业名称	指标名称	单位	大型≥	中型≥	小型≥	微型<
仓储业	从业人员	人	200 或	100 且	20 且	20 或
	营业收入	万元	30 000	1 000	100	100
邮政业	从业人员	人	1 000 或	300 且	20 且	20 或
	营业收入	万元	30 000	2 000	100	100
住宿业	从业人员	人	300 或	100 且	10 且	10 或
	营业收入	万元	10 000	2 000	100	100
餐饮业	从业人员	人	300 或	100 且	10 且	10 或
	营业收入	万元	10 000	2 000	100	100
信息传输业	从业人员	人	2 000 或	100 且	10 且	10 或
	营业收入	万元	100 000	1 000	100	100
软件和信息技术服务业	从业人员	人	300 或	100 且	10 且	10 或
	营业收入	万元	10 000	1 000	50	50
房地产开发经营	营业收入	万元	200 000 或	1 000 且	100 且	100 或
	资产总额	万元	10 000	5 000	2 000	2 000
物业管理	从业人员	人	1 000 或	300 且	100 且	100 或
	营业收入	万元	5 000	1 000	500	500
租赁和商务服务业	从业人员	人	300 或	100 且	10 且	10 或
	资产总额	万元	120 000	8 000	100	100
其他	从业人员	人	300	100	10	10

二、企业生命周期

企业生命周期理论的创立者是美国的管理学家伊查克·爱迪思(Ichak Adizes)。他认为,任何一个系统,不管是会呼吸的还是不会呼吸的,都有其生命周期。有生命的有机体,如植物、动物和人类,要经历出生、成长、衰老和死亡的过程;企业也要经历从孕育(创意)到出生(创业),从幼小(初创期)到茁壮成长(成长期),从壮年(成熟期)到不断衰老(衰退期)直至死亡的生命周期过程。当系统沿着自己的生命周期轨迹发生变化的时候,都遵循可预测的行为模式。在每个阶段,系统都会面临某些挣扎,它们必须克服某些困难或过渡期的问题。

企业生命周期是企业发展与成长的动态轨迹,企业生命周期理论的研究目的就在于试图为处于不同生命周期阶段的企业找到能够与其特点相适应,并能不断促其发展延续的特定组织结构形式,使企业可以从内部管理方面找到一个相对较优的模式来保持企业的发展能力,在每个生命周期阶段充分发挥特色优势,进而延长企业的生命周期,帮助企业实现自身的可持续发展。

对于企业融资来说也是如此,企业在各成长阶段有其自身的内在特点,而为企业提供资金的各类投资者的投资风格和风险偏好也各不相同,因此处于不同生命周期阶段的企业所

拓展阅读 1-1:组织学视角的企业生命周期划分

适用的融资方式也不一样。

在本教材中,我们将企业的生命周期划分为种子期、初创期、成长期、成熟期和衰退期 5 个阶段①,如表 1-3 所示。

表 1-3 企业生命周期

企业生命周期阶段	种子期	初创期	成长期	成熟期	衰退期
	创业期			创业成功期	

企业成熟期之前的所有阶段统称为创业期。创业期企业从规模上来说,基本上以中小企业为主,并且呈现出快速发展、不确定或风险较高的特征。这些特征使此阶段企业的融资在规模(数量)、时效性、难度、价格等方面与成熟稳定阶段的大企业存在较大不同,甚至与处于成熟阶段的中小企业也有差异。

拓展阅读 1-2:中国企业的生命周期

三、中小企业分类

(一) 创业型中小企业与成熟型中小企业

如果说中小企业是从企业规模的角度进行的界定和划分,创业企业则主要是从企业生命周期的角度进行定义的。任何企业的发展过程都会经历种子期、初创期、成长期、成熟期直至衰退期的过程,企业在进入成熟期之前的阶段都可以称为"创业阶段",处于该阶段的中小企业可以被称为"创业型中小企业"。而处于成熟期或衰退期的中小企业则被称为"成熟型中小企业"。在企业的种子期和初创期,一部分创业型中小企业会夭折,而另一部分则继续成长;同样,在企业的成长期,一部分创业型中小企业也会夭折,而另一部分则继续发展;即使到了企业的成熟期,一部分成熟型中小企业仍然会倒闭,另一部分则会成为大型企业。还有一部分中小企业受制于内外在因素,将永远保持中小企业的地位形态。不同类型中小企业的发展演进过程具体如图 1-1 所示。

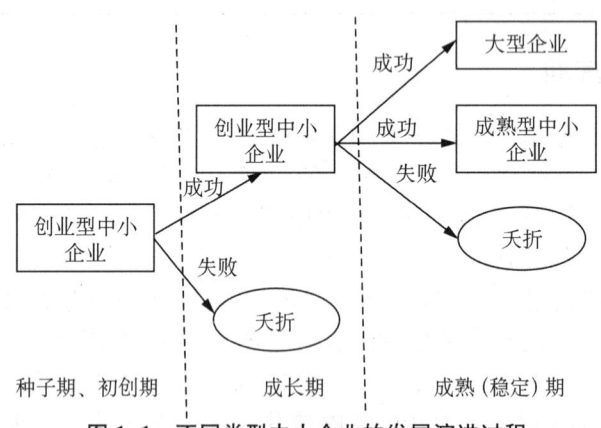

图 1-1 不同类型中小企业的发展演进过程

参考资料:刘曼红,Pascal Levenson,刘小兵. 风险投资学[M]. 2 版. 北京:对外经济贸易大学出版社,2018:51.

---

① 企业生命周期有不同的划分方法,但针对企业融资问题,尤其是风险投资领域,"种子期、初创期、成长期、成熟期、衰退期"的五阶段划分是常用方法,这种划分也与国家促进中小企业、创业企业发展的政策文件,如国务院《关于促进创业投资持续健康发展的若干意见》(国发〔2016〕53 号),保持一致。

图1-1从另一个侧面展示了创业企业与中小企业的关系。在种子期、初创期,创业成功的企业进入成长期,失败者退出历史舞台。在成长期,中小企业继续发展,成功的企业进入成熟(稳定)期,或发展成大型企业,或保持中小企业的规模。从创业型中小企业成长为成熟型中小企业并不是创业的失败,而是创业成功的结果之一。

创业型中小企业又可以分为普通创业型中小企业和创新创业型中小企业。相比普通创业型中小企业,创新创业型中小企业的成长性更强,成长速度更快,利润积累更快,但同时具有更大的风险,这种风险也是投资者要求较高投资回报率的基本原因。

(二) 优质中小企业[①]

优质中小企业是指在产品、技术、管理、模式等方面创新能力强、专注细分市场、成长性好的中小企业,它由创新型中小企业、专精特新中小企业和专精特新"小巨人"企业三个层次组成。创新型中小企业具有较高专业化水平、较强创新能力和发展潜力,是优质中小企业的基础力量;专精特新中小企业实现专业化、精细化、特色化发展,创新能力强、质量效益好,是优质中小企业的中坚力量;专精特新"小巨人"企业位于产业基础核心领域、产业链关键环节,创新能力突出、掌握核心技术、细分市场占有率高、质量效益好,是优质中小企业的核心力量。

(三) 科技型中小企业[②]

科技型中小企业是指依托一定数量的科技人员从事科学技术研究开发活动,取得自主知识产权并将其转化为高新技术产品或服务,从而实现可持续发展的中小企业。

四、生命周期与企业融资

(一) 企业的融资方式

融资通常指货币资金在需求者与供给者之间,直接或间接地进行资金融通的活动。广义上的融资是资金在供求双方间的流动以实现调余补缺的经济行为,包括资金的融入(资金的来源)和融出(资金的运用),是资金双向互动的过程。狭义上的融资是资金的融入,指企业从自身生产经营现状及资金运用情况出发,根据企业未来经营策略与发展需要,经过科学的预测和决策,通过一定的渠道并采用一定的方式融入资金,以保证企业生产经营需要的经营活动。本教材采用的是狭义上的融资概念。

从融资主体角度,我们可把企业融资分为三个层次:第一层次为外源融资与内源融资;第二层次将外源融资分为直接融资和间接融资,将内源融资分为自有资金融资和债务资金融资;第三层次将直接融资分为股权融资与债务融资。中小企业融资的方式及比较如表1-4所示。

表1-4 中小企业融资的方式及比较

融资方式			特点
内源融资	自有资金融资	股东入股	原始资金积累
		折旧、留存收益	融资成本低、风险小,但数量有限
		亲友借款	灵活性好,信息对称性好
	债务资金融资	职工集资	交易成本低,还款期限和方式灵活

[①] 参考资料:《优质中小企业梯度培育管理暂行办法》(工信部企业〔2022〕63号)。
[②] 参考资料:《科技型中小企业评价办法》(国科发政〔2017〕115号)。

(续表)

融资方式			特点
外源融资	直接融资	股权融资	
		主板	准入门槛高、融资成本适中、资金自由度高
		创业板、科创板、北交所	高技术、高成长中小企业的融资市场
		场外交易市场	门槛相对较低、比较灵活,但市场规模小、流动性相对较差
		风险投资	科技型、创新型企业,高风险、高回报
		天使投资	种子期企业
		债务融资	
		发行债券	企业规模、信用级别要求高
		民间借贷	获取便利、成本高、管理不规范
		发行商业票据	信用级别高、要求高
		商业信用	延期付款或收取预付款
	间接融资	银行贷款	利率低、时间短、申请要求高
		非银行机构贷款	利率低、申请要求高
		融资租赁	门槛低、用于企业资产购置

1. 内源融资

内源融资是指企业在内部通过一定方式获得资金并转化为投资的过程。内源融资分为自有资金融资与债务资金融资,但从狭义上来说,内源融资主要指第一种,即自有资金融资。

(1)自有资金融资。自有资金融资是指企业经营活动创造的利润扣除股利后的留存收益以及经营活动中提取的折旧,是企业长期资金的重要来源。这种资金具有原始性、自主性、低成本、抗风险的特点。但其缺点是资金规模受到企业盈利能力、股利分配政策的影响,往往无法完全满足企业的经营需要。

(2)债务资金融资。债务资金融资是指企业向企业主、股东、合伙人、内部职工等与企业有直接利益关系的人员直接借款取得的资金。由于资金提供者对企业的状况比较了解,其受到的信息不对称问题的困扰相对较小。但其缺点是融资量小,难以满足企业大规模的资金需求。因此,这种融资方式主要是中小企业在初创期或环境发生较大变化使企业难以从外部获得资金时使用的融资方式。

2. 外源融资

外源融资是指企业通过一定方式向企业之外的其他经济体筹集资金的一种方式,它包括银行贷款、发行股票、企业债券、商业信用、融资租赁、民间融资等。与内源融资相比,外源融资手续繁杂、融资成本高,但融资额度大,能满足企业大量、长期的资金需求。按照是否通过中介机构融资,外源融资可以分为直接融资与间接融资。

(1)直接融资。直接融资是指企业作为资金需求者向资金供给者直接募集资金的一种方式,它包括股权融资、债券融资等。直接融资具有筹资范围广、规模大、可连续筹资、社会宣传效应强等特点。其缺点是融资门槛高,企业受到的约束大。

直接融资按照是否涉及所有权的转让,分为股权融资与债务融资。

股权融资指的是资金不通过金融中介机构,借助股票这一载体直接从资金盈余部门流向短缺部门,资金供给者作为股东享有对公司控制权的融资方式。发行股票筹集的资金是股权资金,作为永久性资金,在公司持续经营期间可长期使用,能充分保证公司生产经营的资金需要,没有固定的利息负担。其缺点是股票投资者要求的回报率较高,普通股发行的费用较高,资金成本高。

债务融资是指企业通过举债筹措资金,资金供给者作为债权人享有到期回收本息权利的融资方式。债务融资的成本相对股权融资较低。从投资者的角度看,投资债务的风险较低,相应的回报率要求也较低;从筹资公司的角度看,债务利息是在税前支付的,具有抵税的作用;从发行费用看,债务也一般低于股票。并且,债务融资具有杠杆作用,无论企业的盈利有多少,只收取固定的利息,企业可将剩余的资金用于股利分配或再投资。债务融资的缺点是定期还本付息,否则会引起企业的流动性危机,甚至破产。此外,债券融资的门槛高,单个中小企业很难通过债务融资。

(2) 间接融资。间接融资指的是资金供求双方通过金融中介机构间接实现资金融通的活动,主要指银行贷款。间接融资由于在资金融通过程中加入了银行中介,隔断了供求双方的直接联系。间接融资的优点有聚少成多、短借长贷、分摊风险、降低信息不对称与交易成本等。

(二) 企业生命周期的财务与资金需求特征

1. 企业生命周期的财务特征

企业生命周期理论是在承认企业具有生命属性的前提下进行的仿生研究。该理论将企业看成一个整体来考察其成长、发展的历程,寻求其中的规律性,强调企业发展的阶段性和作为整体的生命有限性,致力于研究在该过程中企业各个阶段的特征与问题。企业在生命周期不同阶段具有不同的财务特征,如表1-5所示。

表1-5 企业在生命周期不同阶段的财务特征

财务特征	种子、初创期	成长期	成熟期	衰退期
财务目标	销售额最大化	利润最大化	企业价值最大化	现金净流量最大化
战略重点	吸引风险投资者	提高资金运作效率	维持当前利润率	寻找新的利润增长点
企业规模	小	逐步变大	大	逐步缩小
市场占有率	低	逐步上升	高	逐步降低
未来成长预期	非常高	高	中等	负增长
经营风险	非常高	高	中等	低
资本来源	留存收益/风险投资	负债与权益资本	负债与留存收益	负债,谨慎筹资
资产负债率	低	高	低	高
现金净流量	负	平衡略有上升	保持大量现金流	平衡略有下降
财务风险	非常低	高	中等	较高
股价	未知	增长	稳定	下滑

(续表)

财务特征	种子期、初创期	成长期	成熟期	衰退期
股价波动幅度	高度易变	易变	稳定	易变
市盈率	非常高	高	中等	低
每股净利	没有	低	高	下滑
股利政策	剩余股利政策	低现金股利/零现金股利	固定股利政策/固定股利支付率政策	剩余股利/不支付股利
股利支付率	零	一般	高	较高

参考资料：陈芳.基于企业生命周期的融资战略选择[J].中国管理信息化,2011(13):20-22.

2. 企业生命周期的资金需求特征

企业在各个不同的生命周期阶段，所需的资金量不同，所承受的风险也不同。企业不同发展阶段的风险程度与资本需求如图1-2所示。

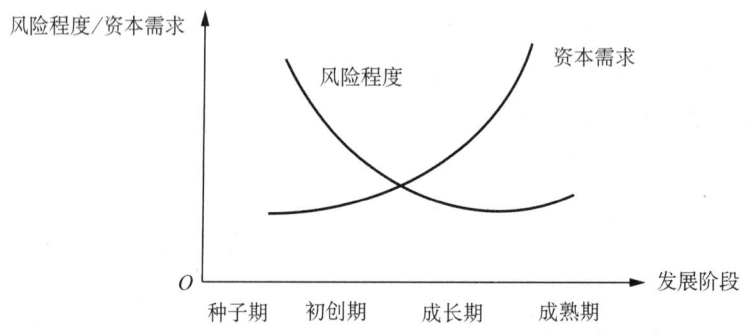

图1-2 企业不同发展阶段的风险程度与资本需求

从图1-2中可以看出，随着企业生命周期的不断演进，企业的风险不断降低，而需要的资金数量也不断增多。一般地，企业越是年幼，所需要的资本量越少，所面临的风险也越高。同样，给予它们资金支持的投资者也要承受高风险。随着企业的成长与发展，企业所需的资本量越来越大，面临的风险也越来越低。企业生命周期的长短与其对于资本量的需求成正比，与其所面临的风险成反比。同样地，不同的投资者会根据自身状况在企业生命周期不同阶段进行投资。例如，商业银行的资金大多数来自短期银行存款，且为固定收益。因此，商业银行更愿意于企业的发展较为稳定与成熟的时期投资。

企业在不同生命周期阶段的资金需求特征，决定了处于不同生命周期阶段的企业所适用的融资工具、方式与渠道也会有所差异。

五、企业生命周期各阶段的融资方式

企业生命周期包括了种子期、初创期、成长期、成熟期和衰退期。企业发展的每一阶段都有其不同的特征，不同阶段对于资金的需求不同，同时也会有不同的融资方式和渠道。

(一) 种子期

1. 种子期界定

种子期是企业生命周期的第一个发展阶段，此时企业还处于胚胎状态。种子期又叫创意期,在此时期,企业家可能只有一个崭新的想法,一个颇有创意的主意;或正在完善其创业计划,组建创业团队,形成其商业模型,正在进行"Beta 实验"。Beta 实验最早是指消费者对于新版本软件的一种尝试,后来这个概念被借用并推广。目前,Beta 实验是指消费者对于一种新的商业模式的尝试与鉴定,用来形容在新产品上市之前,消费者对其进行的尝试和评价。

创业者之所以放弃眼前的利益而奋勇创业,是因为他们心中的一个梦想或理想,一个他们梦寐以求的创意。创业者把创意进一步发展成为一个完整的商业方案,这时,企业进入了它生命周期的第一个阶段:种子期。在种子期,创业者仅有创业的构思,还没有出现企业形式,或者刚刚注册公司,还没有形成管理团队。创业者或者拥有具备商业化潜力的专利,或者看中了一个尚未开发的市场。

种子期也是企业技术和产品的酝酿阶段,以及新工艺的早期实验开发阶段,该阶段的成果是样品和完整的生产方案。该阶段的企业风险很高,其所面临的风险除技术失败风险外,还有产品没有市场的风险。

2. 种子期融资

在种子期,企业家的资金来源往往是他们自己和他们的家人、亲戚、朋友。这部分资金来源也被称为"3F":家人(family)、朋友(friends)和创业者自己(founders)。由于创业者在创业时全力以赴,不惧风险,他们有时会放弃自己薪水很高的工作,有时会放弃其他优厚的待遇,全力以赴以图创业成功。他们的行为往往不能为人所理解,他们被人形容或自嘲为傻瓜(fools)。

无论是发达国家还是发展中国家,"3F"往往是创业企业的主要资金来源。根据美国小企业局的统计,"3F"占企业种子期和初创期资金来源的近80%。创业企业不同资金来源占比情况如表 1-6 所示。

表 1-6　创业企业不同资金来源占比情况

资金来源	占比
创业者个人积蓄	74%
家人、朋友	5%
天使投资家	7%
风险投资家	5%
非金融机构	6%
商业银行	0
股票交易(柜台交易)	3%

参考资料:刘曼红,Pascal Levensohn,刘小兵.风险投资学[M].2 版.北京:对外经济贸易大学出版社,2018:54.

在企业发展的种子期,天使投资、科技孵化器、政府引导基金往往也是重要的资金来源。如果创业者的确掌握具有巨大潜力的专利和划时代的发明创新,那么种子期的企业也可以得到政府的无偿资助,如美国的"小企业创新研究项目"(SBIR),中国的 863 计划、火炬计划、973 计划等。此外,各类科技孵化器、科技创新中心、创业中心也为种子期的企业提供了一定的资助。孵化器和科技创新中心的资助不一定以资金的形式来体现,还可以体现为提供廉价的办公场所,以及与创业相关的其他服务项目,如共享的会议室、文秘服务、电话电传等。此外,随着互联网金融的快速发展,众筹(如股权众筹)也成为部分创业企业获取资金的渠道。

(二)初创期

1. 初创期界定

如果种子期是企业的孕育期,那么初创期就是企业的婴儿期。初创期是企业家开始把"创意"推向实施的第一步。所谓"把创意推向实施"包括两个方面:

第一,企业实体(以个体企业、合伙企业、有限责任公司、股份有限公司或其他形式)开始出现,不再只是创意。有了企业实体,创意就具备了逐步实现的载体。同时,创业团队开始组建。

第二,企业的方案或创意变成了实际的产品或服务,有了可作为展示用的产品,并且开始推向市场,接受市场的检验,甚至有了一些零星的销售收入。

在初创期,企业的产品或服务还需要进一步完善,其商业模式还需要进一步改进,其团队还需要进一步整合,其市场战略还需要进一步充实。该阶段的风险体现在技术仍不成熟、产品性能不稳定、市场启动缓慢、订单较少,现金流入少,管理风险开始凸显。初创期是企业生命周期的关键时期,很多企业在此阶段夭折。

拓展阅读
1-3:布罗波
融资

2. 初创期融资

初创期的融资来源主要由股权融资来提供,如风险投资。企业在初创期的其他资金来源渠道包括担保贷款、民间金融、小额信贷、典当融资、融资租赁等。

(三)成长期

1. 成长期界定

企业成长期也称为发展期或扩张期,是企业发展壮大的阶段。在这个阶段,企业初期的产品销售取得了成功,具有一定的市场基础但需要扩大生产规模、开发更具竞争力的产品、扩大市场占有率,使企业进入快速成长和规模扩张阶段;同时,企业的管理风格从非正式转变到正式的科学管理模式。很多企业在这个阶段已经具备了一定的客户群,有了销售收入,而且企业的收入明显呈现上升趋势。

在这一阶段,企业的技术或产品风险已经不是主要风险,市场和管理风险开始明显增大。由于技术逐步成熟,企业的产品开始被市场接受,竞争者可能开始出现。扩大产品、争夺市场成为企业的当务之急,企业在该阶段也会呈现出快速增长的势头。

2. 成长期融资

成长期是企业快速扩张阶段,融资需求将会增加。在这一阶段,企业的投资风险虽然仍然存在,却比种子期和初创期小得多。企业开始寻求一些能够满足其大规模资金需求的融资渠道,如私募股权投资、债券融资以及公开市场(四板、新三板、上市)发行股份等方式。随着风险的降低,银行贷款开始成为企业的重要资金来源。

(四)成熟期

1. 成熟期界定

企业成熟期以稳定的生产、稳定的收入、稳定的现金流为标志。在这个阶段,大多数企业的产品已经具备了一定的品牌效应,建立了良好的销售网络。企业的技术、市场、管理等方面的风险也较低。

2. 成熟期融资

随着企业的成长性逐渐趋于平稳,成熟期的企业一般会出现两个现象:第一,盈利和现金流持续地快速增长,这反映了过去的投资;第二,对新项目进行投资的需求减小。其结果就是企业的一部分资金需求可以由内部融资满足,并且所使用的外部融资方式会发生变化。外部融资渠道来源除了私募股权等非公开权益资本,也包括商业银行,银行贷款相对来说更方便、更便宜,是企业应当尽量争取的财务杠杆。此外,在公开市场上发行股票、债券等有价证券也成为企业的重要融资方式。

(五) 衰退期

衰退期是企业发展的下降期,以销售收入的下降为信号,随后是利润的下降,企业开始出现负现金流。这时企业的生命长短取决于这种负现金流能够维持多久。有的企业通过改革、重组还能够起死回生;有的企业却一败涂地,不可救药。衰退期的长短依据企业状况的不同而不同。有的企业在很短时间内死亡,另一些企业则在生死线上挣扎很长时间。

处于该阶段的企业会发现,随着企业业务的成熟以及新的竞争对手的超越,其收入与盈利都开始下滑。尽管现有的投资可能还持续地产生现金流量,但产生现金流量的速度在下降,且公司已经没有什么新的投资需求了。因此,内部融资很可能超过再投资的需求。此时,企业不大可能发行新的股票或债券,而更可能收回现有的负债或回购股票。从某种意义上讲,企业正在进行自我清算。

并非所有的企业都会经过五个阶段,也并非所有的企业都会做出相同的决策。第一,很多企业没有渡过初创期,每年都会新成立大量的企业,其中很多企业无法幸存下来。第二,并非所有成功的企业都会转变为上市公司,部分企业一直保持私有,并且努力做到筹集足够的资金以保持企业长期健康增长。第三,很多企业即使在高成长期也不需要进行外部融资,因为利用内部资金为增长融资已经足够。有高成长性的企业发行债券,也有低成长性的企业发行股票。生命周期理论框架并不能解释所有企业的融资决策,但有助于我们解释为什么不同企业的选择存在差异,以及是什么导致了企业偏离一般的融资决策。

(六) 不同类型中小企业的融资模式

处于生命周期不同阶段的中小企业以及不同类型的中小企业(创业型中小企业、成熟型中小企业),所适用的融资模式大不相同。一般而言,创业型中小企业缺乏足够的厂房设备等作抵押,很难获取银行贷款。热门的资金来源往往是"3F"、天使投资、科技孵化器、政府扶持基金、风险投资等。值得注意的是,天使投资、科技孵化器、政府扶持基金、风险投资等大都不是针对一般创业型中小企业的,而是针对那些投资者认为具有巨大发展潜力和前景,增长速度较快的创新型创业中小企业,这些企业中不少都是高科技企业。而一般的创业型中小企业,即普通型创业企业往往依赖于"3F"作为主要资金来源。例如,一对夫妻在街角开了一家杂货店,他们也是创业型中小企业,但他们在发展前景、增长速度等方面很难获得风险投资的青睐。中小企业在不同生命周期阶段的类型划分与融资方式如表 1-7 所示。

表 1-7 中小企业在不同生命周期阶段的类型划分与融资方式

生命周期	企业规模	中小企业类型	融资方式			资金性质	
			股权	债务	资本市场	长期资本	短期周转
种子期	中小微	创业型中小企业	"3F"、股权众筹、天使投资、科技孵化器、政府基金、风险投资等	小额信贷、P2P、资产典当、融资租赁等	四板、新三板	"3F"、天使投资、股权众筹	"3F"、小额信贷、互联网金融、典当
初创期						天使投资、风险投资	小额信贷、互联网金融、典当
成长期	中小		风险投资、私募股权投资	商业信用、银行贷款、中小企业债	北交所、创业板、科创板	资本市场、风险投资、融资租赁、私募股权	商业信用、供应链金融
成熟期	中小	成熟型中小企业	私募股权投资	商业信用、银行贷款、中小企业债	创业板、科创板	资本市场、银行信贷、内部融资	商业信用、供应链金融、银行信贷
	大	成熟型大企业	私募股权投资	债券、银行信贷	主板	资本市场、银行信贷、内部融资	商业信用、供应链金融、银行信贷
衰退期	中小	成熟型中小企业	私募股权投资	商业信用、银行信贷		资本市场、银行信贷、内部融资	商业信用、供应链金融、银行信贷
	大	成熟型大企业	私募股权投资	商业信用、银行信贷		资本市场、银行信贷、内部融资	商业信用、供应链金融、银行信贷

第二节 中小企业融资难分析

一、中小企业的重要性

我国中小企业具有"五六七八九"的典型特征,其贡献了50%以上的税收、60%以上的GDP、70%以上的技术创新、80%以上的城镇劳动就业、90%以上的企业数量。中小企业是国民经济和社会发展的生力军,是扩大就业、改善民生、促进创业创新的重要力量,是企业家精神的重要发源地,在稳增长、促改革、调结构、惠民生、防风险中发挥着重要作用。发展中小企业,对稳就业、稳金融、稳外贸、稳投资、稳预期,增强经济长期竞争力都具有重要意义。[1]

此外,以"专精特新企业"为代表的优质中小企业对于"补短板""锻长板""填空白"、突破

---

[1] 参考资料:中国政府网.刘鹤主持召开国务院促进中小企业发展工作领导小组第一次会议[EB/OL].(2018-08-20)[2024-06-18]. https://www.gov.cn/xinwen/2018-08/20/content_5315204.htm.

"卡点",增强产业链供应链的韧性与自主可控,再造产业基础,实现制造业高质量发展,进而推动新型工业化具有重要意义与价值。

二、中小企业融资难的表现

根据美国小企业管理局(Small Business Administration,SBA)的统计,50%的创业企业在初创的第一年就宣告失败,95%的创业企业在创立的5年内失败。SBA总结了小企业失败的原因,缺乏资金是最重要的因素之一。

中小企业融资难具体表现在:

(1) 融资方式单一、渠道狭窄。适合中小企业的中小银行、非公开资本市场不发达,企业发行证券受到限制,与中小企业资金需求及经济贡献极不相称。中小企业将亲戚、朋友借贷等民间融资作为其主要资金来源。

(2) 自我积累难。第一,中小企业的自我积累意识较差,一些企业家缺乏长期经营思想,在利润分配上存在短期化倾向;第二,税收和折旧制度导致税费负担较重,影响了中小企业的自我积累能力;第三,中小企业普遍利润薄,很难在短期内积累发展所需的大量资金。

(3) 银行贷款难。其表现在:第一,抵押难。抵押物少、折扣率高;评估登记部门分散、手续烦琐、收费高昂,中小企业难以承受。第二,担保难。基层银行授权有限,办事程序烦琐。很多中小企业视银行贷款为畏途,不得已选择民间借贷。

(4) 发债、上市难。资本市场发育不健全,缺乏能够为中小企业服务的多层次资本市场,很难通过发债和股权融资等直接融资渠道获得资金。

(5) 融资成本高。高利率、高抵押、信用担保进一步增加融资成本。典当、民间借贷等方式的资金成本更高。根据相关资料,中小企业综合融资成本为基准利率的23倍,年息一般在20%~30%。

(6) 融资风险高。第一,中小企业难以按时还本付息;第二,中小企业财务信息不透明,道德风险高,逃、废债可能性大;第三,中小企业长期融资难,缺乏应急能力,需频繁借债。

三、中小企业融资难的原因

小企业融资难的原因可以从企业内外部原因两个方面加以分析,如图1-3所示。

图 1-3 中小企业融资难的原因

(一) 内部原因:企业自身

中小企业融资难的根本原因在于其存在天然的弱质性,主要表现为发展不确定、信息不对称和规模不经济[①]。

---

① 参考资料:中国人民银行研究局课题组. 完善中小微企业融资制度问题研究[R]. 中国人民银行政策研究,2021(7).

第一,发展不确定提高了中小企业融资风险溢价。

中小企业大多处于产业链末端,市场进入门槛低,竞争激烈,在产能过剩情况下,对外部环境变化的抵御能力较弱。

相关统计表明国内中小企业的平均寿命为4年。美国小企业管理局估计有23.7%的小企业在两年内消失,52.7%的在4年内退出市场。在中国,30%的私营中小企业在2年内消失,60%的私营中小企业在4~5年内消失。据银监会(已撤销)统计,小企业的不良贷款率是其他企业的2倍,单户授信500万元以下的中小企业不良贷款率是其他企业的4倍。① 中小企业的高倒闭率使银行信贷业务面临高风险,如何从中挑选出具有良好发展前景的企业对金融机构来说是个巨大的挑战。

第二,信息不对称降低了中小企业融资可得性。

中小企业的信息不对称程度相对更高。第一,与成熟的、规模较大的企业相比,中小企业经营历史短,信用积累有限;组织结构简单,企业运作不专业、不规范;第二,财务信息不够标准和透明,"硬"信息少,"软"信息多,公开披露的财务信息有限,银行难以准确评价中小企业的信用、前景以及资金使用效益,对小微企业的贷款更谨慎。

拓展阅读 1-4:信息不对称与中小企业融资难

微课视频 1-2:拓展阅读 信息不对称与中小企业融资难

信息不对称对中小企业融资的影响体现在:一是贷前的信息不对称,金融机构难以了解其管理团队、经营情况以及财务走向,从而很难了解企业的还款能力。银企之间的信息不对称程度较高,而消除或者缓解这种信息不对称需要付出很高的成本。二是贷后的信息不对称,金融机构难以有效地监控中小企业授信资金的使用,很难进行有效的风险控制。

此外,中小微企业抵押品的缺乏也进一步加剧了信息不对称的消极影响。

第三,规模不经济增加了中小企业融资成本。

中小企业经营灵活多变,融资需求呈现出期限短、规模小、频度高、时间急的特点,其资金需求特征可概括为:"短、小、频、急"。由于融资金额较小,银行贷款难以发挥规模经济的优势,资本市场发行股票也有一个最低资本规模要求,小额发行不经济。金融机构从节约经营成本和监督费用的"经济性"出发,一般不愿与中小企业打交道。由于涉及投资银行及相关中介机构的诸多费用,公开上市融资比银行融资的规模经济性更强,一般企业难以达到其对融资起点的要求。频率快又给银行的信贷流程效率提出了高要求,银行尽职调查和事后监控的操作成本上升。中小企业的贷款管理成本是大企业的5倍以上。

(二)外部原因:制度与环境

(1)金融抑制。金融抑制在发展中国家普遍存在,主要表现在:①对中小企业或民营企业的融资歧视,对中小金融机构发展政策扶持不够。例如,中小企业存在行业准入限制、地方保护、对合法私有财产保护不力、对民间借贷政策过于简单等问题;②直接融资不发达,产权交易、柜台市场、三板市场等多层次资本市场体系尚在建立与完善之中,中小企业在主板市场发行股票的难度极大,发行债券更是难上加难,能够在科创板和创业板上市的企业数量非常少;③对非正式金融采取不鼓励政策,法律保障不充分;④银行业的结构以大银行为主,中农工建交邮等国有大型商业银行将信贷资金集中投向了国有企业与大企业,缺乏向中小企业提供资金的中小银行机构。大小银行尚未形成专业完善的分工体系。

---

① 参考资料:刘诗平. 小微企业"信贷术":三城商行谈小微企业金融服务[EB/OL]. (2012-05-09)[2024-06-18]. https://www.gov.cn/jrzg/2012-05/09/content_2133364.htm.

(2) 信用制度不健全。信用体系不发达、信用制度不完善、失信惩罚机制不力等,使失信机会成本过低。失信者可以获得眼前的经济利益,又不为法律、公众所惩罚,客观上纵容了失信行为。失信构成了中小企业融资难的主要原因之一。

(3) 金融债权维护难,金融环境有待改善。我国的债权人保护水平较差,司法部门对维护银行的债权不够得力,对逃废债务的行为打击力度不够。法院判决结果的执行力度也不够,常常是"赢了官司,赢不了钱"。

(4) 抵押担保制度落实困难。由于各类产权交易市场发育不健全,用于抵押的房地产变现较为困难,特别是在农村、西部地区。此外,用于抵押的机器设备等财产的变现比房地产更为困难。

(5) 利率和收费规定的影响。我国的利率市场化尚未完成,银行对中小企业放贷面临收益与风险不对称的挑战。监管部门对银行服务和产品收费的严格规定,限制了银行对中小企业提供金融服务的积极性。

(6) 经济周期与政策的影响。在以上自身与外部制度缺陷的影响下,当经济周期下行及经济政策紧缩时,市场上的资金供给减少,企业的融资困难增加。其中,中小企业首当其冲,成为经济与政策冲击第一波影响的对象。

关键概念

中小企业;创业企业;企业生命周期;信息不对称

本章小结

1. 中小企业是从规模角度对企业进行的界定,而创业企业则是从生命周期角度对企业进行的定义。如果将企业的生命周期划分为种子期、初创期、成长期和成熟期、衰退期,创业企业主要指的是处于创业期(种子期、初创期、成长期)的企业。

2. 中小企业在不同的生命周期阶段有不同发展特点,从而产生不同的资金需求特征,伴随着中小企业的不断发展,从种子期、初创期到成长期、成熟期,所适用的融资工具与方式也不同。

3. 中小企业的重要作用可概括为"五六七八九"5个方面,其资金需求特征可概括为"短、小、频、急"4个方面。中小企业融资难的内部原因包括发展不确定、信息不对称、规模不经济;外部原因表现在金融抑制、融资制度与经济周期等方面。

思考习题

1. 中小企业有哪些类型?
2. 如何理解中小企业的重要性?(可举例说明)
3. 论述中小企业融资难的内部原因。
4. 如何理解信息在企业融资中的重要作用?
5. 中小企业的资金需求有何特征?这些特征如何造成中小企业的融资难?

案例与实训

案例分析

案例分析1-1：海南中小企业艰难融资之路看不到"钱"景

案例分析1-1：海南中小企业艰难融资之路看不到"钱"景

扫二维码阅读案例资料，讨论以下问题：
(1) 案例中邱老板融资难表现在哪里？
(2) 结合案例分析融资难如何影响中小企业发展。
(3) 结合案例说明中小企业融资难的原因是什么。
(4) 结合案例具体分析如何缓解中小企业融资难。

实训练习

1. 通过网络、书籍或实地调研获取企业资料，根据本章所学的企业生命周期相关知识将企业发展历程进行生命周期阶段的划分，并说明理由。

2. 请查找"聊城辱母案"的相关资料，结合本章中小企业融资难、融资贵的相关论述，讨论"聊城辱母案"发生的原因，并根据案例具体情况给出解决的方法。

第二章
中小企业融资的制度保障

 相关法律法规

《中华人民共和国中小企业促进法》

第十九条 国家完善担保融资制度,支持金融机构为中小企业提供以应收账款、知识产权、存货、机器设备等为担保品的担保融资。

第二十一条 县级以上人民政府应当建立中小企业政策性信用担保体系,鼓励各类担保机构为中小企业融资提供信用担保。

第二十二条 国家推动保险机构开展中小企业贷款保证保险和信用保险业务,开发适应中小企业分散风险、补偿损失需求的保险产品。

第二十三条 国家支持征信机构发展针对中小企业融资的征信产品和服务,依法向政府有关部门、公用事业单位和商业机构采集信息。

国家鼓励第三方评级机构开展中小企业评级服务。

 本章学习目标

◇ 了解金融结构、多层次资本市场的概念与构成,理解中国银行业结构的特征,以及对中小企业融资的影响。
◇ 了解信用担保的概念、种类划分,理解信用担保在中小企业融资中的作用。
◇ 了解中小企业融资保险品种,理解保险在支持中小企业融资中的作用。
◇ 了解征信的基本概念与我国征信体系的构成,理解政府征信与大数据征信对中小企业融资的作用。

微课视频
2-1:思维导图

第一节 金融结构体系

一、金融结构

金融结构是指金融体系内部各种不同的金融制度安排比例和相对构成。对此,我们可以从不同的角度考察:①从金融活动是否需要通过金融中介考察,金融结构是金融市场与金融中介的比例构成;②从金融交易的期限长短来考察,金融结构分为货币市场与资本市场;③就金融活动是否受到政府金融监管部门的监管来考察,金融结构分为正规金融与非正规金融;④就银行业结构本身来考察,金融结构包括银行业的竞争程度和不同规模银行的分布。

动员储蓄、配置资金和分散风险是现代金融体系应当具备的最基本的三项功能。作为现代金融体系的主要制度安排,金融市场与金融中介在动员储蓄、配置资金和分散风险方面的机制非常不同。不同国家的金融结构差异很大,从总体上来说,这些国家分为市场主导型和银行主导型金融体系。

在银行主导型金融体系的国家,如德国、日本和印度,由银行来提供主要的金融服务,包括动员储蓄、资金配置、企业管理层监控和风险管理等。而在市场主导型金融体系的国家,如英国、美国和马来西亚等,证券市场和银行在金融服务领域都扮演着重要角色。对于哪一种金融结构能够更好地促进经济发展,现有研究并没有给出一致的结论。不同的国家处于不同的发展阶段,有不同的制度特征,所适用的金融结构也有差异。

二、多层次资本市场

在资本市场上,不同的投资者与融资者有不同的规模与主体特征,存在对资本市场金融服务的不同需求。投资者与融资者对投融资金融服务的多样化需求决定了资本市场应该是一个多层次的市场经济体系。

从20世纪90年代发展至今,中国已经构建了一个相对比较完善的资本市场体系,该体系主要由场内市场和场外市场两部分构成。其中,场内市场的主板(一板)、创业板(二板)、科创板、北京证券交易所(以下简称"北交所")和场外市场的全国中小企业股份转让系统(新三板)、区域性股权交易市场(四板),共同组成了我国多层次资本市场体系。

我国多层次资本市场满足了不同类型企业的融资需求,处于生命周期不同阶段和不同类型企业与多层次资本市场各板块的对应关系如表2-1所示。

表2-1 我国不同层次资本市场的企业类型与生命周期

板块	交易场所	企业类型	生命周期
主板	上(深)交所主板(一板)	大型企业	成熟期
创业板	深交所(二板)	创新创业型中小企业	成长期
科创板	上交所	科技型中小企业	成长期
北交所	北交所	创新创业成长型中小企业	成长期
新三板	全国中小企业股份转让系统	中小企业	成长期
区域性股权市场	区域性股权交易市场(四板)	中小企业	初创期、成长期

从服务企业类型的角度看,除了主板市场是服务于大型企业的,科创板、创业板、北交所、新三板和区域性股权交易中心都是服务于中小企业的。从企业生命周期的角度看,主板上市的企业基本属于成熟期企业,而其他板块层次上市或挂牌的企业大多处于成长期。从企业的技术含量角度看,科创板、北交所和新三板的创新层更强调企业是否为高新技术企业,技术水平是否处于前沿。

(一) 主板市场

主板市场也称为一板市场,它指传统意义上的证券市场(通常指股票市场),是一个国家或地区证券发行、上市及交易的主要场所。主板市场对发行人的营业期限、股本大小、盈利水平、最低市值等方面的要求标准较高,上市企业多为大型成熟企业,具有较大的资本规模以及稳定的盈利能力。沪深主板属于一板市场,在上交所主板上市的企业股票代码以 600 开头,在深交所主板上市的企业股票代码以 000 开头。

2004 年 5 月,经国务院批准,中国证券监督管理委员会(以下简称中国证监会)批复同意深交所在主板市场内设立中小企业板块(以下简称中小板)。从资本市场架构上来说,它也从属于一板市场。其主要针对发展成熟、盈利稳定的中小企业,股票代码以 002 开头。

中小板从 2004 年设立之初就带有明显的过渡性,其设立的初衷是为之后设立创业板积累经验。如今,创业板早已稳定运行多年,科创板也于 2019 年设立并成功试点注册制,中小板的历史使命早已完成。2021 年 4 月,深交所主板与中小板正式合并,深交所中小板完成了自己的历史使命,退出历史舞台。

(二) 创业板、科创板与北交所

(1) 创业板。创业板市场(growth enterprises market,GEM),是地位次于主板市场的二级证券市场(二板市场),以纳斯达克(NASDAQ)市场为代表,其在中国特指深圳创业板。其在上市门槛、监管制度、信息披露、交易者条件、投资风险等方面和主板市场有较大区别。其目的主要是扶持中小企业,尤其是高成长性企业,为风险投资和创投企业建立正常的退出机制,为自主创新国家战略提供融资平台,为多层次的资本市场体系建设添砖加瓦。

创业板于 2009 年创立,是深交所专属板块,主要针对高科技高成长的中小企业。创业板是对主板市场的重要补充,属于二板市场,股票代码以 300 开头。2012 年 4 月 20 日,深交所正式发布《深圳证券交易所创业板股票上市规则》(已失效),并于 2012 年 5 月 1 日正式实施,将创业板退市制度方案内容,落实到上市规则之中。2020 年 6 月 12 日,中国证监会发布了《创业板首次公开发行股票注册管理办法(试行)》(已失效)等规则,宣告中国证监会创业板改革和注册制试点的开始。

(2) 科创板。科创板于 2019 年创立,由上交所在主板外单独设立,其主要针对符合国家战略、突破关键核心技术、市场认可度高的科技创新企业,股票代码以 688 开头。

(3) 北交所。北京证券交易所于 2021 年 9 月 3 日注册成立,是我国经国务院批准设立的第一家公司制证券交易所,受中国证监会监督管理。

2021 年 9 月 2 日,习近平总书记在 2021 年中国国际服务贸易交易会全球服务贸易峰会上的致辞中宣布:"我们将继续支持中小企业创新发展,深化新三板改革,设立北京证券交易所,打造服务创新型中小企业主阵地。"

北交所以服务创新型中小企业为市场定位,与沪深交易所、区域性股权市场坚持错位发展与互联互通,发挥好转板上市功能。北交所在新三板的基础上发展而来,与新三板现有创新层、基础层坚持统筹协调与制度联动,维护市场结构平衡。

(三) 新三板市场

新三板全称为全国中小企业股份转让系统(national equities exchange and quotations,NEEQ),是经国务院批准设立的全国性证券交易场所。全国中小企业股份转让系统有限责任公司(以下简称全国股转公司)为其运营管理机构。2012 年 9 月 20 日,全国股转公司在原国家工商总局注册成立，注册资本30亿元。上海证券交易所、深圳证券交易所、中国证券登记结算有限责任公司、上海期货交易所、中国金融期货交易所、郑州商品交易所、大连商品交易所为公司股东单位。

新三板市场的定位是"以机构投资者和高净值人士为参与主体，为中小微企业提供融资、交易、并购、发债等功能的股票交易场所"。从服务对象看，新三板是服务创新型、创业型、成长型中小企业的市场。新三板自成立以来，始终坚持为创新型、创业型、成长型中小企业发展服务的初心和宗旨，在服务民营经济、中小企业发展中发挥重要作用。

（四）四板市场

区域性股权交易市场又称区域性股权市场，是为特定区域内的企业提供股权、债券的转让和融资服务的私募市场，一般以省级为单位，由省级人民政府监管，是我国多层次资本市场的重要组成部分。

三、银行业结构

（一）中国银行业体系构成

我国的银行业体系主要由银行业监管机构以及银行业金融机构组成。其中，银行业监管机构包括中国人民银行、国家金融监督管理总局和银行业协会。中国人民银行作为中央银行负责宏观货币政策的制定，国家金融监管总局负责银行业金融机构的直接监管，银行业协会为行业自律组织。银行业金融机构的基本构成如表2-2所示。

表2-2 中国银行业金融机构[①]

机构类型	数量（家）	代表金融机构
开发性金融机构	1	国家开发银行
政策性银行	2	中国进出口银行、中国农业发展银行
国有大型商业银行	6	中国工商银行、中国农业银行、中国银行、中国建设银行、交通银行、中国邮政储蓄银行
股份制商业银行	12	中信银行、光大银行、招商银行
城市商业银行	124	北京银行、上海银行、江苏银行
民营银行	19	浙江网商银行、深圳前海微众银行、江苏苏商银行
外资法人银行	41	东亚银行(中国)、汇丰银行(中国)、渣打银行(中国)
农村商业银行	1 577	江苏江阴农村商业银行
农村合作银行	23	昆明官渡农村合作银行
农村信用社	483	江苏省农村信用社联合社
村镇银行	1 620	常州金坛兴福村镇银行
农村资金互助社	29	晋州市周家庄农村资金互助社
住房储蓄银行	1	中德住房储蓄银行
贷款公司	1	开化通济贷款有限责任公司

---

① 参考资料：国家金融监督管理总局. 银行业金融机构法人名单(截至2024年6月末)[EB/OL]. (2024-09-04)[2024-11-04]. https://www.cbirc.gov.cn/cn/view/pages/governmentDetail.html?docId=1177824&itemId=863&generaltype=1.

(续表)

机构类型	数量(家)	代表金融机构
信托公司	67	紫金信托
金融资产管理公司	5	中国长城资产管理股份有限公司
金融租赁公司	70	江南金融租赁股份有限公司
企业集团财务公司	240	江苏华西集团财务有限公司
消费金融公司	31	南银法巴消费金融有限公司
汽车金融公司	25	上汽通用汽车金融有限责任公司
货币经纪公司	6	上海国利货币经纪有限公司
直销银行	2	中邮邮惠万家银行有限责任公司
其他金融机构	40	苏银理财有限责任公司
合计	4 425	

(二) 中国银行业结构特征

长期以来,我国以间接融资为主导的融资结构决定了银行业仍然是社会融资的主要渠道。从总体上来说,中国银行业市场结构呈现出以国有大型银行为主的寡头垄断特征,国有大型银行无论是资产还是存贷款的市场份额都占绝对统治地位①。但是从发展趋势看,国有大型商业银行的市场份额在不断下降,而股份制商业银行和城商行等其他类型银行的份额在不断提升。

拓展阅读 2-1:最优金融结构与中小企业融资

(三) 银行业结构与中小企业融资

银行业按照规模可分为大银行与中小银行,银行业结构与企业的规模结构存在对应关系,即大银行主要服务大企业,中小银行主要服务中小企业;因为大银行在向大企业授信的时候具有比较优势,而中小银行更善于满足中小企业的融资需求,缓解中小企业的融资难问题的方法包括建立一个与企业规模结构相匹配的银行业结构。

中小银行之所以更善于服务中小企业,主要是因为两者之间的信息不对称程度更小。对此,可以从以下几个方面来理解:

第一,从信息分类角度来说,企业产生的信息可以分为硬信息与软信息。硬信息一般是指能用准确的硬指标来表示的信息,这些信息是格式化的、能够精确编码的、结构化的数据或信息。硬信息是"可以言传"的信息。借款企业所提供的财务报表、外部评级、经营计划、贷款担保等均属硬信息。在银行贷款业务中,硬信息主要是财务信息,企业的生产、销售、财务数据报表反映企业当前的生产、销售、财务的客观事实,它们都属于这一类。软信息是指不能按标准化办法收集和处理从而无法通过书面方式进行传递的信息。借款企业经营管理者的性格、企业文化、企业信用、与供应商及客户的关系、社会形象等均属软信息,是"只可意会"的信息。在银行贷款业务中,软信息主要是非财务信息。因此,非财务信息与软信息经常等同。

从硬信息和软信息的表现形式来看,硬信息是规范的、定期的和明确的,而软信息具有非规范性、随机性和模糊性等特点。从硬信息和软信息的来源看,硬信息来源固定,而软信

---

① 根据国家金融监管总局统计,2024 年 9 月银行业金融机构的资产结构中,国有大型商业银行占比 42.4%,股份制商业银行占比 16.6%,城商行占比 14.1%,农村金融机构占比 13.3%,其他类金融机构占比 13.7%。

息来源不定。

显然,大企业由于其组织结构健全、制度运作较为规范,能够生产更多的硬信息;相反,中小企业硬信息较少,而软信息较多。

第二,从对不同类型信息的搜集、处理角度来说,立足区域金融市场,与当地中小企业保持近距离接触,能够掌握企业各种非公开软信息(如管理层的信誉状况、人品、企业与上下游客户间的关系、企业的商业模式、发展前景等)的中小银行,相对具有在对中小企业各种非公开的软信息的采集、处理上的成本优势。

第三,从对不同类型信息的传播角度来说,大银行的组织层次多,软信息不适宜在其沟通渠道间传递。为避免软信息传递的信息失真及由此产生的过高成本,大银行需要将决策权下放给基层信贷员与审批者,如此一来就会产生代理成本。而中小银行的机构相对简单,管理层级相对较少,信息的传递与决策以及对企业资金需求的响应更加迅速。

第二节 信用担保与保险

一、信用担保概述

(一)相关概念

1. 担保

担保是担保人对债权人承诺,在债务人未及时或不能清偿债务时,替代债务人清偿债务,或以特定的财产清偿债务的民事行为。

担保方式包括保证、抵押、质押、留置和定金5种。

2. 反担保

案例阅读2-1:朱老板的担保与反担保融资

反担保是指债务人或第三人向担保人做出保证或设定物的担保,在担保人因清偿债务人的债务而遭受损失时,债务人向担保人进行清偿的民事行为。

3. 信用担保

信用担保也称为信用保证,指的就是《中华人民共和国担保法》中5种担保方式之一的保证(担保),属于人的担保。信用担保指由担保人向债权人(或称为受益人)承诺,当债务人(或称委托人)未按照合同约定按期偿还债务或因违约等原因未能履行合同时,由担保人向债权人偿还债务的保证。

微课视频2-2:案例阅读朱老板的担保与反担保融资

对信用担保的理解包括以下几个要点:

第一,信用担保是由专门的机构提供的担保,而不是由具有非担保类主营业务的一般法人、自然人提供的担保。广义上,信用担保的担保人既可以是专业从事信用担保业务的机构,也可以是自然人和一般企业或机构。狭义上,信用担保专指由从事信用担保业务的机构向社会提供的制度化保证服务。本教材采用狭义上的信用担保。

第二,制度化的担保,是在一定的政策、法律、制度、规则框架安排体系之中的,标准化、规范化的业务。

拓展阅读2-2:社会信用体系

第三,信用担保是面向社会提供的担保而不是对内部关联机构或雇员提供的担保。

第四,信用担保是社会信用体系的重要组成部分。

（二）主要的担保品种

担保品种主要分为：中小企业信用担保、金融担保、保证担保。

1. 中小企业信用担保

中小企业信用担保特指中小企业间接融资担保。中小企业由于自身信用等级低，达不到银行信用贷款的标准，难以得到充分的资金支持。面对这一世界性难题，各国都将中小企业信用担保制度作为弥补"市场失灵"，扶持中小企业发展的重要经济政策之一。专业担保机构作为第三方的介入，提升了被担保企业的信用，中小企业获得贷款的同时，银行资金安全性也得到保证。

2. 金融担保

金融担保又称为金融担保保险或债券保险，其实质是直接融资担保，主要为资本市场投资者提供担保，保障他们能够及时足额地获得本金和相关收益兑付。在促进中小企业直接融资的过程中，为中小企业发行债券提供担保是金融担保的重要职责。相对而言，为中小企业银行信贷提供担保则称为间接融资担保。

金融担保属于信用增级范畴，是信用增级中的外部增信，即由外部机构，如公司、专业信用担保机构、银行保险公司等进行的增信。

3. 保证担保

保证担保是指当被担保方无法履行与受益方签订的合同条款时，担保方向受益方支付合同约定数额的赔偿金或代为履行合同，保障受益方合同未被履行时遭受的损失。保证担保属于非融资性担保品种。例如，工程保证担保，是指工程建设活动中根据法律法规规定或合同约定，由担保方向受益方提供的，保障被担保方不履行合同约定义务时，由担保方代为履行或承担责任的法律行为。

（三）信用担保的定位

（1）信用担保是多层次金融体系的组成部分。发达的金融体系必定是多层次的，多层次金融体系必然要求市场服务主体能够提供多元化、专业化和全面化的金融服务。

（2）信用担保是社会信用体系的组成部分，是信用管理和服务链条的重要一环。在完善的社会信用体系中，信用担保、征信、评级等信用管理行业的产品和服务深入社会的方方面面，拥有巨大的信用市场需求。培育信用担保机构，鼓励信用担保产品的开发和创新，满足市场主体多样化的信用担保服务需求，是发展社会信用体系的内在要求。

（四）信用担保对中小企业融资的作用

由于信息不对称程度高，中小企业在从银行获得信贷的过程中需要提供额外的担保措施。当中小企业难以提供银行满意的抵质押品等时，信用担保便成为保障中小企业获得资金，从而缓解融资难问题的重要手段。

担保机构属于专业化的金融中介机构，在信息的获取与处理，以及风险的分辨、分散、防范和化解等方面，相比银行具有很大的优势。

其作用包括：

第一，信用增级，弥补信用不足，缓解中小企业融资难。担保机构作为银行和企业之间的桥梁，凭借自身的信用和实力为中小企业提供信用支持，弥补中小企业信用不足，相当于降低了金融机构的放贷门槛，增加了中小企业获得银行贷款的概率和额度。

对于被担保方——中小企业来说，担保机构的主要功能就是信用增级。担保方通过使用自身较高的信用为被担保方提供信用担保,承诺在被担保方无能力履约时,对受益方造成的损失按约定进行补偿,从而提高被担保方的信用能力。但是对中小企业的信用担保是担保方对合同约定的债项提供信用增级,而非对主体提供信用增级。

案例阅读2-2:信用担保贷款

第二,与中小企业和银行共担风险。担保方的介入使被担保方对受益方的违约风险大大降低,风险不再只集中于被担保方,担保方成为风险分散的重要一环。

中小企业信用担保是将信誉担保和资产责任结合在一起的金融中介行为,它可以克服中小企业向金融机构融资时担保品不足的障碍,补充中小企业信用的不足,分散金融机构对中小企业融资的风险,促进融资交易的发生,进而优化金融结构。

信用担保体系同时肩负着中小企业创业高风险时期融资保证和经营辅导的责任,通过提供各种信息、咨询和服务,与中小企业共担风险,帮助其克服创业初期的融资困境。从银行角度看,中小企业贷款有担保机构的信用支持,其所要承担的风险降低,同时增加了贷款、发展了新的客户。一旦企业发展壮大,授信单位将其纳入一般授信客户体系中时,信用担保体系将对该体系完成阶段性的辅导任务。

(五)担保比例与担保放大倍数

1. 担保比例

担保比例是指担保机构与银行承担的贷款风险比例。例如,一笔贷款100万元的担保贷款,如担保公司担保比例为80%,当贷款不能如期偿还时,担保公司承担80万元的责任,剩余的20万元责任由贷款银行承担。

设置合理的担保比例,实现风险共担。理论上,担保机构与银行之间相互依赖,"银担"之间健康的合作模式应该是风险共担。从利益的角度看,银行收取利息,担保公司收取担保费,双方都应该承担部分风险成本。从风控的角度看,风险共担也可以降低银行的道德风险,即如果银行不用承担风险,那么对于由担保公司担保的贷款就可能不够谨慎,贷款发放后也可能疏于对贷款的监控。设置分担比例后,担保公司与银行对项目在前期和贷款后进行筛选和监控都有积极性,从而整体降低风险。

2. 担保放大倍数

担保放大倍数是指担保资金与担保贷款的放大比例,即担保金额相对于担保机构资本额的倍数。例如,担保放大倍数是5倍,就意味着1亿元的担保资金可以担保5亿元的贷款。担保资金之所以可以放大,主要是因为担保的大数法则和担保的或有负债性质决定的。和保险公司的经营原理一样,担保机构担保的贷款不会全部违约,只是一种或有负债。当然,担保项目违约的稳定性取决于担保件数,担保的数量越多,担保违约的比例就越稳定,经营也就越稳定。

一般而言,担保放大倍数越大,担保机构对社会的贡献越大;同时,担保放大倍数越大,担保机构所要承担的风险也就越大,需要担保机构具备很高的风险控制和风险管理能力。担保放大倍数的大小直接影响银行发放贷款安全性的高低。

二、中小企业信用担保体系

(一)中小企业信用担保模式

我国现行的中小企业信用担保模式为"一体两翼四层"发展的模式①,如图2-1所示。

---

① 参考资料:赵国忻.中小企业融资[M].2版.北京:高等教育出版社,2014:65.

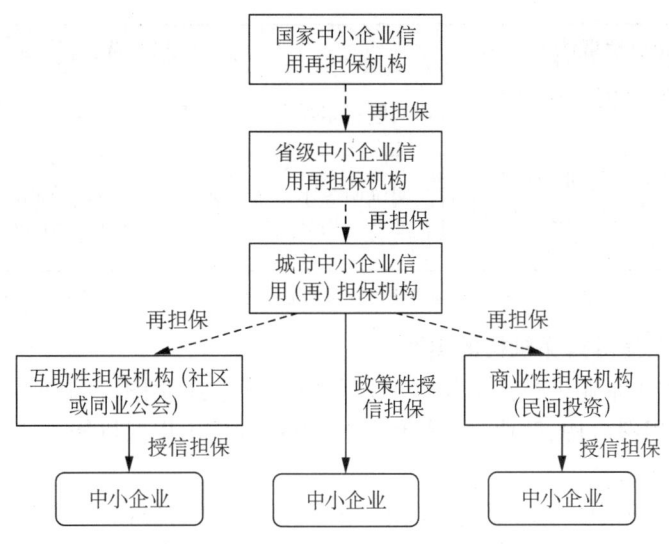

图 2-1　我国中小企业信用担保模式

"一体"指国家、省、城市三级中小企业信用担保机构,国家和省级中小企业信用担保机构仅从事再担保业务,城市中小企业信用担保机构从事再担保和授信担保业务。

"两翼"指互助性担保机构与商业性担保机构,是中小企业信用担保体系的基础,从事中小企业直接担保业务,依据国家规定和协议约定,享受国家、省、城市三级中小企业信用担保机构提供的再担保服务和风险分担。

"四层"指国家、省、市、县四层设立的担保机构。

(二)我国信用担保行业发展历程

从 1993 年至今,在政府的支持下,我国的专业信用担保机构从无到有,经过 30 余年的发展,目前已形成了以政策性担保机构为主、商业性担保和互助性担保并存、再担保公司相互协作的多层次融资担保体系和竞争格局。担保业务的基本制度、监管框架和运行规则以及操作规范已建立起来并趋于成熟。我国信用担保行业发展历程如表 2-3 所示。

表 2-3　我国信用担保行业发展历程

时间	标志性事件	作用与意义
1993 年	中国经济技术投资担保公司成立	全国正式成立的第一家国有担保公司,后改制为中国投融资担保股份有限公司
1995 年	《中华人民共和国担保法》颁布	从法律上为担保行业的发展扫清了障碍
2002 年	《中华人民共和国中小企业促进法》颁布	首次明确了中小企业担保在促进中小企业融资中的作用,并且要求县级以上政府和有关部门应当推进和组织建立中小企业信用担保体系。此后,各个部门规章和政策不断出台,从风险补偿机制、税收减免、鼓励非公经济进入等方面解决中小企业信用担保机构的盈利能力不足的问题
2010 年	《融资性担保公司管理暂行办法》颁布	规定担保公司实行属地管理原则,并规范了融资性担保公司的设立条件、营业范围、担保费收取标准和风险控制原则

(续表)

时间	标志性事件	作用与意义
2012年	华鼎担保和中担担保代偿危机的爆发	行业问题积累爆发,行业发展进入低谷
2015年	国务院《关于促进融资担保行业加快发展的意见》(国发〔2015〕43号)颁布	首次明确服务小微企业和"三农"等普惠领域的融资性担保业务具有准公共物品属性,融资性担保进入新的发展阶段

参考资料:王重润,等.中小企业信用担保风险分担与补偿机制研究[M].北京:中国社会科学出版社,2017:16.

(三)中小企业信用担保机构的类型

在直接面对中小企业进行授信担保的过程中,有三类信用担保企业从事具体的担保业务,分别是政策性担保机构、商业信用担保机构、互助性信用担保机构。

1. 政策性担保机构

《中华人民共和国中小企业促进法》第二十一条规定:"县级以上人民政府应当建立中小企业政策性信用担保体系,鼓励各类担保机构为中小企业融资提供信用担保。"

所谓政策性担保就是将政府信用加入中小企业的信用之中,其具有政策性、金融性、有偿性、优惠性、补偿性、引导性等特征。政策性担保机构可以弥补市场失灵,填补商业性担保和互助性担保的空缺,起到辅助作用,并不以盈利为目的。其具有法人资格,资金来源有政府的预算拨付、国有土地及资产划拨和政府信用担保基金等。政府在市场中扮演先行者,吸引更多担保企业进入担保行业,实现财政小额出资引导、社会大份额出资参与。

这种以政策扶持为主,按照市场经济规律运行的中小企业信用担保模式是目前的主要形式。

2. 商业信用担保机构

商业信用担保的最大特点是出资社会化、经营市场化。其具有内控机制完善、利益分配机制合理、市场竞争充分的优势。商业信用担保机构均以盈利为目的,自负盈亏、自我决策灵活,不需要承担政策性义务。商业信用担保按照保险规律运行,中小企业商业信用担保机构一般以企业、社会和个人为主出资组建。借款人可以通过商业信用担保机构提升自身的信用等级来获取银行贷款。商业信用担保机构也可以通过高效的管理控制风险,通过收取保费和资产运作来保证赔付和日常运作所需的费用。

3. 互助性信用担保机构

互助性信用担保是商业性担保的重要补充。互助性信用担保机构由各个中小企业自愿结合而成,由会员企业出资,把会员企业当成服务对象,属于非金融机构,不从事金融业务,不以盈利为目的,强调中小企业之间的相互支持、相互保证。其主要特征是自我出资、自我服务、独立法人、自担风险。资金一般来自会员入股、其他民间投资等资本金以及会员风险保证金、国内外捐款等,一般设立社团法人。互助性信用担保相比于其他类型的融资担保模式拥有信息上的优势,它可以缓解金融机构和中小企业之间的信息不对称问题,同时促进成员之间相互监督,形成双重约束机制,从而降低还款违约率。

(四)再担保

再担保是指为担保人设立的担保。当担保人不能独立承担担保责任时,再担保人将按再担保合同约定比例向担保人提供比例再担保或为担保机构提供一般连带责任担保。双方按约承担相应责任,享有相应权利。

再担保是相对于原担保而言的,是担保链条的延续,与再保险相似,是再担保人对原担保人信用的增级或信用损失的弥补,也为维护与实现债权人利益起到保障作用。其基本运作模式是原担保人以缴付再担保费为代价将部分担保风险责任转移给再担保人。

一般而言,再担保机构会在"省级"层次上设立,如北京中小企业融资再担保有限公司、东北中小企业融资再担保股份有限公司、江苏省信用再担保集团有限公司、深圳市中小企业信用再担保中心等。

(五) 信用担保基金(政府性融资担保基金)

1. 国家融资担保基金

国家融资担保基金于2018年设立,由财政部联合商业银行及金融机构发起成立,国家融资担保基金定位于准公共性金融机构,不属于持牌金融机构,以缓解小微企业、"三农"和创新创业企业融资难、融资贵为目标,按照"政策性导向、市场化运作"的运行模式,带动各方资金扶持小微企业、"三农"和创新创业企业。

(1) 设立原则:由国家融资担保基金+省级再担保机构+辖区内的融资担保机构,构成政府主导的,成体系的政府担保链条与担保体系。

(2) 目标定位:坚持准公共定位,市场化运作,不以盈利为目的,实行再担保费率优惠,原则上不分红。通过不分红带动担保机构和银行共同降低融资成本,落实小微和"三农"服务双创的目标。

(3) 业务模式:主要采取再担保、股权投资方式。国家融资担保基金与省级再担保公司开展业务合作,支持辖区内的担保机构为符合条件的小微企业提供贷款担保。其中,再担保和股权投资将分别发挥其功能,再担保的主要功能是分散风险,股权投资的功能则是进一步为基层担保机构输血,提高担保机构的风险抵御能力和业务拓展能力。

2. 地方融资担保基金

地方政府一般都会设立以财政出资为主的地方融资担保基金或信用保证基金,用于支持中小微企业融资,如江苏省常州市出台了《常州市中小微企业信用保证基金管理办法》,通过与当地银行、保险、信用担保机构合作,以共同分担风险的方式,激励上述机构或为中小微企业提供担保、保险,或提供信贷资金,从而达到缓解中小微企业融资难,支持中小微企业发展的目的。

三、金融担保与中小企业融资

金融担保的产生有如下两方面的背景:

第一,随着资本市场的发展,直接融资的地位逐步提升,企业产生了大量的债券融资需求,在债券发行的过程中,逐渐产生了对金融担保的需求。

第二,银行金融产品外部担保的退出,为金融担保提供了业务空间。2007年之前,银行垄断了国内金融产品的外部担保,并将其作为银行的表外业务,使银行的风险过于集中,不利于金融系统的稳定。2007年,监管机构制定政策,银行退出债券担保,为担保机构的进入提供了业务空间。

2008年4月2日,以"08西基投债"的成功发行为标志,国内出现商业银行正式退出担保领域后首例由专业担保机构提供发行担保的准市政债券(城投债),标志着金融担保真正意义上登上了资本市场的舞台。

2009年,中债信用增进投资股份有限公司(中债增)成立,标志着国内首家公开资本市场信用评级的专业债券增信机构出现。

四、保险与中小企业融资

(一) 政策依据

2014年8月发布的国务院《关于加快发展现代保险服务业的若干意见》提出："加快发展小微企业信用保险和贷款保证保险,增强小微企业融资能力。"

2015年1月,中国保险监督管理委员会(已撤销)、工业和信息化部、商务部、中国人民银行、中国银行业监督管理委员会(已撤销)等部门联合印发了《大力发展信用保证保险服务和支持小微企业的指导意见》,鼓励各地结合当地实际情况,积极探索以信用保险、贷款保证保险等保险产品为主要载体,引导保险公司通过"政府＋银行＋保险"这种多方参与、风险共担的合作模式,经营小微企业信用保证保险业务。

2018年6月,中国人民银行、银保监会等5部门联合印发了《关于进一步深化小微企业金融服务的意见》,提出发挥保险增信分险功能,稳步推动小微企业信用保证保险业务的发展,进一步总结完善"政府＋银行＋保险"模式的试点经验,因地制宜推广成熟做法。按照权责均衡、互利共赢的原则,构建合理的风险共担与利益分配机制,为小微企业提供综合性的优质服务。进一步深化银行和保险公司合作机制,优化小微企业银保合作业务流程,改善小微企业融资服务。

2017年修订通过并于2018年1月施行的《中华人民共和国中小企业促进法》第二十二条规定:"国家推动保险机构开展中小企业贷款保证保险和信用保险业务,开发适应中小企业分散风险、补偿损失需求的保险产品。"

(二) 保险品种

1. 信用保险

信用保险是指保险人对被保险人信用放款或信用售货,当债务人拒绝履行合同或不能清偿债务时,保险人对被保险人所受到的经济损失承担赔偿责任的保险方式。

信用保险里的信用指的是信用中最核心和重要的部分:还款信用,即履行按照约定的时间和数额归还所欠款项的义务和责任。信用保险摆脱了抵押和担保,对纯信用产生的风险进行承保。

信用保险的起源就是为了支持贸易,如今依然是支持贸易、扩大销售的最主要风险管理工具之一。信用保险具有天然的融资属性,基于信用保险的本质和特性,其对解决中小微企业因为缺少抵押物或不具备被担保条件而得不到融资发挥着重要作用。

2. 贷款保证保险

贷款保证保险是指权利人直接向保险人投保债务人信用风险的一种保险,是一项用于管理企业风险的保险业务。由投保人(借款人)向保险人交付保费,保险人按照约定,在投保人不能按贷款合同的约定归还被保险人(银行)的贷款时,由保险人在保险金额范围内予以赔付。

(三) 主要模式

(1) 银保合作模式。由银行和保险公司合作,保险公司以借款人(中小微企业)自身信用作为保险标的承保,银行以保单作为担保方式向投保人即借款人发放贷款。

在银保合作模式中,中小企业信贷的高风险在很大程度上由保险公司承担,虽然提高了银行的放贷积极性,但增加了保险公司的运行成本和风险。为了帮助保险公司分担风险,提高保险公司参与中小微企业融资的积极性,政府一般会通过设立风险补偿基金的形式对参与合作的银行业金融机构、保险公司给予风险补偿。风险补偿基金的具体形式可以是专门设立的"信用保证保险风险补偿基金",也可以是中小微企业信用保证基金或其他形式。由此产生了"政银保"的模式。

(2)"政银保"模式。保险公司为贷款主体提供保证保险,银行提供贷款,政府提供保费补贴、贴息补贴和风险补偿支持,通过财政、信贷、保险三轮驱动,共同扶持中小微企业的融资与发展。这种模式也是上述各种法规政策文件中重点鼓励发展的模式。

五、信用担保实务

信用担保的基本操作流程如图2-2所示。

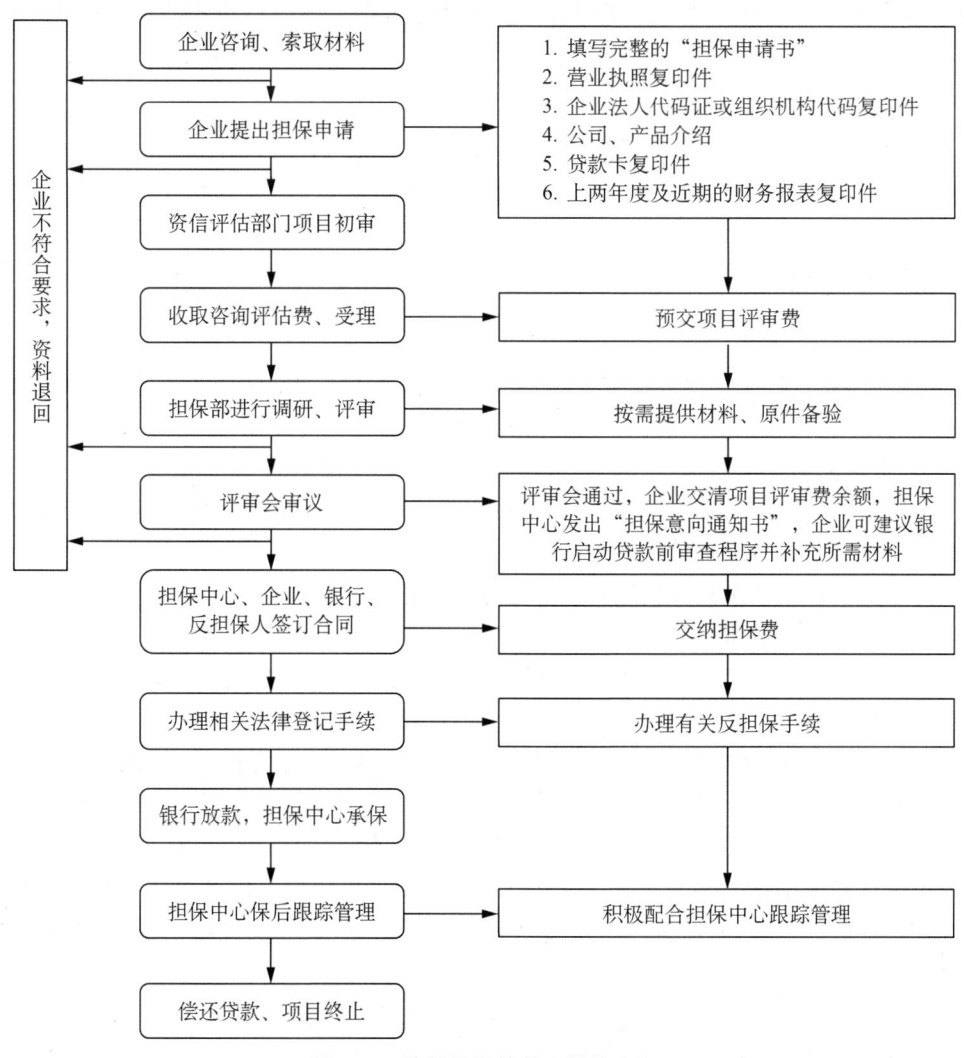

图 2-2 信用担保的基本操作流程

参考资料:赵国忻.中小企业融资[M].2版.北京:高等教育出版社,2014:54.

信用担保的基本操作流程主要可以归纳为以下几个步骤:
(1)申请担保。申请担保有两种方式可供选择:一是向银行申请贷款,如企业信用水平不足,银行会推进借款人向担保机构申请担保;二是直接向担保机构申请担保。

(2) 担保机构审查项目是否符合受理条件。

(3) 对符合受理条件的项目,进行现场考察、治理审查和项目正式评审。

(4) 根据项目评审结果,按照决策程序进行决策。

(5) 对于决定承保的项目,落实反担保措施。

(6) 收取担保费。

(7) 签订委托担保合同、反担保合同、保证合同及相关协议。

(8) 对在保项目进行跟踪和监管。

(9) 解除担保责任。这分为两种情况:一是无代偿解除,担保项目结束。二是代偿解除,进行追偿程序:全部收回代偿损失,项目结束;未全部收回代偿损失,核销损失,项目结束。

第三节 征 信

一、征信概述

(一) 定义

根据《征信业管理条例》,征信业务是指对企业、事业单位等组织的信用信息和个人的信用信息进行采集、整理、保存、加工,并向信息使用者提供的活动。

根据《中国征信业发展报告(2003—2013)》,征信是依法收集、整理、保存、加工自然人、法人及其他组织的信用信息,并对外提供信用报告、信用评估、信用信息咨询等服务,帮助客户判断、控制信用风险,进行信用管理的活动。

征信主要包括资信调查和信用评级等业务活动。

(二) 征信的金融功能

征信活动源于信用交易的产生和发展,为了防范在非即付经济交往中经济主体可能受到的损失,需要采集在经济交往中最能显示个体按期履约能力和意愿(还款能力与还款意愿)的历史记录,以此来判断经济主体信用状况。有效的征信可以揭示市场信用风险,减少风险损失的发生,为金融市场各参与方提供决策依据。具体来说,征信的金融功能包括:

(1) 防范信用风险。征信能够帮助授信方对受信方提供的信息与真实信息进行对比,杜绝身份欺诈和盗用等情况的发生,识别虚假交易,揭示放贷时因信息不对称而带来的信用风险。随着征信的发展,征信机构已经可以通过数据调查、建立模型等手段,较为准确地揭示企业的信用风险。

(2) 降低交易成本。在征信活动中,信用信息共享使授信方减少了人力、物力的损耗,降低了对受信方的调查成本,节约了时间成本,减少了应收账款追收等管理成本和违约成本。此外,征信促进了市场的竞争,推动了风险管理技术的进步,而且,不断增加的信息来源降低了拖欠和违约的发生概率。

(3) 提高决策效率。征信机构的信息来源广泛且更新及时,其基本能够反映信用信息主体过去和当前的信用状况,有助于授信方准确地做出评估,科学地做出决策,也有效地缩短了审贷周期,增强了整个交易过程的透明度。同时,征信也为监管者提供了监测数据和监管依据,有助于提高监管的针对性和有效性。根据世界银行 2010 年对银行的调查,几乎所有银行都认为,征信能节省银行处理贷款申请的时间,改善投资质量。以加拿大某银行为例,使用征信服务后,其发放贷款的周期从 18 天降低到了 3 天。

征信对信贷的作用如表 2-4 所示。

表 2-4 征信对信贷的作用

对于授信方	对于受信方	对于监管者
· 降低信息不对称 · 强化贷款责任 · 降低每笔借款的潜在风险 · 改善贷款组合 · 帮助细分市场,提供专业产品 · 处理贷款申请更加简单、快捷 · 加强信用风险管理	· 更容易获取贷款 · 有助于获得全面反映自身情况的评价 · 帮助企业进一步了解信用管理的重要性 · 减少担保的使用 · 扩大获得服务和产品的范围 · 防止过度负债	· 改善获取及时准确的金融市场动态信息的渠道 · 有助于提高金融体系的稳定性 · 促进社会信用体系的建设 · 促进对欺诈和其他犯罪的监测和预防 · 便于获取用于统计和其他监管目的的有用信息

参考资料:中国人民银行征信管理局.现代征信学[M].北京:中国金融出版社,2015:26.

(4) 增加中小企业融资的支持力度。随着信用范围的扩展,征信服务在揭示小微企业和低收入人群信用状况上的作用日益显露,征信既能够减少金融机构从事普惠金融时面临的信息不对称,也减轻了实物抵押担保的负担,解决传统意义上弱势群体的融资和交易问题,有助于推动包容性增长。

实践中,征信产品可以看成是实物抵押担保之外的一种"信誉担保",通过征信产品的使用和传播,授信方能够方便地了解受信人的信用状况和按期还款能力,从而帮助抵押不足的受信人降低融资约束,有效地突破信用交易的瓶颈。

1999—2000 年,世界银行对 51 个国家的 5 000 家企业的统计数据表明,在有征信机构的情况下,中小企业融资的障碍明显下降,且从商业银行获得贷款的可能性比无信息共享时获得贷款的可能性平均上升 12 个百分点。

除了金融功能,征信还具有拓展交易范围、优化商业环境的经济功能,以及培育社会信用意识、创新社会管理机制的社会功能。

(三) 征信产品、服务及分类

征信产品是指征信机构对所征集的个人和企业的信用信息进行加工所形成的产品,如个人或企业的信用报告、企业评级等。

征信产品可分为基础产品和增值产品。基础产品是信用报告,增值产品是基于信用报告的信息,经过加工而生产的产品。增值产品经历了一系列的加工过程,包括了大量的智力资本,如个人信用评分、企业信用评级等。

常用的征信产品与服务的分类如下:

(1) 按业务模式,分为企业征信服务与个人征信服务。企业征信服务形成的企业征信报告,是企业征信系统的基础产品,用于全面记录企业各类经济活动,反映企业信用状况;其可用于银行信贷、信用交易、发行债券与股票上市、参加竞争招投标项目和政府采购项目、提升企业信用形象等。个人征信服务是个人征信机构对自然人的信用申请或受信人信用状况

案例阅读
2-3:央行征信中心征信增值产品

进行调查和分析的经济活动,包括对消费者的信用价值进行评价。个人征信报告是向合法用户提供的消费者个人信用行为的汇总记录,有的报告还包括对当事人信用状况的分析和定量化评价。个人征信服务可用于个人贷款信用卡交易、求职、出国留学等。

案例阅读2-4:企业征信(信用)报告

（2）按服务对象,分为信贷征信服务、商业征信服务和雇佣征信服务。信贷征信服务的对象是金融机构,主要为信贷决策以及贷后监测等环节服务;商业征信服务的对象是企业,主要为企业间的信用销售(赊销)服务;雇佣征信服务的对象是雇主,主要为雇主提供特殊需求服务。

（3）按委托方式,分为主动征信和被动征信。主动征信是指在征信对象没有委托的情况下开展的资信调查服务,大部分为公开信息;被动征信则是受到委托后,按照要求开展的征信服务,被动征信在委托方的配合下,相对而言征信的质量较高。

案例阅读2-5:企业征信产品的应用

（4）按征信范围,分为区域征信服务、国内征信服务和跨国征信服务。

（5）按征信形式,分为同业征信服务和联合征信服务。在同业征信服务下,征信机构的信息来源和信息使用者来自同行业的企业,如北京安融整众征信有限公司创建的小额贷款行业信用信息共享服务平台(micro-credit service platform,MSP)就是典型的以会员制为基础的同业征信模式。联合征信服务就是根据协议把分散在商业银行、政府机关和社会等方面的信用信息汇集起来进行加工处理形成企业或个人信用数据库。

案例阅读2-6:个人征信产品的应用

（6）按信息处理方式和业务流程不同,分为信用登记、信用调查和信用评级。

（四）征信机构与数据库

我国主要的征信机构与数据库,包括以下三类。

1. 金融信用信息基础数据库

金融信用信息基础数据库是我国重要的金融基础设施,由中国人民银行征信中心建设、运行和维护。征信系统全面收集企业和个人的信息。其中,以银行信贷信息为核心,还包括社保、公积金、环保、欠税、民事裁决与执行等公共信息。该数据库接入了商业银行、农村信用社、信托公司、财务公司、汽车金融公司、小额贷款公司等各类放贷机构;征信系统的信息查询端口遍布全国各地的金融机构网点,信用信息服务网络覆盖全国。以企业和个人信用报告为核心的征信产品体系形成,征信中心出具的信用报告已经成为国内企业和个人的"经济身份证",用于贷前审查、贷后管理等。

2. 政府背景的征信系统

政府背景的征信系统形成政府部门的信用信息数据库,是由政府各部门或行业(司法、质检、药监、环保、税务等)在行政过程中建立的征信系统,如国家企业信用信息公示系统、信用中国等。地方政府也建立了本地区的征信数据库,如信用江苏、信用上海等。

3. 商业征信与社会(民营)的第三方平台征信数据库

商业征信与社会(民营)的第三方征信数据库,指的是专门的或独立的第三方机构针对社会信用主体(个人或企业)建立的,旨在集中全社会主体各类信用信息的征信数据库。这包括:①企业和个人征信机构,如鹏元征信有限公司、中诚信征信有限公司等,以及阿里旗下的芝麻信用、腾讯旗下的腾讯征信、平安旗下的深圳前海征信中心等;②信用评级机构,如大公国际资信评估有限公司、联合信用评级有限公司等。

从模式上来说,这包括:①传统的社会征信模式,如中诚信国际信用评级有限公司、大公国际资产评估有限公司、鹏元资信评估有限公司等;②以互联网为中介的第三方平台征信数据库模式,如芝麻信用、腾讯征信等。

中国人民银行征信中心一直是国内最大的信用基础数据库,随着移动互联网的不断发展,大数据成为征信公司提供服务的手段,互联网公司也成为征信市场的重要组成部分。

二、政府征信与中小企业融资

(一) 央行征信系统与中小企业融资

在商业银行信贷业务中,通过央行征信系统查询经济主体的信用报告,全方位了解其过去的信用状况并以此判定信用优劣,是授信审批的重要内容。信用报告成为中小企业的"经济身份证"。

中国人民银行征信中心对中小微企业融资的支持主要体现在:

(1) 为小微企业建立信用档案,缓解信息不对称。截至 2019 年,中国人民银行征信中心的企业征信系统纳入了 1 370 万户小微企业,占全部建档企业的 53%。其中有 371 万户的小微企业获得信贷支持,贷款余额为 33 万亿元。征信数据已深度嵌入商业银行的风险管理流程中,成为发放贷款的重要因素之一。

(2) 建立了动产融资登记公示系统和应收账款融资服务平台。其为中小企业开展线上供应链融资和动产抵押融资提供信息确权登记服务,盘活小微与民营企业动产资源,助推应收账款融资交易。① 促进银行向产业链相关的中小企业精准投放信贷。

(二) 全国中小企业融资综合信用服务平台

1. 政策依据

政策依据包括:

(1) 习近平总书记在 2018 年 11 月 1 日民营企业座谈会上的重要讲话精神。

(2) 中共中央办公厅、国务院办公厅《关于促进中小企业健康发展的指导意见》。

(3) 国家发展和改革委员会、中国银行保险监督管理委员会(已撤销)《关于深入开展"信易贷"支持中小微企业融资的通知》(发改财金〔2019〕1491 号)。

2. 平台简介

国家公共信用信息中心在国家发展和改革委员会的指导下,依托全国信用信息共享平台建设了全国中小企业融资综合信用服务平台(以下简称全国信易贷平台)。全国信易贷平台以"信用中国"网站二级子站的形式运行,地方信易贷平台通过系统对接、接口调用等互联互通方式纳入全国信易贷平台体系,作为地方站点规范共享各类信易贷信用信息。

金融机构可通过对接全国信易贷平台或入驻地方站点,以接口调用或查询下载报告等方式查询企业信息。除依法依规可向社会公开的数据外,涉及商业秘密和个人隐私的数据需获得企业或个人授权后方可查询。

3. 信易贷产品和服务

金融机构对接全国信易贷平台,创新开发"信易贷"产品和服务。全国信易贷平台链接了省级和市级信易贷平台站点,企业可点击所在地信易贷平台站点链接,进入本地信易贷平台申请融资。企业也可根据自身所属行业领域,选择特色信易贷产品直接申请融资。入驻

---

① 参考资料:吴雨. 征信助力民营和小微企业融资[EB/OL]. (2019-06-14)[2024-08-14]. http://www.gov.cn/guowuyuan/2019-06/14/content_5400398.htm.

各级信易贷平台的金融机构收到企业线上申请后,将对企业信用状况进行综合评估,自主决定是否提供融资授信服务。

4. 信易贷对缓解中小企业融资难的作用

信易贷平台的作用集中体现在它作为"平台"的功能上。

一方面,缓解信息不对称。信易贷平台通过整合注册登记、行政许可、行政处罚、"黑名单"以及纳税、社保、水电煤气、仓储物流等领域的信用信息,"自上而下"打通部门间的信息孤岛,降低银行信息收集成本。完善信用信息采集标准规范,健全自动采集和实时更新机制,确保信息归集的准确性、时效性和完整性。根据金融机构需求,持续扩大信用信息归集范围。鼓励有条件的地方建设地区性中小企业信用服务平台,选择合适方式对接全国信易贷平台,缓解银企信息不对称问题。金融机构通过充分利用平台信息可以提升风险管理能力,减少对抵质押担保的过度依赖,逐步提高中小微企业贷款中的信用贷款占比。对信用良好、正常经营的中小微企业创新续贷方式,切实降低企业贷款周转成本。

另一方面,作为"平台",信易贷平台同时汇聚了资金的供需双方,金融机构可以利用信易贷平台开发针对中小微企业的信贷产品,并发布在平台上,中小微企业可以在信易贷平台上寻找适合自己的信易贷产品,从而缓解了中小企业的融资难,也为金融机构开发中小微企业信贷市场蓝海提供了便利。

三、大数据征信与中小企业融资

(一) 大数据征信

随着互联网的普及和我国征信体系的不断完善,大量与企业征信相关的数据产生并沉淀在政府部门和互联网的各个角落,亟待通过某种手段被采集、整合和利用。随着大数据技术的发展,大数据征信逐渐兴起。

与传统征信(在我国,主要指央行征信)一致,大数据征信也是对信用主体信息的收集、整理、保存、加工和公布。两者的区别不仅在于数据来源渠道,更体现在大数据技术的深度应用其使大数据征信具有数据量大、覆盖面广、信息维度多元、应用场景丰富等特点,对传统征信进行了有力补充。两者的对比如表 2-5 所示。

表 2-5　传统征信体系与大数据征信体系的对比

项目	央行征信体系	大数据征信体系
主要服务群体	有完善信贷记录的个人、财务信息透明的企业	央行征信体系无法服务的群体、无信贷记录或信贷记录不完善的个人、财务信息不健全的中小微企业
数据结构	结构化信息	结构化、半结构化、非结构化信息
数据类型	信贷数据	信贷数据、交易数据、社交数据、支付数据、生产经营数据、理财数据等
数据分析技术	信用评分卡、线性回归等	线性回归、神经网络、数据挖掘等机器学习技术
数据来源	银行的信贷数据为主,政府部门、工商企业数据为辅	银行信贷、政府部门、工商企业数据;第三方合作伙伴提供数据;互联网上的公开数据;个人申报时授权的数据

(续表)

项目	央行征信体系	大数据征信体系
数据维度	10~20维	多达几千到几万维
应用场景	贷款审批、信用卡审批等金融领域业务	传统征信覆盖的金融领域业务;定向营销、签证办理、出行住宿、房屋租赁等场景

参考资料:张文博.大数据征信对信贷的影响研究:基于个人及中小企业视角[M].北京:经济管理出版社,2021:9.

大数据征信的特征与优势体现在:

第一,全面性。借助现代信息技术,特别是大数据技术的发展,征信实践逐步由线下信息收集过渡到"线上+线下"的全信息整合阶段,扩大了传统征信的数据范畴,力求从全信息维度描述被征信者的信用状况。大数据整合企业散落在政务部门、金融机构、上下游企业等的海量数据,通过交互验证、识别真伪为企业提供全面有效的信用评估。大数据征信孕育了一场新的征信变革——以实时征信替代定期征信,以个性化征信服务替代通用征信服务,以全信息信用评估替代财务信息评估。

第二,精准性。大数据征信中数据采集、清洗、分析、评价全部通过计算机完成,以机器为主的分析替代了人为评估,极大减少了主观影响和失误行为。

第三,高效性。计算机的数据分析和处理能力远超人类,可以在短时间内完成海量评估工作,并对企业进行无间断的贷后风险监控,可大幅提高企业融资和银行贷后监管效率。

(二)大数据征信对中小企业融资的影响

1. 政策依据

2013年8月,国务院办公厅发布《关于金融支持小微企业发展的实施意见》(国办发〔2013〕87号),明确要求整合注册登记、生产经营、纳税缴费、用水用电等信息资源,破解小微企业缺信息、缺信用难题,强化对小微企业的增信服务和信息服务,大数据征信的理念第一次被纳入国家解决小微企业融资难的政策中。

2. 传统征信的痛点

传统征信系统基本将中小微企业,尤其是小微企业排斥在外。其原因是:

第一,资信方面依赖央行的征信系统,而小微企业很少享受正规的金融服务,很多企业没有银行借贷信息记录,也就无法进入中国人民银行征信中心的金融基础信息数据库。

第二,小微企业缺乏规范、可靠的财报信息等"硬信息",而很多小微企业的交易行为、社会关系等半结构化与非结构化的"软信息"沉淀在互联网的不同角落,传统征信的信息收集辐射范围很难覆盖这些"软信息",技术上也很难对其进行处理。

3. 大数据征信对中小微企业融资的作用

大数据征信的主要服务对象与应用群体为传统征信无法覆盖、缺乏有效信贷记录或财务信息不透明的中小微企业,主要应用业务为无抵质押、小额且分散的信用贷款。

大数据征信囊括了小微企业的生产、经营、技术、人才、交易等信息,如订单、货单、仓单、税单、账单、工资表、社保表、水电缴费记录等的各项信息。突破了以财报、抵押资产和担保信息评价企业信用的传统征信,能够做到客观科学的信用评价体系,缓解了小微企业融资难的缺信息、缺信用的问题,为小微企业的纯信用贷款提供了信息基础。

借贷信息以外的替代数据在小微企业融资领域的应用,可以增加小微企业、"长尾"客户的贷款可获得性,促进其融资发展。目前企业征信领域已经使用的替代数据主要是缴税数据,此外还包括工商登记信息、企业涉税信息、企业用电数据、企业用水数据、海关数据、环保数据、用工及奖惩数据、司法诉讼数据等。

第一,为银行提供贷前筛选和信用服务。贷前筛选是指运用大数据征信技术在短时间内对成千上万家小微企业进行海量信用优选,提高银行信贷规模,为银行提供丰富可靠的信贷资源。信用服务是指通过对信用评分、授信额度、利率水平、还款期限等的测评,计算出授信的单项额度和总额度,向小微企业提供纯信用贷款。

第二,贷中的实时监控。云数据挖掘、云信用计算等技术,还能够对信贷企业进行量化的风险跟踪,预测未来企业的发展趋势,对捕捉到的风险发出预警,使银行不用投入过多的人力,就能够及时掌握企业信用状况及风险波动,从而最大限度地规避风险。这种大规模的实时贷后风险监控服务,可使贷后监管成本降低,有助于解决银行对小微企业贷后跟踪难、评价难、成本大、风险高的问题。

第三,企业优选,提高财政支持小微企业的效率。大数据征信技术通过企业优选和排名,能够根据企业生命周期量化配置政府财政支持、税收扶持等政策资源,并对政策实施后的效果量化跟踪,提高政策支持的精准度和财政支持效率。

案例阅读2-8:电力大数据助力中小微企业融资

关 键 概 念

金融结构;多层次资本市场;信用担保;保险;征信

本 章 小 结

1. 我国多层次资本市场包括主板、创业板、科创板、北交所、新三板以及区域股权交易市场,多层次资本市场的各个层次对应了生命周期不同阶段的企业,满足了从大型成熟企业到初创期、成长期的中小企业等不同类型企业的多样性融资需求。

2. 我国的金融结构整体上是以银行为主的间接融资占主导的体系结构,对于银行业结构来说,国有大型商业银行占据主导地位,中小商业银行为辅;一般而言,大型国有商业银行倾向于向大型国有企业提供贷款,而中小银行在服务中小企业融资上更有优势。

3. 在中小企业自身抵押缺乏、信用不足的情况下,信用担保体系的建设对缓解中小企业的融资难问题就显得尤为重要。我国建立了"一体两翼四层"的中小企业信用担保模式。通过提供信用保险和贷款保证保险等保险品种,以银保合作与政银保合作的模式,保险机构能够在缓解中小微企业的融资难问题上发挥重要作用。

4. 征信体系的建立与完善对于缓解信息不对称,进而缓解中小企业的融资难问题起到关键作用。我国的征信体系建设包括了央行及金融机构、各政府部门以及专业的企业征信机构三类。而大数据征信的发展对缓解被排斥在传统征信体系外的中小微企业的信息不对称作用尤为显著。

思考习题

1. 简述我国多层次资本市场的构成。
2. 简述我国多层次资本市场与不同类型企业的匹配关系。
3. 担保风险是否可以由担保公司全部承担?
4. 担保放大倍数是否越大越好?
5. 征信的金融功能有哪些?
6. 为什么要构建多层次的资本市场?
7. 为什么中小银行在服务中小企业上具有优势地位?
8. 如何理解信用担保对中小企业融资的重要性?
9. 从分散风险的角度分析如何缓解发展不确定造成的中小企业融资难。

案例与实训

案例分析

案例分析 2-1:央行征信系统能否改善中小企业的融资难

扫描二维码阅读案例材料,讨论以下问题:
(1) 央行与商业银行如何利用征信创新帮助中小企业融资?
(2) 这些征信创新方式存在哪些问题,如何改进?

实训练习

1. 通过网络或实地考察了解一家担保公司的主要业务,分析中小企业信用担保如何服务中小微企业的融资,并形成调查报告。
2. 考察全国中小企业融资综合信用服务平台(全国信易贷平台)及其地方子平台,以及地方政府建立的中小微企业融资服务平台,如"常州市创新创业服务平台",形成调研报告,说明这些平台如何具体服务中小微企业融资。
3. 考察地方政府出台的关于信用担保的政策法规,如《常州市中小微企业信用保证基金管理办法》,说明该政策是如何从信用担保的角度促进中小微企业融资的。

案例分析 2-1:央行征信系统能否改善中小企业的融资难

融资工具篇

第三章
天使投资与股权众筹

 相关法律法规

《中华人民共和国中小企业促进法》

第十七条第一款　国家推进和支持普惠金融体系建设,推动中小银行、非存款类放贷机构和互联网金融有序健康发展,引导银行业金融机构向县域和乡镇等小型微型企业金融服务薄弱地区延伸网点和业务。

第二十六条　国家采取措施支持社会资金参与投资中小企业。创业投资企业和个人投资者投资初创期科技创新企业的,按照国家规定享受税收优惠。

 本章学习目标

◇ 理解天使投资的概念、模式与运作机理;了解天使投资的市场发展情况。
◇ 了解众筹的概念与分类;理解股权众筹的概念、投资模式、操作流程与风险。

微课视频
3-1:思维导图

第一节　天　使　投　资

一、天使投资概述

(一) 天使投资的概念

天使投资有广义和狭义之分。广义的天使投资是指一切从事早期企业首轮外部投资,以期获得利润的股权投资行为,投资主体包括个人和机构;狭义的天使投资则指个人投资者以自己的资金向与自己没有家庭联系的、具有巨大潜力的企业进行早期的股权投资,并给予该企业财务以外的资源支持。

两种定义的关系如表3-1所示。

案例阅读
3-1:苹果发展中的天使投资

表 3-1　狭义与广义的天使投资

项目	狭义天使投资	广义天使投资
主体形式	个人投资者	团体、机构、孵化器、众筹等
资金来源	自有资金	自有资金、其他合伙人/机构资金
资本权益	股权或债转股	股权、债转股
决策机制	个人决策	领投人、团体或决策委员会
与创业者关系	非亲非故	不限制
是否控股	不控股	不限
投资阶段	早期(种子期、初创期)	早期(种子期、初创期)
签订协议	正式签约	正式签约、口头转书面
投后管理	给予创业公司帮助	不限定

参考资料:刘曼红,王佳妮,陈苏.天使投资学[M].北京:对外经济贸易大学出版社,2018:4.

可以从以下几个方面讨论天使投资的内涵:

第一,天使投资人到底是个人还是机构。从实践上看,早期的天使投资人是自然人,财务自由的个人将自己的富余资金用于投资,支持好的创意,从高风险投资中获得回报,如我国的一些著名天使投资人徐小平、李开复等。但是,随着实践的发展,一些天使投资人会以合伙的形式将自己的资金放在一起,然后以机构的名义对种子期的企业进行投资,甚至一些孵化器也具有投资功能,对看好的项目在种子期进行投资,同样发挥着一定的天使投资功能。同时,一些风险投资机构也开始募集资金,成立"天使投资基金",专门从事种子期和初创期的投资。天使投资人呈现出机构化的趋势,机构的类型也是多种多样的。

第二,天使投资的投资阶段。在不进行非常严格界定的情况下,一般认为天使投资、风险投资(venture capital,VC)与私募股权投资(private equity,PE)有着不同且层次递进的投资阶段,天使投资倾向于在企业种子期及初创早期开展投资。投资阶段是区分天使投资与其他投资形态的关键,也是天使投资具备的核心特征。

第三,资金来源与投资风格。典型的天使投资人是个人,典型的天使投资资金来源于个人财富。与风险投资相比,天使投资使用自己的资金,投资决策没有中间环节,投资的速度更快,也更为灵活。从决策风格上来说,天使投资人主要凭借投资经验,甚至是直觉快速做出投资与否的决策。显然,天使投资的低成本、高灵活的特征适应或契合了天使投资种子期投资高风险的特征。

第四,投资额度。天使投资的投资规模一般较小,以美国的天使投资为例,2015 年,美国天使投资总规模为 246 亿美元,但美国风险投资总规模为 591 亿美元;从投资交易的数量来看,天使投资支持了 71 110 家企业(共 71 224 笔交易),而风险投资却投资了 3 709 家公司(共 4 380 笔交易);天使投资每笔投资金额为 34.5 万美元,风险投资则为 1 349 万美元,是前者的 39 倍。

天使投资的投资规模较小的原因包括以下几个方面:

一是天使投资是一种分散的、个体的投资模式,投资资金为自有资金,规模不可能很大;

二是出于分散风险的目的,由于每笔投资的额度较小,同样的资本金,天使投资可以支持更多的初创企业；

三是种子期的企业相对来说,资金需求量也较小。

天使投资不是锦上添花,而是雪中送炭。天使投资的小规模投资特征与种子期企业的高风险特征和有限的资金需求密切相关。

总体而言,天使投资具有投资额度小、投资期限早、投资风险高、投资成本低、投资决策快的特征。

(二) 企业"死亡谷"与天使投资

"死亡谷"多存在于创业型中小企业的初创早期,是企业发展过程中最困难的时期,也是企业最容易夭折的时期。

处于初创早期的企业,走过了仅有创意的阶段,开始进入实质运营。产品的研发生产、团队的组建、市场的开拓等一系列早期创业行为要产生大量的支出,但这时企业营业收入却微乎其微,甚至为零。企业的营业收入不能弥补支出,赤字严重。产品、技术、市场、管理风险都处于企业生命周期的最高阶段。早期来源于3F(家庭、朋友、创业者)的创业资金已被耗光,风险非常高。这是企业创业中最困难的时期,最容易发生夭折,这也是该阶段被称为"死亡谷"的原因。企业成长与"死亡谷"如图3-1所示。

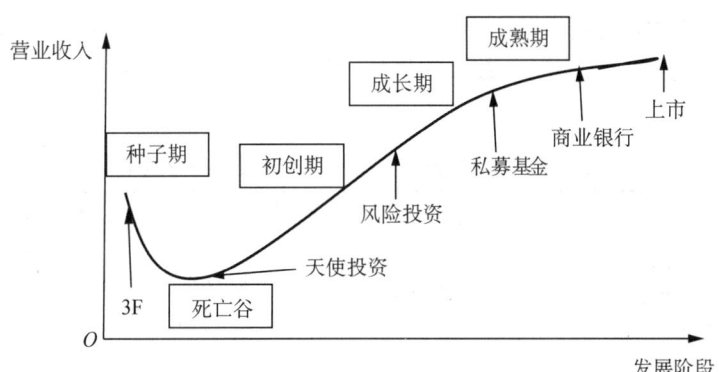

图 3-1 企业成长与"死亡谷"

参考资料:刘曼红,王佳妮,陈苏.天使投资学[M].北京:对外经济贸易大学出版社,2018:32.

这时天使投资的出现起到了至关重要的"续命"作用,天使投资及时填补了企业融资的空白,成为创业企业为数不多的资金来源之一。天使投资对企业的投资标准要比风险投资的标准更低,通常对企业的技术和市场前景没有太深的了解。由于天使投资人往往对企业的投资十分大方,有点像天上掉下来的馅饼,这种投资模式被形象地称为"天使投资"。

二、天使投资的模式

天使投资现有5种模式:天使投资人、天使投资团队(联盟)、天使投资基金、孵化器型天使投资、平台型天使投资。

早期萌芽阶段(2000年以前),投资模式单一,以天使投资人为主;起步阶段(2001—2008年),今日投资、真格基金等机构型的天使投资开始进入人们的视线;快速发展阶段(2009年至今),团体、机构、孵化器、众筹等多种模式并存。天使投资的模式变化趋势如图3-2所示。

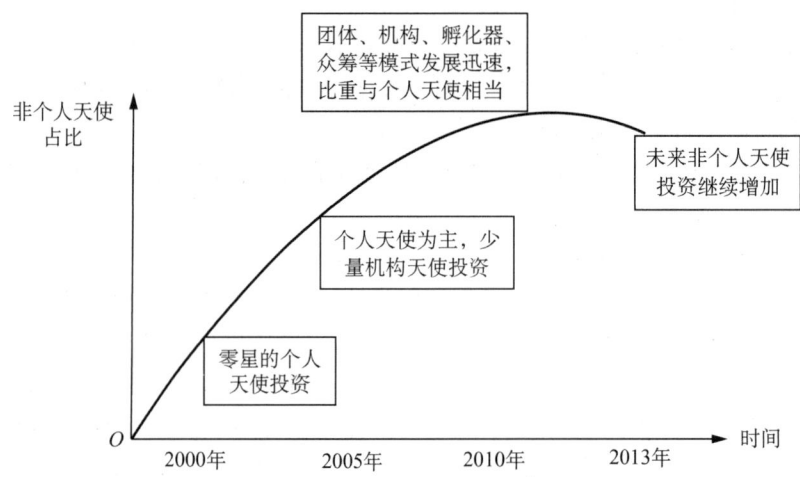

图 3-2　天使投资的模式变化趋势

(一) 天使投资人

案例阅读 3-2：谷歌的天使投资人

随着天使投资的发展,李开复、雷军、马化腾等现阶段著名的天使投资人越来越多,国内成功的民营企业家逐渐发展成为天使投资的主力军。除此之外,有闲置资金的律师、会计师、企业高管以及行业专家等也在做天使投资。中国一些知名天使投资人的背景与投资风格如表 3-2 所示。

表 3-2　中国知名天使投资人的背景与投资风格

投资人	背景	投资风格
雷军	小米科技创始人、董事长兼首席执行官,多玩游戏网董事长,金山软件董事长,中国著名天使投资人	非专职投资人,主要看人和团队,介入很早,创业型投资人,投后参与管理;投熟人
徐小平	真格天使投资基金创始人;新东方教育科技集团联合创始人,曾任集团董事、新东方文化发展研究院院长	专职投资人,主要看人,投资了很多陌生人;投后少管,不干涉企业发展
曾李青	现任德迅投资董事长,中国著名互联网企业腾讯公司五位创始人之一	专职投资人;介入很早,创业型投资人;投资额在 200 万~1 000 万元;投后参与管理与决策;投熟人
季琦	华住集团创始人、现任董事长,力山投资首席执行官;曾任携程旅行总裁、如家酒店首席执行官	投资比较随性,投资额不会超过 100 万美元,占股 10%~20%;不会做系统性调查和估值;投后不干涉企业发展
何伯权	今日投资创始人,乐百氏集团创始人	投资专一,只投自己熟悉的领域;商业模式国外已成熟但国内没有成功样板;介入很早,创业型投资人;投后会参与企业管理;注重企业诚信和契约精神
蔡文胜	在 2003 年创办 265.com,并被谷歌收购;2007 年进行网络投资,先后投资数十个优秀网站,国内著名天使投资人	介入很早;看中用户数;投资速度快;投资额在 50 万~500 万元;偏爱前期投入不大的项目,烧钱的项目不投

(续表)

投资人	背景	投资风格
吕谭平	现任翱科创投主席,拥有超过20年经验的企业家兼天使投资人,曾是香港联想集团创办人之一;1997年创立华美科技创投;2000年成立翱科创投;2005年同数位合伙人创办创投基金——Startup Capital Ventures	倾向于科技媒体通信(technology、media、telecom,TMT)领域的投资;所投项目部分看中经济回报,部分帮助他人创业,投资看中人
杨向阳	现任深圳市源政投资发展有限公司董事长和深圳市源兴生物医药科技有限公司总裁,拥有逾20年经验的企业家和天使投资家	专注生物、医药领域的投资;投资额较大,回报周期长
李开复	现任创新工场董事长兼首席执行官;曾在苹果、微软和谷歌等多家IT公司担任高管职务	"天使+孵化"的投资模式;不仅给予资金支持,还提供配套服务;机构化运作,偏好轻资产项目,集中在TMT领域

参考资料:刘曼红,王佳妮,陈苏.天使投资学[M].北京:对外经济贸易大学出版社,2018:65.

(二)天使投资团队(联盟)

天使投资人的模式存在一定的局限性,比如项目来源少、资金实力有限、投资经验不足等。于是,一些天使投资人开始组织在一起,组成由几十位天使投资人构成的天使俱乐部或天使联盟。

天使投资团队的优势在于汇集项目资源、分享行业经验和投资经验等,还会通过联合投资的模式对外投资。典型的天使投资俱乐部联盟包括上海天使投资俱乐部、深圳天使投资人俱乐部、亚杰商会天使团、K4论坛北京分会等。

(三)天使投资基金

随着天使投资的进一步发展,天使投资基金等机构化天使投资模式应运而生。有些资金充足、活跃于创投圈的天使投资人设立了天使投资基金,进行专业化的运作,比如徐小平设立的"真格"天使投资基金。

此外,还有一类天使投资基金与风险投资形式相同,但是投资规模小。这些基金从企业、外部机构、个人处募集资金,如创业邦天使基金、联想之星创业投资等。天使投资基金的规模一般为几千万元,单笔投资额度为数百万元左右。

很多天使投资基金与天使投资组织紧密联系,也有一些天使投资基金与政府引导基金开展合作。总体看来,天使投资基金以私募股权基金的形态出现,全职从事早期投资业务。除了政府设立的引导基金,一般由若干天使投资人出资设立,并由出资的天使投资人共同管理或聘请专业的普通合伙人(general partner,GP)管理,为天使投资人提供项目的筛选、估值、投资决策等服务。

与个人形态的天使投资相比,天使投资基金包含两方面的要素:一是投资标的为种子期或初创期的企业;二是组织形式是规范的机构而非个人或松散的个人团体。

(四)孵化器型天使投资

企业孵化器是一种新型的社会经济组织,主要为企业提供研发、生产、经营等网络设施,同时为企业提供培训和咨询、政策、法律及市场推广方面的支持,以降低创业企业的风险。创业孵化器一般建立在各个地区的科技园区,主要为创投公司提供启动资金、廉价的办公场地、便利的配套措施以及人力资源服务等。在企业经营方面,孵化器还会为创业公司提供各

案例阅读 3-3:雷军与顺为基金

种帮助。

孵化器有私人的和公共的两类。私人的孵化器以盈利为目的,通过帮助新企业创立以获取一定的股权和费用。公共的商业孵化器往往以扶持高科技创新为主,这些科技孵化器又与大学院校和研究所相联系,帮助研究人员和学者承担风险,勇敢创业。

中国的创业孵化器也有了一定的发展,典型的创业孵化器如李开复创立的创新工场、天使湾创投的20万元8%聚变计划,以及北京中关村国际孵化器有限公司等。一些著名的孵化器及创业平台以及这些孵化器成立的基金情况如表3-3所示。

表3-3 著名的创业孵化器及其成立的投资基金

孵化器及创业平台	基金名称	基金规模
创新工场	创新工场开发投资基金	1500万美元
联想之星	联想之星天使基金	4亿元
起点创业营	起点创业投资基金	2亿元
启迪创业孵化器	启迪之星天使基金	5亿元

企业孵化器和天使投资都是对处于种子期的企业进行投资服务,二者的结合能够更好地帮助企业得到良好的发展。很多企业孵化器都具有对种子期的创业企业进行投资的功能,从广义上讲,企业孵化器也可以看成是天使投资的一种,二者有相似的地方,但也存在明显的差别。

二者的共同点是:都不是为了企业所有权,而是通过投资和服务让企业得到发展,然后退出企业;投资对象多为种子期、初创期风险较大的企业;都在对企业进行投资服务的同时,共同分担技术、财务、市场及管理风险。二者为了收回投资和实现投资收益,都会退出企业,退出方式有公开上市、收购兼并、企业回购股权等。

二者的区别如表3-4所示。

表3-4 天使投资与企业孵化器的区别

项目	天使投资	企业孵化器
投资目的	盈利,使投资得到高回报	社会经济组织,享有政府优惠政策,帮助企业得到发展
投资形式	资金投入	功能为孵化,包括培训、咨询及市场等协助
行为	个人投资行为,不受约束	受到社会监督、政府部门关注
追求价值	资本的提升	提升空间价值,营造集聚效应

(五)平台型天使投资

移动互联网的快速发展促使越来越多的应用终端和平台对外开放接口,这让创业团队可以基于自己的应用平台进行创业。比如,苹果App Store的平台、腾讯微信公众号的平台。

一些平台为了增强自己对创业者的吸引力,提升平台价值,设立了平台型天使投资基金,为有潜力的创业公司提供启动资金。平台型天使投资基金不仅可以给创业公司提供资金支持,还会给他们带去丰富的平台资源。

平台型天使投资基金的典型代表有网龙公司与IDG资本设立的"mFund移动互联网投

资基金"、360公司发起的"免费软件起飞计划"、新浪推出的"中国微博开发者创新基金"等。

三、天使投资的运作

(一) 投前准备

1. 项目来源

天使投资的成功与否在很大程度上取决于是否有高质量的项目,可靠的项目来源渠道是关键。从融资者的角度来说,天使投资的项目来源也是创业企业获取天使投资的途径。一般而言,天使投资主要存在以下渠道:

(1) 熟人推荐。熟人推荐是最原始也是至今仍然流行的一种方式,这种方式简便、实用、成本低,其局限性是受制于天使投资人人际关系的广泛性。

(2) 职业关系:律师、会计师、经纪人、咨询师等的推荐。天使投资的过程也要经历项目的评估、决策、签订投资协议和投资监控、退出等环节。在这个过程中会计师、律师等专业人士的参与成为必不可少的要素,由于接触的范围比较广泛,这些人也会接触到很多创业者的项目信息,并且这些人可能本身就是专业投资家。

(3) 互联网:天使投资众筹平台。创业企业的融资也离不开互联网的帮助,通过网络的方式可以更广泛地汇集信息,很多创业企业和天使投资都会通过互联网平台进行信息共享、沟通联系。

(4) 天使投资协会、联盟等机构。天使投资协会、联盟等组织提供专门的中介服务,使天使投资系统化、条理化,为会员提供各种信息和支持。

(5) 风险投资基金。风险投资基金往往会收到很多商业计划书,有些很有潜力的项目处于种子期或初创期,对于风险投资来说欠成熟、期限偏早的项目就会推荐给天使投资。

(6) 中介机构。中介机构可以提供编制商业计划书、信息咨询以及直接帮助创业者联系天使投资家进行融资的服务,它构成创业者寻觅天使投资人的重要途径,中介机构的素质也决定了获取资源或信息的效率。

(7) 项目推荐会等。许多中介机构都会举行各种各样的项目推荐会,吸引投资者和优秀的创业者,如研讨会、商业计划书竞赛、专业论坛以及孵化器的路演活动等。

2. 项目筛选

天使投资对项目的筛选以及评估一般都会经历初筛、发展潜力评估、市场评估、产品评估以及管理团队的评估几个阶段。初筛阶段主要考虑项目是否有人推荐、项目的行业、项目的发展阶段以及项目所处地理位置等因素;发展潜力评估阶段主要考虑市场是否有吸引力、产品是否有竞争力、团队是否有执行力、战略是否恰当以及退出等因素;市场评估阶段主要考虑市场是新的还是已存在的、市场的容量与增长情况、消费者的情况以及市场竞争程度;产品评估阶段主要考虑产品的竞争力、产品的规模与增长情况以及产品用途等方面;管理团队评估阶段主要考虑团队的经验、团队的互补性以及团队成员素质等因素。

天使投资与风险投资的运作类似,因此我们将会在后文风险投资的章节中更详细地论述风险投资的管理情况,如估值、协议条款的协商与签订等方面。我们可以先从真格基金的案例直观感受一下天使投资的运作。

(二) 参与投后管理

与单纯的财务投资人不同,典型的天使投资人除了给创业者提供资金,还会给予非财务

案例阅读
3-4:真格基金的一页纸投资协议

方面的支持。天使投资人参与投后管理的原因可以从以下两个方面理解:

(1)对被投资企业来说,被投资对象处于创业早期阶段,风险很大,团队、市场、产品、管理、商业模式等都很不成熟,创业者也缺乏经验,往往需要投资人提供帮助。对于一些受众多资金追捧的创业项目,天使投资人的经验及其能够为创业项目提供的帮助是天使投资从众多资金竞争中脱颖而出的重要因素,也成为天使投资人或机构的核心竞争力。

(2)从天使投资人角度看,协助企业成长,既可以提高创业成功概率,也可以降低投资风险。此外,参与投后管理也是监督与控制的一种方式。

参与投后管理是天使投资的本质属性与必然要求,但是在天使投资人与创业企业间的动态交互过程中,受到被投企业的需求以及天使投资人个人风格的影响,参与程度与方式也较为灵活。例如,董事会的席位(可有可无)、汇报的周期(周、季度或年度)、对投资工具的选择(普通股、优先股)、股份的要求(5%~25%不等)等都有较大的选择空间。

从总体上来说,天使投资人参与被投资企业的方式有以下几种:

(1)参与董事会。由于天使投资进入企业的时期较早,很多初创企业没有健全的公司治理结构,甚至尚未成立董事会,天使投资人很少将董事会席位作为控制企业的手段。根据卡普兰和斯特罗姆伯格的研究,天使投资人占企业董事会席位的18%,而风险投资人则占到37%~47%。

(2)管理层安排。天使投资人会要求知晓或直接参与被投资企业的管理层安排。

(3)市场开发。天使投资人往往是经验丰富的企业家或经理人,具有丰富的市场开发经验和广泛的商业关系,能够对初创企业提出宝贵的意见。

(4)再融资。当企业发展到一定程度,需要大规模资金时,天使投资很难满足,这时作为被投资企业重要合作伙伴的天使投资人会利用自己的资源帮助企业获得再融资。事实上,被知名天使投资人投资过的企业更容易获得后续融资。

(三)天使投资的退出

天使投资的退出是天使投资过程中的最后一环,这也是关系天使投资获得回报的关键环节。天使投资的退出机制可以借鉴风险投资,但由于创业企业的发展形态和所处经济环境的特殊性,其与一般的风投的退出机制仍存在很大的差别。

案例阅读3-5:摩拜与ofo的不同命运

天使投资成功的退出方式主要包括:首次公开募股(initial public offering,IPO)、财务型并购、战略型并购、管理层并购、管理层回购。天使投资失败的退出方式主要指破产清算。根据投中研究院对国内活跃天使投资机构及活跃天使投资人的调研,2014年天使投资行业中有45%的被访者选择股权转让退出,36%选择并购退出,各有21%选择企业回购和IPO退出,只有9%选择破产清算退出。

第二节 股权众筹

一、众筹概述

(一)定义与分类

众筹(crowdfunding)的意思是汇集多人的投资力量,支持他人的奋斗和努力,指的是通过接受并协调来自多方的零散贡献达成自己的目标。迄今为止,多数众筹项目为艺术家资助、软件开发、产品预售、个人创业资金众筹等。

众筹的存在源远流长,有时你可能已经亲身参与众筹而不自知。例如,上学时每人一份的班费,筹集后用来开展集体活动;又如,为某个需要帮助的人捐款,为红十字基金会或希望工程捐款等。这些活动已经具备了众筹的实质,只是还不叫众筹而已。

众筹模式有4种形式:捐赠制、奖励制、股权制、借贷制,目前在国内发展比较成熟的模式是捐赠制与奖励制。

案例阅读3-6:寺庙众筹

(二) 捐赠众筹

捐赠众筹是一种不计回报的众筹,主要用于公益事业领域。项目的支持者一般就是项目的推动者,参与感很强。他们对某个项目的出资支持,更多的是一种精神层面的收获,而不是图求物质回报。从法律的角度看,捐赠众筹的基础法律关系是赠与,属于带有赠与性质的公益行为。

案例阅读3-7:捐赠众筹案例

捐赠众筹的门槛较低,不在乎身份、地位、职业、年龄,只要有想法、有创造能力就能够发起项目,更为简单开放。捐赠众筹"面向广大群体,服务社会大众"。在互联网时代,捐赠众筹往往通过网络平台来实现,如水滴筹。

(三) 产品众筹

奖励性众筹,也称为产品众筹,是指投资人将资金投给筹款人用以开发某种产品(或服务),待该产品(或服务)开始对外销售或已经具备对外销售的条件下,筹款人按照约定将开发的产品(或服务)无偿或以低于成本的方式提供给投资人的一种众筹方式。例如,京东众筹平台就有很多产品众筹的项目。

产品众筹是针对性地满足潜在顾客特殊需求,利用互联网的广泛联系,将特殊需求的长尾集中起来,达到可经营规模。产品众筹对新产品设计提出了一个与传统方法完全不同的产品规划和设计的新方法。产品众筹在新产品的设计上,首先是征求顾客的意见,了解顾客的需求,只有能够满足这部分顾客的特殊需求,有了一定的预订量并收到预订的款项后,才会进行生产。

很多企业把产品众筹作为产品(或服务)上市前的一种宣传手段,其目的并非获得资金而是希望通过众筹平台对其产品进行宣传推广,并获得第一批客户。产品众筹提供了从客户端到商务端的信息反馈,其商业逻辑有效地建立起了以顾客为中心的服务性思维,并将传统的价值链颠倒了过来,客户成为第一个环节,后面的各个环节均以客户需要来驱使。该商业逻辑的起点是顾客,然后转向完全针对顾客的需求来设计产品,关注客户的需求和关心的问题,去发现可能的产品设计方案,力争用这些方案来最大限度地满足目标客户的需求并有效地解决客户所关心的问题。

案例阅读3-8:纳帕海青旅众筹

二、股权众筹与互联网非公开股权融资

(一) 股权众筹

股权众筹源于美国,主要用于解决金融危机后中小企业的融资难题。近年来,在创新驱动经济发展战略的背景下,基于对推动创新创业,促进企业融资发展,激活民间闲散资本,以及完善资本市场与金融服务体系具有的重要作用,股权众筹在中国得到了大力的发展。

根据2015年中国人民银行等10部门联合发布的《关于促进互联网金融健康发展的指导

意见》(银发〔2015〕221号),股权众筹是指通过互联网形式进行公开小额股权融资的活动。

中国证监会发布的《关于对通过互联网开展股权融资活动的机构进行专项检查的通知》(证监办发〔2015〕44号)根据上述指导意见将股权众筹界定为:创新创业者或小微企业通过股权众筹融资中介机构互联网平台(互联网网站或其他类似的电子媒介)公开募集股本的活动。

案例阅读 3-9:《大圣归来》的股权众筹

股权众筹具有"公开、小额、大众"的特征。

(二)互联网非公开股权融资

在我国,公开发行证券必须符合法律、行政法规规定的条件,并依法报经国务院证券监督管理机构或者国务院授权的部门注册。按照《中华人民共和国证券法》(以下简称《证券法》)第九条的规定,有下列情形之一的,为公开发行:①向不特定对象发行证券;②向特定对象发行证券累计超过200人,但依法实施员工持股计划的员工人数不计算在内;③法律、行政法规规定的其他发行行为。非公开发行证券,不得采用广告、公开劝诱和变相公开方式。

根据上述定义,股权众筹事实上构成了《证券法》规定的"公开发行证券"行为。首先,在我国"公开发行证券"的条件较高,通过股权众筹方式融资的企业或项目很难达到规定的标准;其次,公开发行证券需要报政府相关部门进行注册或核准,成本较高,公开发行证券或上市对融资额较小的小微企业来说存在规模不经济。这限制了股权众筹的实施与操作,因此在实践中,我国并没有真正意义上的股权众筹,只有它的变体,即"私募股权众筹"或"互联网非公开股权融资",其本质是通过互联网进行的私募股权投资。例如,京东金融提供的京东众筹。

三、股权众筹的投资模式

(一)"领投+跟投"模式

"领投+跟投"模式指的是在众筹过程中,由一位经验丰富的专业投资人作为"领投人",普通投资人作为跟投人,选择跟随某个领投人并组成联合投资体,共同投资。"领投+跟投"模式是国内股权众筹平台采用的主流模式。

投资,尤其是对初创企业的股权投资,是一项专业性很强的活动。项目前期的尽职调查,投资项目运作过程中对融资方的监督,项目退出时退出方式的选择、收益的分配等,都需大量的精力与专业知识,一般非专业型的投资人很难胜任。因此,需要专业的投资人充当"领投人"。

"领投+跟投"模式的具体实现方式包括:

第一,设立有限合伙企业。由领投人担任普通合伙人,其他跟投人担任有限合伙人,共同发起设立有限合伙企业,由有限合伙企业对被投企业或项目进行持股。这一模式在国内占据主流。

第二,签订代持协议。由每一位跟投人分别与领投人签订代持协议,领投人代表所有投资人对被投企业或项目直接持股。

(二)普通模式

普通模式也可称为联合投资模式或集合投资,没有领投与跟投之分,企业将融资信息发布在平台上,投资者在平台上浏览企业信息,自行选择感兴趣的项目进行投资。融资完成后,后续的转让协议、股权凭证等文件大多通过平台线上完成。企业上市或被收购,投资者获得回报。平台一般向融资企业收取手续费作为盈利来源。

(三) 基金模式

在基金模式下,基金管理人(通常为专业的第三方基金管理公司或平台自身)负责挑选、管理投资项目,投资人可自由选择基金投资。基金模式通过构建投资组合,将资金分散到不同的股权众筹项目上,降低风险。

四、股权众筹发展的制约因素

1. 缺乏合格投资人

合格投资人的含义或合格投资人应该具备的素质如下:

第一,风险承担的能力。这主要指的是投资者的财富或资金实力,其是投资者承担风险或损失的基础。招商银行和贝恩公司联合发布的《2017中国私人财富报告》显示,2016年中国个人可投资资产在1 000万元以上的高净值人群规模已达到158万人,个人持有的可投资资产规模达到了165万亿元,这成为发展天使投资与股权众筹的财富基础。

第二,识别投资项目的专业能力。合格投资人具有专业的项目评估和丰富的投资经验,这种专业能力是投资领域的稀缺资源,也是很多股权众筹平台使用"领投＋跟投"的重要现实基础。

第三,受到过合格的风险教育,具备足够的风险意识。"股市有风险,入市需谨慎",合格投资人充分了解"想要获得高收益,必须承担高风险"的道理。这需要经历过良好的投资风险教育和丰富的投资经验才能获得。

值得注意的是,在中国资本市场上,真正具备良好风险意识的合格投资人并不多。其原因有以下两个方面:

第一,中国资本市场发展时间比较短,投资者的投资经验缺乏,所经历过的市场波动经验相对较少;第二,中国政府基于市场和社会稳定因素对一些证券等投资品实施的"刚性兑付",扭曲了投资者对投资的风险认知,形成了投资者对投资收益的不合理预期。

拓展阅读 3-1:刚性兑付与合格投资者的养成

2. 缺乏优质的项目

在风险投资圈,存在这样一条不成文的规律:真正拿到风险投资的项目中,有50%不会在公开市场上出现,因为其早已经被投资人锁定;另外30%的项目通过自己的人脉关系,以及参加一些投融资对接会、活跃的投融资咨询中介也可以解决投资;而剩下的20%是在能拿到投资与不能拿到投资之间。因此,优秀的项目出现在众筹平台上的机会并不大。

对于投资项目的选择来说,一般股权投资的过程如同漏斗,由项目寻找、项目筛选、尽职调查、投后管理组成漏斗的各个环节,出现在股权众筹平台上的项目一般已经经历过了前三个环节,而这些环节也是非常耗时耗力的阶段。这时就会产生这样的矛盾:既然这些工作都已经完成,为什么平台或专业投资人不干脆自己投资而要把项目放在平台上? 尤其是对于种子期的投资来说更是如此,想要利用互联网的力量实现"人人做天使投资"的目标的困难还是非常大的。

五、股权众筹的动作流程与法律风险

(一) 股权众筹的运作流程

股权众筹的运作流程是:项目申请、项目审核、项目展示、项目筹资、项目实施,如图3-3

所示。

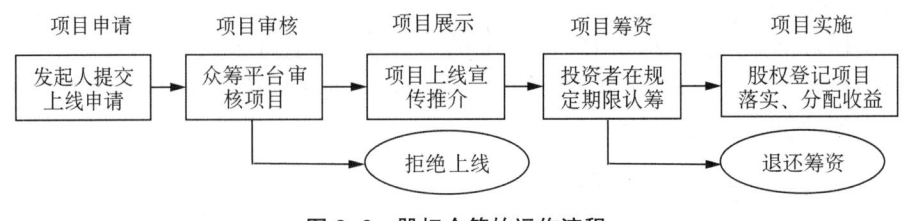

图 3-3　股权众筹的运作流程

(二) 股权众筹的法律风险

1. 非法吸收公众存款

在股权众筹领域,非法吸收公众存款是最常见的法律风险。对于"向社会公众或不特定对象吸收资金",平台实现募集资金对象特定化的方式有:①设立投资人认证制度,给投资人设立一定的门槛和数量限制,借此把不特定对象转变为特定对象,如天使汇、大家投等;②为创业企业或项目建立会员圈,然后在会员圈内筹资,借以规避不特定对象的禁止性规定;③众筹平台可通过多次组织聚会、沙龙、论坛,定向提供商业计划书等方式实现"私募"的本质。"承诺固定回报"可以以股权作为投资回报,但不能对股权承诺固定回报。借鉴私募基金股权投资募集资金的做法,使用"预期收益率"的措辞较为妥当。

2. 擅自公开发行证券

股权众筹平台一般通过认证合格投资人,以限制能够看得到项目的人数来规避擅自公开发行证券的风险。在操作中,许多平台设置了投资人查阅项目信息以及认购的规则,采取了适度隔离措施——不是所有人都能够看到平台发布的所有融资项目,而是根据投资人偏好、能力,结合投资项目特点、要求进行匹配,可以提高投融资双方的效率,提高融资成功率,减少项目曝光率,减小公募概率。此外,为了规避风险,每一个项目的后续投资人签约、组建有限合伙企业,签订投资协议等手续基本在线下完成。

3. 集资诈骗罪风险

在股权众筹领域,集资诈骗罪主要表现为以下两种方式:

(1) 融资方的道德风险。融资方基于对资金的渴求,往往会有意无意地夸大盈利预期,美化项目,当企业融资成功后,在追求利益最大化的强大诱惑下,企业可能不按照契约运行,擅自变更投资款的用途,侵害投资人的权益,甚至在股权众筹平台虚假发标获得资金后跑路。

(2) 投资合同博弈。投资合同欺诈主要可能发生在"领投+跟投"的机制上,"领投+跟投"容易造成领投人与融资人之间的恶意串通风险,通过领投人的鼓动,骗取投资者盲目跟投,融资人获取大量融资款后逃匿或以失败等为借口使投资人蒙受损失。

(三) 股权众筹的政策风险

股权众筹在我国还是个新兴事物,制度建设落后于实践发展。随着股权众筹的快速发展,股权众筹的监管思路也经历了一系列的变化,政策调整频繁,通过股权众筹融资很容易遭遇政策变化的风险。

在概念上,股权众筹经历了从"私募股权众筹""互联网非公开股权融资"到以"公开、小额、大众"为特征的股权众筹的演变,明确了股权众筹的"公募"性质。

股权众筹"大众、小额、公开"的"公募"性质与《证券法》等现行规定相冲突,而发行方式与范围被限定在"私募"上,削弱了股权众筹的市场活力,也与股权众筹的本质相违背。可行的方法是在立法上进行豁免,如参考美国的"JOBS法案"设计相关豁免制度。

股权众筹主要的监管政策文件如表3-5所示。

拓展阅读
3-2:美国新股发行制度改革——JOBS法案

表3-5 股权众筹主要的监管政策文件

时间	发文单位	文件及讲话	主要内容
2014.11.19	国务院常务会议	李克强总理讲话	建立资本市场小额再融资快速机制,开展股权众筹融资试点
2014.12.18	中国证券业协会	《私募股权众筹融资管理办法(试行)(征求意见稿)》	规范的对象限于"私募股权众筹",是指融资者通过股权众筹融资互联网平台以非公开发行方式进行的股权融资活动;要求投资者符合特定条件,为"合格投资者";融资者为中小微企业或其发起人,并且不得公开或采用变相公开方式发行证券,不得向不特定对象发行证券
2015.4.20	全国人民代表大会常务委员会	《证券法(修订草案)》	第十三条规定,通过证券经营机构或国务院证券监督管理部门认可的其他机构以互联网等众筹方式公开发行证券,发行人和投资者符合国务院证券监督管理部门规定条件的,可以豁免注册或核准。但在正式颁布的《证券法》中,该条并未出现
2015.7.14	中国人民银行等部门	《关于促进互联网金融健康发展的指导意见》	对股权众筹进行明确的界定:股权众筹是指通过互联网形式进行公开小额股权融资的活动
2015.7.29	中国证券业协会	《场外证券业务备案管理办法》	"私募股权众筹"为场外业务,从事该业务的证券公司、证券投资基金公司、期货公司、证券投资咨询机构、私募基金管理人应当对其场外证券业务备案
2015.8.10	中国证券业协会	《关于调整〈场外证券业务备案管理办法〉个别条款的通知》	将"私募股权众筹"修改为"互联网非公开股权融资"
2015.8.3	中国证券监督管理委员会	《关于对通过互联网开展股权融资活动的机构进行专项检查的通知》	明确股权众筹融资主要是指通过互联网形式进行公开小额股权融资的活动,一些市场机构开展的冠以"股权众筹"名义的活动,是通过互联网形式进行的非公开股权融资或私募股权投资基金募集行为,不属于《关于促进互联网金融健康发展的指导意见》规定的股权众筹融资范围;同时强调,未经国务院证券监督管理机构批准,任何单位和个人不得开展股权众筹融资活动

(续表)

时间	发文单位	文件及讲话	主要内容
2016.4.14	中国证券监督管理委员会等部门	《股权众筹风险专项整治工作实施方案》	8种行为被纳入整治重点,包括:互联网非公开股权融资平台以"股权众筹"等名义从事股权融资业务;平台以"股权众筹"名义募集私募股权投资基金;平台上的融资者未经批准,擅自公开或者变相公开发行股票;平台通过虚构或夸大平台实力、融资项目信息和回报等方法,进行虚假宣传,误导投资者等
2016.8.17	中国银行业监督管理委员会(已撤销)等部门	《网络借贷信息中介机构业务活动管理暂行办法》	规定网络借贷信息中介机构不得从事或接受委托从事股权众筹业务

关键概念

天使投资;股权众筹;"死亡谷"

本章小结

1. 天使投资是企业创业过程中处于种子期/初创期的股权投资,是创业企业处于"死亡谷"阶段的重要融资来源。天使投资现有5种模式:天使投资人、天使投资团队(联盟)、天使投资基金、孵化器型天使投资、平台型天使投资。

2. 众筹模式有4种表现形式:捐赠制、奖励制、股权制、借贷制。目前在国内发展比较成熟的模式是捐赠制与奖励制,股权众筹还处于起步阶段。

3. 股权众筹是指创新创业者或小微企业通过股权众筹融资中介机构互联网平台(互联网网站或其他类似的电子媒介)公开募集股本的活动,具有"公开、小额、大众"的特征,以"领投+跟投"为主流模式。股权众筹在我国还是个新兴事物,由于其与现有的法律法规等监管制度存在矛盾,实践中还没有真正意义上的股权众筹。

思考习题

1. 分析天使投资与"死亡谷"之间的关系。
2. 简述众筹的基本分类。
3. 为什么我国在实践中没有真正意义上的"股权众筹"?

案例与实训

案例分析

案例分析 3-1：聚美CEO陈欧的创业成功路

案例分析 3-1：聚美CEO陈欧的创业成功路

扫描二维码阅读案例资料，讨论以下问题：
（1）陈欧是如何寻找天使投资的？
（2）创业者能从天使投资获得什么样的资源？
（3）陈欧创业过程中获得天使投资青睐的因素有哪些？
（4）请自行搜集资料，了解现在聚美优品的经营情况。
（5）分析徐小平的投资退出与回报情况。

实训练习

请到正规的网络众筹平台（如京东众筹），寻找自己感兴趣的产品众筹项目，在条件允许的情况下，亲自参与一个众筹项目。将你自己参与的众筹项目的基本情况、直观感受描述下来，并结合本章所学知识谈谈自己的体会。

第四章
创业早期的债务融资

 相关法律法规

《中华人民共和国中小企业促进法》

第十六条第一款　国家鼓励各类金融机构开发和提供适合中小企业特点的金融产品和服务。

第十七条第一款　国家推进和支持普惠金融体系建设,推动中小银行、非存款类放贷机构和互联网金融有序健康发展,引导银行业金融机构向县城和乡镇等小型微型企业金融服务薄弱地区延伸网点和业务。

 本章学习目标

微课视频 4-1:思维导图

◇ 了解小额信贷、P2P网贷及典当融资的基本概念。
◇ 理解中小企业创业早期债务融资的两种形式:小额信贷及典当融资的主要特征及适用条件。
◇ 能够根据企业资金需求特征,结合小额信贷及典当融资的适用条件做出相应的融资决策。

第一节　创业早期债务融资概述

中小企业的创业早期大致对应于企业生命周期中的种子期及初创早期阶段,该阶段企业的特征包括:企业规模小;组织结构和制度不健全,甚至有些处于种子期的企业可能都没有正式、完整的企业组织形式;营业收入或经营性现金流流入少,甚至为零,财务赤字严重;缺少抵质押品;风险高,企业的市场风险、管理风险、技术风险都处于企业生命周期的最高阶段。该阶段基本与企业"死亡谷"阶段相重合或具备类似的特征。

从资金来源角度来说,该阶段的长期资金来源主要为"3F",部分具备先进的产品、技术或商业模式的创新型创业企业可能会获得天使投资的青睐或国家政策资金的扶持。但除此之外,这些企业在日常运营的过程中,所需要的周转性、临时性或应急性的资金,部分需要依靠外部的债务资金来源来满足。

该阶段企业所需外部债务资金一般具有以下特征：以企业主，而不是企业本身为主要负债主体；额度小，周转快，灵活度较高；传统金融机构提供的信贷主要以抵质押融资为主，如商业银行提供的普惠金融类贷款、典当行提供的抵质押融资或典当融资，而一些具备互联网基因，依靠大数据征信的金融机构会提供信用借款，如蚂蚁科技提供的蚂蚁微贷等产品。

为创业早期的中小微企业提供周转性资金的主要资金来源渠道包括：小额信贷，主要指以小额贷款公司为主体提供的小额信贷；典当融资等。以上两类是本章讨论的重点。除此之外，主要资金来源渠道包括商业银行提供的普惠金融贷款以及基于商业信用与供应链的信贷融资，还包括应付与预收账款、应收账款保理以及供应链金融等。商业银行信贷会在后续第八章进行专门论述，基于商业信用或供应链的融资一般出现在企业进入初创晚期或成长期以后，这个阶段的企业随着市场的开拓、销售的增加，才会出现一定规模的应收应付款及存货，相应的融资模式才会出现，这在后续第七章中专门介绍。

在我国金融发展历史中，还曾出现过一种非常重要的互联网金融形式——P2P网络借贷。P2P网络借贷（个体网络借贷）是指个体和个体之间通过互联网平台实现的直接借贷。P2P网络借贷突破了传统民间借贷基于社会网络人格化交易的限制，可以在更大范围内服务中小企业的融资需求。但是由于自身发展中的各种问题，在政府的严监管下，中国目前已无实际运营的P2P网络借贷平台。

一、小额信贷概述

（一）概念

由于国际上小额信贷的经营机构、所服务的客户、操作方式都不太相同，小额信贷尚未有统一的、明确的定义。例如，世界银行扶贫协商小组在《小额金融信贷手册》中对小额信贷的定义为：为满足低收入者生产、经营、消费方面的需求，从而向他们提供贷款、储蓄等金融服务。国际上一些主流观点认为，小额信贷是专门向低收入阶层和小微企业提供持续的、较小额度信贷服务的金融活动。我国最先引入"小额信贷"这一概念时，认为小额信贷是向低收入者即贫困人群提供存贷款服务的金融活动。虽然国内外对小额信贷的认识略有差异，但总体上还是体现了一些共识。

小额信贷是指面向低收入群体、小微企业或企业主提供的额度较小的信贷服务，旨在通过金融服务扶助低收入群体和小微企业的生存与发展。

可以从以下几个方面理解小额信贷：

第一，贷款对象主要是生活和生产经营中存在困难，且无法通过传统商业贷款满足需求的低收入阶层及小微型企业或企业主，包含了自然人和法人。

第二，贷款额度较小，但审批较快、利率弹性大、放还款周期与担保方式灵活。

第三，小额信贷属于普惠金融的一部分。

第四，小额信贷可由正规金融机构及专门的小额信贷机构或组织提供。

小额信贷的一般特征如表4-1所示。

拓展阅读
4-1：普惠金融

表4-1　小额信贷的一般特征

贷款额度	小、小微
目标客户	低收入群体、微型企业或企业主

(续表)

资金用途	一般用于生产，不用于消费，除了必要的开支如医疗、教育等
贷款条件	灵活、易懂，期限较短，往往没有抵押担保
放贷过程	手续简便、放贷迅速

（二）分类

小额信贷组织按照业务经营特点，分为商业性和福利性，也称为制度主义和福利主义。前者强调小额信贷管理和目标设计中的机构可持续性，以中国的小额贷款公司为代表；后者更注重项目对贫困人口经济和社会福利的作用，以孟加拉乡村银行为代表。解决贫困人口问题是世界上大部分国家所面临的巨大困难，因为贫困所引发的种种社会问题会导致国家的动荡。小额信贷通过改善低收入人群的经济状况，可以大幅度增加社会整体的有效需求，促进社会投资生产和国民经济发展。

（三）中国的小额信贷机构

传统金融机构主要服务于20%的头部客户（大中型企业、富裕个人），但由于面临着获客难、风险甄别难、操作成本高的挑战，占比80%的长尾客户（小微企业、普通公众）长期以来被传统机构所忽略，反过来也给了小贷行业市场生存的空间。目前，小贷行业已经从单一的小贷公司，拓展到银行、小贷公司、网络小贷公司、P2P网贷机构、民营银行、村镇银行、信托、担保、融资租赁等提供小额贷款业务的持牌和非持牌金融机构。

在我国，广义上的小额信贷机构是指提供小额信贷业务的各类机构，其既包括银行类机构，也包括非银行机构；而狭义上的小额信贷机构指的是为从事小额信贷业务而创立的、以小额信贷为核心业务的机构。

总体上，小额信贷机构可以分为以下几类：

第一，民间自发的自由借贷平台机构，如P2P。

第二，从事项目式小额信贷的机构，这些项目往往以非政府组织（non-governmental organizations，NGO）或政府主导，以募集资金或财政拨款形式进行运作，一般以扶贫的名义在欠发达地区开展。

第三，专业性注册的小额信贷机构，不吸收存款，是纯粹的放贷机构，如小额贷款公司。

第四，微小型银行金融机构，服务于一定区域范围内的人群，如城市低收入人群。微小型银行金融机构如村镇银行、农村信用社、农村资金互助组。

第五，商业银行。传统商业银行通常会成立专门的小额信贷部门，发展小额信贷业务。在我国，尤其是中小型商业银行非常重视小额信贷业务的发展。此外，一些专业的互联网银行，如微众银行、网商银行等，利用最新的信息技术手段提供小额信贷。

第六，涉及小额信贷的还有贷款公司、典当公司、担保公司、消费金融公司、供应链服务公司等。

二、中国小额信贷的发展历程

小额信贷最早起源于孟加拉国。20世纪70年代，尤努斯在孟加拉国创办了孟加拉乡村银行格莱珉试验分行，格莱珉小额信贷模式开始逐步形成。

中国借鉴了尤努斯的小额信贷思想以及国际上小额信贷的成功经验，以服务于我国的

拓展阅读 4-2：尤努斯与格莱珉银行

农村扶贫贴息贷款计划的形式,小额信贷被正式引入。1993—2005 年,小额信贷一直是以扶贫为基本导向。

我国小额信贷的发展阶段如表 4-2 所示。

拓展阅读
4-3:中国的
扶贫小贷

表 4-2　我国小额信贷的发展阶段

时间与阶段	主要工作及成就
1993—1996 年 外援资金的扶贫试点阶段	1993 年,中国社科院农村发展研究所首先将与国际接轨的孟加拉国乡村银行的小额信贷模式引入中国,成立"扶贫经济合作社",联合国开发计划署以及一些国际组织也相继在我国开展了一些小额信贷项目
1996—2000 年 政府主导的小额信贷农村扶贫阶段	中国政府在继续借助国际援助资金的同时,利用小额信贷这一金融工具,以国家财政资金和扶贫贴息贷款为资金来源,以政府机构、农业发展银行以及农业银行为运作机构,实施政策性小额贷款扶贫项目
2000—2005 年 农村正规金融机构全面介入和各类项目制度化建设阶段	农村信用社作为正规金融机构,在中国人民银行的推动下,借助中央银行再贷款的支持,逐步介入和快速扩展农户小额信贷试验
2005—2015 年 多元化信贷政策和信贷机构相继涌现阶段	国家出台了相关政策,放宽了农村金融市场资本和机构的准入门槛,"鼓励在县域内设立多种所有制的社区金融机构,允许私有资本、外资等参股。大力培育由自然人、企业法人或社团法人发起的小额贷款组织"。2005 年小额贷款公司开始试点,2008 年《关于小额贷款公司试点的指导意见》(银监发〔2008〕23 号)发布,标志着小额贷款公司正式进入文件规范阶段。外资银行和中国农村商业银行均开始设立村镇银行。中国的小额贷款开始异化——多家中小商业银行开始以小额贷款作为重要的业务增长来源,目标客户逐渐转向富裕农户,甚至城市中的个人工商户以及中低收入的工薪阶层
2015 年至今 小额贷款公司的严监管与规范发展	2015 年 1 月 30 日,中国小额贷款公司协会成立大会在北京召开,成为小额贷款公司生存环境开始收紧的标志; 2020 年 9 月 7 日,中国银行保险监督管理委员会(已撤销)发布《关于加强小额贷款公司监督管理的通知》(银保监办发〔2020〕86 号),意味着小额贷款公司的监管正式进入新的阶段

三、小额贷款公司

(一) 基本情况

根据 2008 年发布的《关于小额贷款公司试点的指导意见》,小额贷款公司是由自然人、企业法人与其他社会组织投资设立,不吸收公众存款,经营小额贷款业务的有限责任公司或股份有限公司。它的制度特征可以概括为"只贷不存"。

小额贷款公司的主要资金来源为股东缴纳的资本金、捐赠资金,以及来自银行业金融机构的融入资金。① 经营管理较好、风控能力较强、监管评价良好的小额贷款公司,经地方金融监管部门批准可依法开展发行债券、以本公司发放的贷款为基础资产发行资产证券化产品、股东借款等业务。小额贷款公司通过银行借款、股东借款等非标准化融资形式融入资金的

---

① 参考资料:《浙江省小额贷款公司试点暂行管理办法》(2008 年)。

余额不得超过其净资产的1倍;通过发行债券、资产证券化产品等标准化债权类资产形式融入资金的余额,不得超过其净资产的4倍。地方金融监管部门根据监管需要,可以下调前述对外融资余额与净资产比例的最高限额。①

截至2023年年末,全国共有小额贷款公司法人机构6550家,贷款余额8431亿元。其中,网络小额贷款公司179家,贷款余额1739亿元。②

(二)小额贷款的产品种类

1. 按借款对象划分

按借款对象可以将小额贷款产品分为个人小额信贷产品和企业小额信贷产品。

个人小额信贷产品主要为解决个人借款人临时性的资金需求,额度通常为50万元以内,包括个人的消费类小额信贷和个人经营类小额信贷。消费类小额信贷主要为满足借款人消费支出的需要,包括买房、买车、旅游、婚庆等。经营类小额信贷主要指用于借款人流动资金周转、购置或更新经营设备、支付租赁经营场所租金以及商用房装修等合法生产经营活动的小额贷款。

企业小额信贷产品主要指的是向小微企业发放的,用于日常经营周转或购置小型固定资产等合法经营用途的贷款。企业小额贷款分为企业流动资金类、固定资产类和贸易融资类小额信贷。流动资金类小额信贷主要用于满足原材料采购等日常经营周转需要,固定资产类小额信贷主要用于购置小型生产设备或经营场所装修等,贸易融资类小额信贷主要通过票据贴现、应收账款转让或质押等方式帮助企业迅速变现贸易占款或填补贸易活动产生的资金缺口。

2. 按担保方式划分

按担保方式可以将小额贷款产品分为不需要任何形式的信用贷款,需要抵押物的抵押贷款与质押贷款,以及需要第三方担保的担保贷款或保证贷款等。表4-3显示了新三板和港股上市的小贷公司贷款方式占比情况,从该表中可以看出,中国典型小贷公司发放的贷款主要以保证贷款为主,平均达到了67.96%,其次分别为抵押贷款、质押贷款,占比最小的为信用贷款。

表4-3 30家新三板小贷公司与3家港股上市小贷公司发放贷款方式占比(2018年)

贷款类别	新三板挂牌(平均百分比)	上市小贷(平均百分比)
信用贷款	4.27%	2.28%
保证贷款	67.96%	77.40%
抵押贷款	19.91%	14.36%
质押贷款	4.11%	5.96%

参考资料:史建平.中国中小微企业金融服务发展报告(2019)[M].北京:中国金融出版社,2020:146.

3. 按还款方式划分

由于贷款风险较高,通常采用分期偿还的方式,小额贷款产品具体分为等额本金还款和等额本息还款,有些信贷机构推出了小微企业循环额度贷款,通过前期资信调查,给客户核

---

① 参考资料:《关于加强小额贷款公司监督管理的通知》(2020年)。
② 参考资料:新华社.金融监管总局拟加强小额贷款公司监管[EB/OL].(2024-08-24)[2024-11-04]. https://www.gov.cn/lianbo/bumen/202408/content_6970334.htm.

定一个贷款额度,允许客户在额度内随借随还。

(三) 小额贷款公司的政策汇总

表 4-4 对小额贷款公司的相关政策进行了汇总。

表 4-4 小额贷款公司相关政策汇总

时间	政策文件
2008.4.24	中国人民银行、中国银行业监督管理委员会(已撤销)《关于村镇银行、贷款公司、农村资金互助社、小额贷款公司有关政策的通知》(银发〔2008〕137 号)
2008.5.4	中国银行业监督管理委员会(已撤销)、中国人民银行《关于小额贷款公司试点的指导意见》(银监发〔2008〕23 号)
2009.6.9	《关于印发〈小额贷款公司改制设立村镇银行暂行规定〉的通知》(银监发〔2009〕48 号)
2009.8.13	《关于做好小额贷款公司试点工作有关事项的通知》(银监办发〔2009〕282 号)
2016.4.12	《关于印发互联网金融风险专项整治工作实施方案的通知》(国办发〔2016〕21 号)
2017.6.9	《关于小额贷款公司有关税收政策的通知》(财税〔2017〕48 号)
2017.12.1	《关于规范整顿"现金贷"业务的通知》(整治办函〔2017〕141 号)
2019.11.27	《关于网络借贷信息中介机构转型为小额贷款公司试点的指导意见》(整治办函〔2019〕83 号)
2020.9.7	《关于加强小额贷款公司监督管理的通知》(银保监办发〔2020〕86 号)
2020.11.2	《网络小额贷款业务管理暂行办法(征求意见稿)》
2023.9.24	《关于延续实施小额贷款公司有关税收优惠政策的公告》(财政部 税务总局公告 2023 年第 54 号)

四、小额贷款公司的业务创新

2007 年国家开发银行深圳分行(以下简称国开行深圳分行)、深圳市中安信业创业投资有限公司(以下简称中安信业)和中国建设银行深圳分行(以下简称建行深圳分行)一起,开创了"贷款银行+助贷机构"的微贷款业务模式(以下简称助贷模式)。这一模式是国内银行以小额贷款公司为助贷机构开展微贷款业务的首次实践探索。

助贷模式赋予小额信贷机构作为贷款银行的"助贷机构"职能。在实际操作中,国开行深圳分行提供贷款资金,中安信业考察借款人、审核贷款、做出贷款决策、负责贷后管理和清收;建行深圳分行作为结算代理行,根据中安信业的贷款决策,代理国开行深圳分行向小额借款人发放贷款,形成国开行深圳分行的表内信贷资产。

助贷业务是指助贷机构通过自有系统或渠道筛选目标客群,在完成自有风控流程后,将较为优质的客户输送给持牌金融机构、类金融机构,经持牌金融机构、类金融机构风控终审后,完成贷款发放的一种业务。①

助贷机构本身不发放贷款。金融中介机构与助贷机构的风险与收益划分由双方协商决定。

拓展阅读 4-4:助贷模式的前生今世与业务模式

---

① 参考资料:北京市互联网金融协会.关于助贷机构加强业务规范和风险防范的提示[EB/OL]. (2019-04-02)[2014-11-04]. https://www.bjifia.com.cn/html/xinwenzixun/hangyezixun/2019/0402/197.html.

五、网络小额贷款

(一) 产生的背景条件

从银行的角度来说,为中小微企业提供小额信贷的最大困难在于"获客难"与"风控难"两个方面[①]。

第一,获客难。获客难的含义包括两个方面:一是寻找潜在客户难。中小微企业由于数量多、分布散、品牌效应差,与银行等金融机构打交道较少,银行等金融机构找到并识别这些企业非常不容易。二是服务的边际成本高。中小微企业由于信息不对称问题严重,往往缺乏足以匹配信用风险的担保品。在传统的风控模式下,服务中小微企业的边际成本与大型企业相近,即服务这类企业存在很强的规模不经济性。单纯开展线下小额贷款业务,必然面临规模化困境。如果投入大量人力、物力去追求规模效应,必然会产生额外的运营成本,从而引发不良风险。因此,小额贷款成为传统金融机构忽视的"长尾客户"。

第二,风控难。"风控难"是指对中小微企业进行有效的风险评估和风险控制,难度比较大。银行对客户提供贷款之前要进行信用评估,基于信用评估做出信贷决策。传统的信用评估主要包括以下三种:历史数据、抵押资产与社会关系。但是无论哪一种,中小微企业相对于国有的、大型的企业来说都处于劣势地位。

但是,大数据、云计算、人工智能、区块链、电子商务等互联网新技术,有效降低了小额贷款的运营成本和准入门槛,并通过"互联网+"带来了可观的规模效应。互联网与金融深度融合是大势所趋。由于小额贷款的授信额度小、还款周期灵活,盈利模式要求手续简便、放款快、高周转、高还款率,依靠规模效益(同时覆盖不良)。可以说,互联网与小额贷款是"天作之合"。网络贷款也正在成为一种趋势。

(二) 网络小额信贷的概念

1. 广义概念

广义上,所有以互联网为中介提供的小额信贷都可以称为网络小额信贷。按照贷款提供主体,可分为以下几类:

案例阅读4-1:京东的电商小贷

(1) 电商企业提供的在线商业贷款。电商平台为其平台上的商家提供的小额信贷,如淘宝天猫为其平台上的卖家提供的网商贷,京东为注册京东小店、企业店铺的商家提供的京小贷等。

(2) 第三方贷款公司提供的在线商业贷款。第三方贷款平台通过和电商平台、社交平台等合作,结合合作平台的数据信息为小企业提供贷款服务。代表企业有 Kabbage、Ondeck 等。

(3) 第三方支付公司提供的在线商业贷款。第三方支付公司通过掌握的用户资金流信息及作为通道对用户资金流本身的控制开展小额贷款业务。代表产品有 Paypal Working Capital、Square Capital 等。

(4) 商业银行网络小额贷款,包括传统商业银行提供的网络小额贷款和民营的互联网银行,如微众银行发放的网络小额贷款。

2. 狭义概念

2020 年,中国银行保险监督管理委员会(已撤销)、中国人民银行发布《网络小额贷款业务管理暂行办法(征求意见稿)》,对网络小贷的业务经营、资金来源、监督管理等进行了规

---

① 参考资料:黄益平,王勋. 读懂中国金融:金融改革的经济学分析[M]. 北京:人民日报出版社,2022:147.

定。网络小额贷款业务是指小额贷款公司利用大数据、云计算、移动互联网等技术手段,运用互联网平台积累的客户经营、网络消费、网络交易等内生数据信息以及通过合法渠道获取的其他数据信息,分析评定借款客户信用风险,确定贷款方式和额度,并在线上完成贷款申请、风险审核、贷款审批、贷款发放和贷款回收等流程的小额贷款业务。

(三)业务模式

网络小额贷款弥补了传统银行贷款的不足。与传统银行贷款相比,新兴的网络小额贷款结合了互联网产生的数据,相比于传统贷款,基于互联网的数据是网络小额信贷的创新基础,也是互联网小额商业贷款的核心竞争优势所在。其包括交易数据、资金流数据、物流数据、社交数据和财务数据等。通过对这些数据信息的分析弥补贷款审查成本过高或信息评分不足的问题,从而快速满足小企业的贷款需求。网络小额贷款的业务模式如图 4-1 所示。

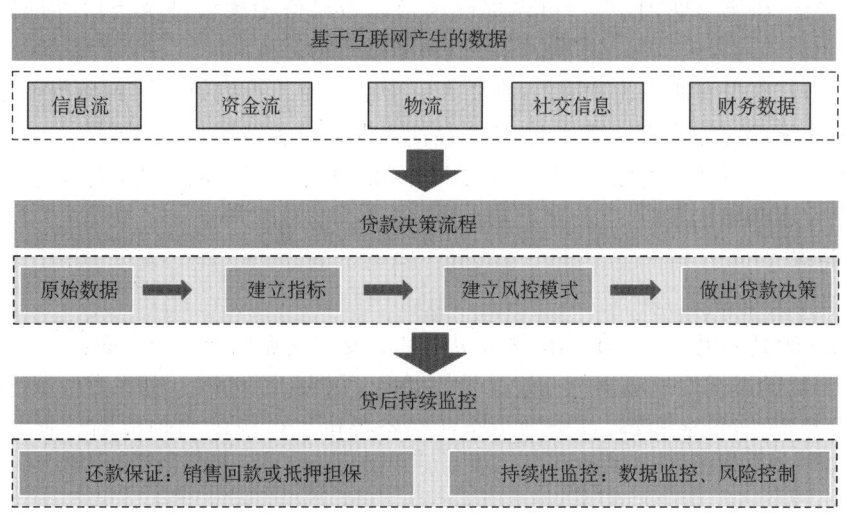

图 4-1 网络小额贷款的业务模式

参考资料:廖理.全球互联网金融商业模式[M].北京:机械工业出版社,2018:197.

(1)搜集基于互联网产生的数据,包括信息流数据资金流数据、物流数据、社交信息数据和财务数据等。

(2)贷款决策流程。商业贷款可以基于以上数据信息,建立有效的指标体系和贷款模型,从而快速做出贷款决策。

(3)贷后持续监控。利用互联网产生的数据信息,可以随时监控贷款企业的经营状况,从而实现持续的贷后管理。

第二节 典 当 融 资

一、典当融资的概念与特点

(一)概念

根据 2005 年我国商务部、公安部出台的《典当管理办法》,典当是指当户将其动产、财产权利作为当物质押或者将其房地产作为当物抵押给典当行,交付一定比例费用,取得当金,并在约定期限内支付当金利息、偿还当金、赎回当物的行为。

典当行是以实物占有权转移形式为各类企业和个人提供临时性抵押或质押贷款的特殊金融机构。典当融资以其灵活、便捷的特征成为中小微企业融资的有效补充。与典当相关的概念包括：

（1）当票。在典当过程中,当票是典当行收妥当物后开给当户的收据,也是质押贷款的契约。当票应当按照规定印刷,由双方签字后盖章生效,不能转让。一般情况下,当票上应当载明下列项目：①典当机构名称与地址；②当户姓名、住址、有效证件名称与号码；③当物的名称、数量、质量；④估价金额、典当金额；⑤利率、费率；⑥典当日期、典当期、续当期；⑦有关注意事项。

（2）赎当。在典当期内,当户可以提前赎当。当户持相关证件及当票办理提前回赎。当期届满,出质人应及时如数清偿当金,持当票回赎质物。

（3）续当。典当到期不能赎回的,出质人应于期满前5日内持当票到典当行续当,其续当期限最长不能超过原当期。续当时,应当结清当期利息和费用,另换当票。

（4）绝当。绝当又称为死当,指的是当户既不赎回也不续当的行为,绝当同样标志着典当双方权利义务关系的解除。

(二) 特点

1. 典当融资的优点

（1）具有较高的灵活性。典当融资的灵活性主要体现在以下三个方面：

第一,当物的灵活性。典当行一般接受的抵押、质押范围包括金银首饰、古玩珠宝、家用电器、车辆、房产、有价证券等,这为中小企业融资提供了广泛的当物范围。典当品范围如表4-5所示。

表4-5 典当品范围

类别		内容
动产	民品	金银、珠宝钻石、名表等
	其他动产	机动车辆、原材料等
不动产		房产、设备、土地等
财产权利		股票、应收账款、专利权等权利

第二,当期的灵活性。当期最长可为半年,在典当期内当户可以提前赎当,经双方同意可以续当。

第三,当费的灵活性。典当的息率和费率在法定最高范围内灵活制定,往往要根据淡旺季、期限长短、资金供求状况、通货膨胀、当物风险及债权与债务人的交流次数和关系来制定。

（2）融资手续简便、快捷。对于一些明确无误、货真价实的当物,典当的手续可以十分简便,当物即可付款；对于一些需要鉴定、试验的当物,典当行也会尽快办好。与银行贷款的手续繁杂、审批周期长相比,典当贷款手续十分简便,大多数立等可取,即使不动产抵押,也比银行要便捷许多。

(3) 融资限制条件少。这主要体现在以下两个方面:

第一,对客户提供的当物限制条件较少。根据《典当管理办法》第二十七条的规定,不得收当的财物包括:依法被查封、扣押或者已经被采取其他保全措施的财产;赃物和来源不明的物品;易燃、易爆、剧毒、放射性物品及其容器;管制刀具、枪支、弹药、军、警用标志、制式服装和器械;国家机关公文、印章及其管理的财物;国家机关核发的除物权证书以外的证照及有效身份证件;当户没有所有权或者未能依法取得处分权的财产;法律、法规及国家有关规定禁止流通的自然资源或者其他财物。

第二,对企业的信用要求和贷款用途的限制较少。典当行向企业提供的抵押或质押贷款的风险较少,如果企业不能按期赎当和交付利息及相关费用,典当行可以通过拍卖当物来避免损失。这与银行贷款情况截然不同。所以,典当行对客户的信用要求几乎为零,对贷款用途的要求很少过问。

2. 典当融资的缺点

除了贷款利率,典当贷款还需要缴纳较高的综合费用,包括保管费、保险费、典当交易的成本支出等。因此,综合的融资成本高于银行贷款。

综上所述,典当融资可以在企业救急时使用,但不能作为企业日常经营的主要资金来源,它是解决企业短期临时性资金短缺的重要手段。

案例阅读4-2:典当融资帮助中小企业解决资金难题

二、中国典当行业的现状①

(一) 总体情况

2018 年中国典当行业的总体情况如表 4-6 所示。截至 2018 年年末,全国共有典当企业 8 657 家,从业人员 4.2 万人,全行业实现典当总额 2 863.2 亿元,典当余额 985.8 亿元。在总体盈利方面,2018 年全行业实现营业收入 96.2 亿元,其中,主营业务收入 83.2 亿元,实现净利润 13.5 亿元。亏损的企业共 2 797 家,亏损面 32.3%,亏损企业累计亏损额共 8.5 亿元。在具体业务方面,2018 年全行业平均单笔业务金额 18.1 万元,平均当期 32 天,最短 1 天。由此可见,典当行业持续以小额业务为主,短期、快捷是其主要特性。

表 4-6 2018 年中国典当行业总体情况   金额单位:亿元

企业数(家)	8 657	营业收入	96.2	行业逾期率	14.2%
从业人员(万人)	4.2	净利润	13.5	绝当金额	27.1
典当总额	2 863.2	亏损的企业(家)	2 797	绝当率	1.0%
典当余额	985.8	银行贷款	31.9	负债率	1.9%

(二) 业务结构

在业务结构方面,2018 年动产典当业务占全部业务的 32.51%、房地产典当业务占全部业务的 53.02%、财产权利典当业务占全部业务的 14.47%。整体而言,典当行业的业务结构较为稳定,典当业务中,房地产典当业务占主导,其次是动产典当业务,再次是财产典当业务。

---

① 参考资料:史建平.中国中小微企业金融服务发展报告(2019)[M].北京:中国金融出版社,2020:156.

典当的本源业务应是民品典当业务,从传统意义上人们对典当的认知,到典当行与动产业务的定价和处置的专业性,民品业务无疑也是典当业在日趋激烈的同质化竞争中最具差异化的着眼点。同时,民品典当也具有独特的优势:首先,小额物品便于携带,可移动性强,使缔结或终止典当合同关系变得相对简单;其次,民品典当接当范围广泛,当品不局限于黄金、手表、珠宝等,还包括奢侈品、数码产品等新型物品,能够吸引各类客户群体;最后,小额物品易于保管,容易变现,经营风险低。因此,民品典当作为最传统、最根本的业务,在典当行业中起到必不可少的风险调和作用。

(三)业务监管

我国是典当行为产生最早的国家之一,《后汉书·刘虞传》描述了刘虞想要把受赏的财物"典当"给外族,但被公孙瓒抢夺的故事。这是关于典当活动最早的一次记载,距今已有1800年的历史。在近代银行诞生之前,典当行一直是民间主要的融资渠道,在调剂余缺、促进流通、稳定社会等方面起到了非常重要的作用。

新中国成立后,由于长期对典当行业剥削残酷性的不恰当宣传,典当业被认为是旧社会的残根余孽而遭到取缔。直到1967年,典当行在中国大陆彻底绝迹。

20世纪80年代,中国的经济体制改革已经初见成效,大量的大中小企业和个人出现了融资需求。1987年12月30日,改革开放后第一家典当行——成都市华茂典当商行应运而生,标志着典当这一传统金融行业在中国大陆重新进入了经济舞台。

典当行业在过去定位较为模糊,主管部门几经轮换,1987年第一家典当行设立开始由国家经济体制改革委员会(已撤销)主管,1993年典当行被纳入人民银行的监管体系下,2003年机构改革后,典当行的监管划归商务部负责。2018年5月8日,商务部发布了《关于融资租赁公司、商业保理公司和典当行管理职责调整有关事宜的通知》,制定典当行业务经营监管规则的有关职责由中国银行保险监督管理委员会(已撤销)履行。

典当业被划归中国银行保险监督管理委员会(已撤销)意味着从监管层面将典当行业从特殊工商企业认定为金融企业,确定了行业的金融属性,其适用的规定也不再局限于《典当管理办法》,而是包括《关于规范金融机构资产管理业务的指导意见》在内的一系列金融监管措施,典当行业受到的管制将会更加严格。

三、典当行业的"互联网+典当"模式

"互联网+典当"是典当行业适应互联网经济发展形势、探索更好地为中小企业融资服务的必然选择。其原因有以下几个方面:

(1)提高效率。在线平台可以聚集大量的典当业务进行集中服务,能够有效地提高经营效率与资源利用率。

案例阅读4-3:江苏首家互联网典当服务平台"蚌蚌拍当"App上线

(2)风险防控。"互联网+典当"对于经营风险防控有积极影响。这体现在:网络平台引入竞争促使价格信息充分,减少当品定价错误带来的操作风险;绝当流通情况变好,提高处置绝当物品的能力,减少损失率,进而减少投资风险;互联网典当平台集"典当、鉴定、购物"为一体,能够打破典当行"坐地经营"的局限,很好地分散了风险,由于网上数据样本丰富,其会使客户风险评估更准确,减轻信用风险;也可以充分利用从在线渠道获得的数据,对客户特征、质押类别和典当贷款数量进行统计,进一步优化业务流程,降低运营风险。

(3)正确估值。当品鉴别是技术含量极高的工作,互联网典当平台聘请了专业的名师

反复鉴定,多方报价,确保卖品价格真实反映内在价值。

（4）经营者与客户双赢。典当平台集合多家典当机构,拓展了典当品传播范围,节省了客户的时间成本,实现了民品典当业务线上化,盘活了绝当品及闲置品,达成经营者与客户的双赢。

四、典当融资的业务操作流程

（一）审当

审当包括审查当户证照、审查当物证照,要求证照合法有效,当物、当户名、证照一致。

（二）验当

验当包括：①由典当行专业评估师对当物进行价值评估,也可以由权威部门评估核定当物价值。②按照评估价值50%~90%的比例确定当金额度,一般变现率较高的当物,当金的比例会更高一些；当期一般为1~6个月,由出质人选择。③典当利率的确定一般按照中国人民银行公布的金融机构同档次法定贷款利率(可上浮50%)执行,综合服务费包括服务费、保管费和保险费,由典当行按照国家的政策和金融法规制定,支付当金时一次性扣收。

2005年,《典当管理办法》第三十七条规定："典当当金利率,按中国人民银行公布的银行机构6个月期法定贷款利率及典当期限折算后执行。典当当金利息不得预扣。"其第三十八条规定："典当综合费用包括各种服务及管理费用。动产质押典当的月综合费率不得超过当金的42‰。房地产抵押典当的月综合费率不得超过当金的27‰。财产权利质押典当的月综合费率不得超过当金的24‰。当期不足5日的,按5日收取有关费用。"

（三）收当

收当的程序包括签订典当协议、收当入库、制票付款、收取费用。

（四）保管

典当行应妥善保管当物。《典当管理办法》第四十一条第二款规定："质押当物在典当期内或者续当期内发生遗失或者损毁的,典当行应当按照估价金额进行赔偿。遇有不可抗力导致质押当物损毁的,典当行不承担赔偿责任。"

（五）赎当

赎当的程序包括当户凭票办理赎当、结清综合费用及典当本金、办理出库、发票单证归还当户。

（六）续当

续当的程序包括审核原当票及相关证照、缴纳单期利息与续当期综合费、查验当物、签订续当合同。

关 键 概 念

小额信贷；典当融资

本 章 小 结

1. 小额信贷主要向低收入群体和小微型企业提供额度较小的信贷服务,旨在通过金融服务扶助低收入群体和小微企业的生存和发展。小额信贷成为满足小微企业,尤其是企业发展初期阶段经营性周转资金需求的重要资金来源。随着互联网的普及、大数据技术的应用,小额信贷逐渐与互联网结合,产生了网络小额贷款,典型的网络小额贷款如阿里小贷、京东小贷等模式,网络小额贷款以其灵活、快速、低成本的特性成为未来的发展趋势。

2. 典当是指当户将其动产、财产权利作为当物质押或将其房地产作为当物抵押给典当行,交付一定比例费用,取得当金,并在约定期限内支付当金利息、偿还当金、赎回当物的行为。典当融资所具有的快速、便捷的特性在满足中小微企业或企业发展初期阶段急需的短期、小额、周转性资金上起到非常重要的作用。

思考习题

1. 从"助贷"与"网络小贷"的角度讨论小额信贷的发展趋势与演变逻辑。
2. 典当对中小企业融资起到什么样的作用?

案例与实训

案例分析

案例分析 4-1:阿里巴巴的跨界金融之旅

案例分析 4-1:阿里巴巴的跨界金融之旅

扫描二维码阅读案例资料,讨论以下问题:
(1) 建行为什么要与阿里巴巴合作信贷业务,或阿里巴巴在与建行合作过程中的作用是什么?
(2) 阿里巴巴与银行的合作最后终结的原因是什么?
(3) 阿里小贷的特点和优势有哪些?
(4) 阿里小贷是如何实现上述优势的?
(5) 以阿里小贷为例,说明网络小贷如何解决"获客难"与"风控难"。

案例分析 4-2:典当融资——创业融资的好帮手

案例分析 4-2:典当融资——创业融资的好帮手

扫描二维码阅读案例资料,讨论以下问题:
(1) 典当融资为何受到中小企业的欢迎?
(2) 通过上述案例,谈谈典当对中小企业融资的作用。
(3) 从融资额度、期限、利率、担保等方面分析典当融资与其他融资方式、渠道相比有哪些特点。
(4) 典当融资一般适合企业在什么情况下使用?

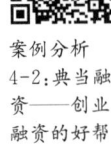
实训练习

通过网络或实地调研典当行业,完成以下任务:
(1) 通过实地调研,感受典当行的运营或工作氛围。

(2) 对某区域(如学校所在地)典当行业的基本情况做一个统计分析。
(3) 了解典当行的业务与产品。
(4) 结合自己的调研分析典当行如何服务中小企业融资。

第五章 风险投资

 相关法律法规

《中华人民共和国中小企业促进法》

第二十六条 国家采取措施支持社会资金参与投资中小企业。创业投资企业和个人投资者投资初创期科技创新企业的,按照国家规定享受税收优惠。

 本章学习目标

微课视频 5-1:思维导图

◇ 了解风险投资的概念、风险投资与天使投资的关系,以及风险投资机构的主要类型。
◇ 理解风险投资"募投管退"的基本运作过程。
◇ 掌握商业计划书的撰写。
◇ 理解风险投资"投资该条款清单"的主要内容与基本含义。

第一节 风险投资概述

一、风险投资的诞生与概念

(一) 风险投资的诞生

风险投资行业的诞生要追溯到美国研究与发展公司(American Research and Development Company,ARD)的成立。1946年,为解决美国创新型中小企业的融资难问题,时任波士顿联储主席拉尔夫·弗兰德斯(Ralph Flanders)和哈佛商学院教授乔治·多里奥特(Geoge Doriot)主持成立了ARD,用风险资本支持企业家将科研成果转化。1957年,ARD向数字设备公司投资7万美元,拥有其77%的股份,而到了1971年,ARD所持股份的价值已经上升到了3.55亿美元,较投资额增加了5 000多倍,成为风投历史上的典型案例。

美国硅谷的门罗帕克(Menlo Park)有一条不长的街道——沙丘路,里面汇集了全世界最大、最多的风险投资机构,沙丘路也因此被称为"创业者的圣地"。以谷歌为例,其背后的两家风险投资机构——红杉资本和凯鹏华盈,为谷歌带来了公司治理经验、资源和声誉,在一定程度上促进了谷歌的创新和发展。

1985年，中国第一家风险投资机构——中国新技术创业投资公司正式成立，随后软银、红杉资本等海外风险投资机构纷纷进入中国，很多地方政府、民营企业也成立了以孵化科技为目的的风险投资公司。风险投资规模的扩大催生了一批优质的高科技公司，如腾讯、阿里巴巴、百度和京东等。

拓展阅读5-1：中国古代的风险投资

（二）风险投资的概念

风险投资（venture capital，VC）是由专业投资者投入到新兴的、迅速发展的、有巨大潜力的企业中的一种权益资本，也是由有经验的专业人士运作的一种资金运作模式。具体而言，风险投资由风险投资家出资，协助具有专门技术而无法筹得资金的创业家，以专门知识主动参与经营管理，使被投资企业能够健全经营、迅速成长，在被投资企业经营成功后，将所持股票卖出收回资金，再投资另一项新创事业，周而复始进行长期投资。风险投资以获取股息、红利及资本利得为目的，其最大特征在于承担较大的风险以获得巨额资本利得。

需要说明的一点是，在一些新闻报道或国家政策文件中，venture capital 也经常被翻译为"创业投资"，二者在本质上是一致的，两种表述的区别在于："风险投资"强调投资者的风险意识和投资冲动，"创业投资"强调被投资对象的创业特性。

二、风险投资与创新型中小企业融资

以人工智能、大数据为代表，新一轮技术革命在世界范围内迅速蔓延，科技创新成为推动国家经济可持续发展的动力，而要提高自主创新能力，必须从微观层面提升企业的创新能力。创新型中小企业是科技创新最活跃的群体，在国家创新活动和经济运行中起到极为重要的作用。初创企业自有资金不足以支撑公司运行，急需外部资金。但是，一方面，初创的中小企业发展前景不明朗，企业与投资者之间的信息不对称程度较大。传统的金融机构对初创中小企业望而却步，初创企业几乎不可能获得银行贷款或其他债务融资。另一方面，一些私人机构投资者会寻求在其投资组合中加入流动性较差、风险较高的长期投资，以获得高收益，但这些投资者没有足够的专业技能来进行长期股权投资。

在这种情况下，风险投资应运而生。风险投资机构从机构和高净值人群中筹集资金，然后投资于高风险、高回报的初创项目。为了解决信息不对称问题，风险投资机构多采取投资前集中审核、投资后严格监管等方式积极参与投资，尽可能提高公司的股权价值。最终，风险投资机构出售其持有的公司股权，将收益分给投资者，实现各方共赢。

风险投资或创业投资在对中小企业，尤其是创新型中小企业的融资支持上具备优势，在缓解创新型中小企业的融资难上起到非常重要的作用。其具体优势如表5-1所示。

案例阅读5-1：京东的危机与梦想

表5-1 风险投资对中小企业融资支持的优势

渠道	比较分析
银行	银行的尽职调查手段在解决中小微企业信息不对称问题方面效率不高； 银行贷款只能收取固定利息，银行承担的风险与收益不匹配； 无形资产很难作为银行认可的抵押品； 银行追求规模解决，限制了资金需求较小的早期创业企业获得贷款支持

(续表)

渠道	比较分析
资本市场	资本市场特别强调信息披露的及时、准确与充分,中小微企业想要满足资本市场对信息披露的要求,将提高融资成本; 资本市场门槛较高,融资规模相对较小的早期创业企业没有规模效应
风险投资	风险投资可以从项目来源、初步筛选、尽职调查、项目估值、投资条款安排、投后管理等多个环节,实现降低信息不对称并起到对企业动态监控的作用; 风险投资采取股权投资的方式,通过创新的动态估值方法,实现风险承担与收益的匹配; 风险投资通过丰富的投后管理和增值服务,帮助被投中小微企业更好地应对创业过程中的问题,提高创业成功概率; 风险投资的股权投资无须担保,按照创业企业发展进行分阶段投资,契合中小微创业企业发展特点

参考资料:刘寒星,等.中国私募股权投资[M].北京:中国人民大学出版社,2021:39.

三、风险投资与天使投资

(一) 一致性

风险投资与天使投资的共性可以总结为以下几点:

(1) 权益形式。二者都是对创业企业的股权投资,虽然也有与股权投资相关的债权投资或信用担保,但以股权投资为主。

(2) 风险收益特征。二者都具有高风险、高收益的特征。

(3) 注重成长性。二者都投资于快速成长、具有巨大发展潜力的创业企业。这些企业往往在产品、技术、市场或商业模式上具有一定的创新性,创新性保证了企业具备高增长、快速发展的潜力。管理团队、市场、产品/服务、专利等因素也是选择投资项目的重要依据。

(4) 参与投后管理。二者都参与被投企业的管理与建设,不仅给予企业投资资金,还会给予初创企业一些管理、市场、技术等方面的帮助和资源。

(5) 投资周期。二者都是长期的耐心资本,一般都是在3~5年后企业增长到一定规模,通过并购或上市等方式退出,获得高额回报。二者都不是获取短期回报的投机资本。

(二) 区别

1. 投资阶段与风险

从广义上说,天使投资属于风险投资的一种。天使投资和其他风险投资的关键区别在于投资阶段,习惯上我们把种子期或初创早期的风险投资称为天使投资;而投资于已经得到一定发展的初创期或成长期创业企业的风险投资被称为风险投资。因此,天使投资风险更大,回报率也更高。如果天使投资是雪中送炭的话,其他风险投资则是锦上添花。

2. 投资运作过程

对于运作过程来说,风险投资的过程分为融资、投资、投后管理及退出4个阶段,融资阶段风险投资基金从基金购买者处获得资金,并在退出后,利润在投资者与风险投资基金之间分配。而天使投资一般为自有资金,所以没有融资的阶段。因此,风险投资的委托代理关系链条相对更长一些,如图5-1所示。

从投资运作过程的角度看,天使投资与风险投资的区别如表5-2所示。

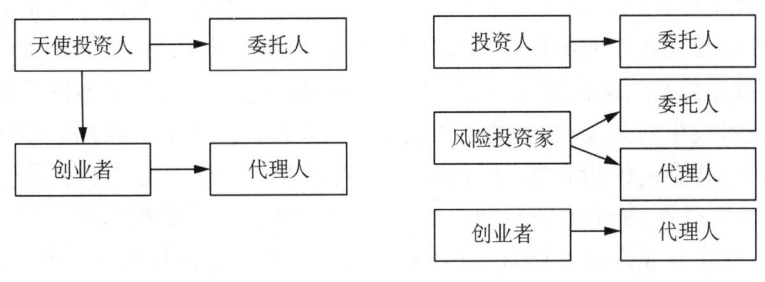

(a) 天使投资的委托代理关系　　(b) 风险投资的委托代理关系

图 5-1　天使投资与风险投资的委托代理关系

表 5-2　天使投资与风险投资的区别

过程	天使投资	风险投资
融资	自有资金,基本不向别人融资	投资其他人的钱,需要向富有的个人、机构等融资
投资	投资期限包括种子期、初创期,主要以种子期为主	投资于种子期、初创期、成长期,但以初创期、成长期为主
	一次投资,往往缺乏后续资金投入	多轮投资,有持续的资金投入
	以普通股或优先股投资为主	以可转换优先股为主
	投资工具中很少附加风险控制条款	投资工具中往往附加各种风险控制条款
	一般不分期投资	分期投资以降低代理成本
	一般不用附加条款在清算时保护自己	附加投资条款,在清算时获得优先权
投后管理	很少进入董事会	进入董事会作为参与被投企业管理的手段之一
	投资后,创业者往往保持对企业的绝对控制	投资后,可能对企业的控制权产生威胁
退出	股权赎回、转让、出售、并购、IPO、清算,一般很少参与 IPO	股权赎回、转让、出售、并购、IPO、清算,IPO 是退出的首选方式

参考资料:刘曼红,王佳妮,陈苏.天使投资学[M].北京:对外经济贸易大学出版社,2018:11.

四、风险投资的作用与性质

(一) 风险投资的作用

1. 微观上对初创企业的作用

风险投资对初创企业的作用主要体现在"资金"和"资源"两个方面。

(1) 资金。初创企业的高风险、高收益特征与风险投资的投资模式相契合。相较于传统的金融机构,风险投资具有较强的专业性,能够筛选出优质的投资项目。因此,风险投资可以为企业创新提供资金。另外,风险投资为企业提高了声誉,也为企业提供后续融资安排,大大提高了企业的资金融通能力,从而解决企业创新的资金问题。

(2) 资源。风险投资不仅能够为企业创新提供货币资本,还可以为企业经营管理带来"知识资本"。投资后,风险投资会对创新项目进行监督和管理,帮助企业建立管理团队、确

拓展阅读 5-2:风险投资作用的通俗解释

定市场定位。风险投资还可以获得董事会席位,通过行使投票权来加强对企业的约束。同时,风险投资能够帮助企业完善创新激励机制,通过利益一致激励、奖金支付和股权激励等方式促进企业效率提高。除此之外,风险投资还利用广泛的关系网络为被投资企业提供增值服务,实现技术成果的商业化,提高创新绩效。风险投资广泛的关系网络能够为企业牵线搭桥,帮助公司寻找合适的投资者、上下游厂商、管理人才甚至买家。正如乔希·勒纳(Josh Lerner)等在《风险投资、私募股权与创业融资》一书中所述:"风险投资支持的企业治理水平可能是最强的,这类企业拥有专业且积极的投资者,投资者会选择最优策略、组织资源并联合管理层以实现企业的成功。股东、董事会和管理者之间几乎没有断层。"

2. 宏观上对经济发展的作用

第一,推动了技术创新。风险投资对技术创新的作用主要是通过为高科技企业提供融资,参与企业经营管理,帮助企业成长等途径发挥的。

第二,加快了中小企业的发展。中小企业在一国经济中的作用不言而喻,风险投资所支持的企业多处于创业初期,多为中小企业,显然风险投资的存在及其作用的发挥对中小企业的快速成长,尤其是其中的高科技企业有着非常重要的意义。

第三,增加并扩大了就业。这主要体现在:首先,风险投资对高科技企业的投资促进了科技创新,加快了技术进步,促进了经济增长;其次,风险投资通过对创业企业的扶持,创造了更多就业机会;最后,风险投资促进了产业集群和区域经济的发展。

(二) 风险投资的性质[①]

1. 风险投资是一种高风险与高收益的投资

风险投资的高风险体现在两个方面:一是风险投资支持的企业大部分为初创的中小微企业,这类企业最终能够创业成功并成长为大企业的概率很小,大部分初创的中小企业最终以破产、清算或被兼并收购而告终;二是风险投资支持的企业基本为高科技企业,这类企业不论从技术、产品,还是商业模式上都处于全新的领域,在探索的过程中夭折的风险极大。一般而言,发达国家高技术企业成功的比率在 20%~30%。

风险投资的高收益体现在:风险投资一般都在初创阶段进入企业,此时的估值相对还比较低,风险投资可以以很低的成本获得企业一定的股权,而一旦企业成功上市,则可以获得几十倍、上百倍,甚至更高的收益。对于风险投资来说,投资的 10 家公司中只要有 1 家能够获得较大的成功,获得回报就足以弥补 9 家的损失。风险投资的企业中,大部分都失败了,但是那些少数成功的项目却能够给风险投资带来丰厚的回报。

近年来,美国最为成功的风险投资年收益率高达 50% 以上,一般的年收益率也可达到 35%。风险投资成为收益最高的投资形式之一。正因为这种巨额利润的诱惑,风险投资才甘愿承担巨大的风险。

2. 风险投资是一种流动性很小的周期性循环的中长期投资

风险投资是一种中长期投资,投资周期要经历从开发、产品试制、正式生产、扩大生产到盈利规模进一步扩大,直到股票上市等阶段。投资者收回投资和利润的过程少则 3~5 年,多则需要 7~10 年。风险投资流动性很小,常被称为"呆滞资金"。对美国风险投资的调查表明:从 1972 年到 1982 年,157 家创业企业平均需要 30 个月才能达到第一平衡点,即现金

[①] 参考资料:胡海峰,胡吉亚.风险投资学[M].2版.北京:北京师范大学出版社,2020:5.

流平衡点(负现金流转向正现金流),需要 75 个月才能恢复原始股本价值。因此,风险投资被称为"耐心资本"。

同时,创业企业在不同的成长阶段有不同数额的资金需求,为了满足创业企业各个成长阶段对资金的需求,推动创业企业的稳定成长,风险投资必须提供持续投入,即针对创业企业不同阶段的资金需求,分步进行持续投入。

风险投资是一个周期性循环的运作过程,在退出一个项目后,会积极寻找新的投资项目。

3. 风险投资是一种权益投资

风险投资是一种权益资本,投资方式一般为股权投资,但其目的不是长期拥有甚至控制企业,而是通过持股股权获得红利,或在合适的时机出售股权获得资本增值。

4. 风险投资是一种投资与融资结合的投资

风险投资作为广义上私募股权投资的一种,是从募集资金开始的。资金的募集或融资是风险投资购买资本的过程,出售的则是资金的信誉、诱人的投资计划、对未来收益的预期;投资时,购买的是初创(高科技)企业的股份;退出时,出售企业股份,买回资本金,外加丰厚的利润,以及光辉的业绩和成功的口碑;资本撤出后,风险投资开始进行下一轮的融资和投资。整个过程由融资和投资两个方面构成,而融资又占有举足轻重的地位。

5. 风险投资是一种资金与管理相结合的投资

不管是从协助企业成长,实现优势互补,提高企业成功概率,还是从监督资金使用情况,降低信息不对称程度的角度来说,风险投资机构都在提供资金的同时积极参与企业管理。在融资的同时为企业提供技术、管理、市场等方面的协助是风险投资的重要特征之一。

6. 风险投资是一种金融与科技相结合的投资

第二次世界大战后,电脑、软件、信息技术和生物科技等领域先后成为科技发展的前沿,这些技术给人们的生产、生活带来了巨大的变化,推动了经济的发展和整个社会的进步。而在这些行业公司取得巨大成功的背后,风险投资发挥了关键性的作用。现在耳熟能详的著名高科技企业背后都有风险投资的身影。

风险投资主要集中在高科技产业,其本身就是为了支持这种创新产业而产生的,当今世界的风险投资几乎就是高科技产业投资的代名词。风险投资与高科技产业一样,都是知识密集、技术密集和人才密集的行业。风险投资是一种金融与科技相结合的融资、投资机制。

7. 风险投资是一种无法从传统渠道获得资金的投资

初创期企业的传统融资渠道主要有内部融资和银行信贷,内部融资显然很难成为初创期企业的主要资金来源,而初创期企业,尤其是高科技企业的高风险性与银行信贷的保守性相冲突。银行信贷的固定收益特性决定了银行资金天然具有保守性,银行一般更多地给成熟期的、具有稳定现金流的企业,或者有担保和抵押的企业融资,而这些都是初创期的高科技企业所不能满足的。风险投资的投资特性显然适应了高科技企业,尤其是初创期的高科技企业的资金需求。

8. 风险投资是一种积极的投资

风险投资的积极性主要体现在:首先,其对投资项目的选择有其自己的标准和程序,不是漫无目的的。风险投资人基本上是对行业发展、科技前沿具有丰富实践经验和深刻认知的人,对未来的发展趋势也有着超出常人的把握。其次,投资后,风险投资都会积极参与管理,为企业的成长提供支持,尽可能地提高高科技创业企业的成功概率。最后,风险投资一般都有自身完善的风险管理机制,能够及时止损,在亏损难以避免时将损失降到最低。因此,它是一种积极投资,不是坐享其成的消极投机过程,更不是完全听天由命的投机或赌博,是开拓和探索精神的体现。

五、风险投资机构的类型

(一)风险投资基金

风险投资基金或独立第三方的、专门从事风险投资的机构,可以说是一种利用风险资本生产新企业的企业。作为一种金融中介,风险投资基金首先从投资人那里筹集一笔以权益形式存在的资金,然后再以股权的形式对成长性企业进行投资,在协助企业运营成功后,再安排其股份从创业企业中退出。

(二)企业风险投资

1. 企业风险投资的概念

企业是风险投资领域的一支非常活跃的参与力量,与金融型风险投资者不同的是,企业进行风险投资的主要目的不仅仅是获取投资收益,更重要的是保持对技术和市场发展的敏锐洞察力,探寻新的产业增长点以求新的发展。其战略目标不是投资收益,而是创业企业开发的产品和潜在的市场。随着风险投资的发展,企业风险投资活动发挥着越来越重要的作用。企业参与风险投资的动因主要是应对产品结构和产业结构调整的压力。任何企业都会经历从初创、成长到成熟,然后衰退的过程,一个企业能够长久不衰关键在于其为市场提供的产品和服务能够不断地更新换代,创新性地满足市场的需要。这就需要不断地进行"二次创业",完成自身产品结构和产业结构的调整。这在很大程度上取决于其技术创新能力,这种技术创新能力可以是公司自行开发研制新产品、新技术,也可以是公司在外部选择适合自身发展需要的新兴技术,通过产业化提高自身的整体技术水平。风险投资正是将某项初创状态的技术转化为企业创新能力的一种有效方式。

企业风险投资(corporate venture capital,CVC)是指有明确主营业务的非金融企业在其内部和外部所进行的风险投资活动,其投资目的是服务于企业的战略发展规划。

企业风险投资的形式主要有两种:一种是把用于风险投资的资金委托给专业的风险投资公司进行管理,由其成立的投资基金根据委托方的战略需要选择投资目标;另一种是企业直接成立独立的风险投资子公司,其运作方式与专业的风险投资公司相似。

案例阅读5-2:谷歌风投与Uber相爱相杀

2. 企业风险投资与传统风险投资的区别[①]

企业风险投资与传统的风险投资(independent venture capital,IVC)在投资领域上基本一致,但CVC因其组织形式的特殊性而与传统的风险投资有所区别。

第一,企业风险投资隶属于非金融企业下属的投资部门,资金来源于母公司并以母公司的名义从事风险投资活动,其存续期无限。而传统的风险投资基金往往以有限合伙制形式成立,存续期有限。企业风险投资的投资期限更长、资金来源更充足。这意味着企业风险投资对于有潜在能力、短期盈利效果不明显的创业项目持有更加开放的态度。

第二,企业风险投资与传统风险投资采用不同的薪酬激励机制。传统的风险投资基金

---

① 参考资料:田轩.创新的资本逻辑[M].北京:北京大学出版社,2018:83.

采用有限合伙制,基金管理团队可从有限合伙人处收取2%的管理费,同时在投资退出后,所获收益的20%往往会被分配给管理团队作为奖励。因此,传统风险投资团队的薪酬与业绩高度相关。而根据美国咨询公司FW Cook对2 000个企业风险投资机构的调研,68%的企业风险投资基金经理的薪酬都不以自身业绩为基础,而是按照传统的"固定薪酬+年终奖"的模式,与母公司当年业绩相挂钩。这项调研同时发现:几乎没有一只企业风险投资基金会像传统的风险投资基金那样,要求员工跟投;同时,也不允许企业风险投资基金管理团队自愿跟投。对于被投资的创业公司的创新产出,这些机制是一把双刃剑。一方面,由于企业风险投资基金缺乏高力度的薪酬奖励机制,基金管理团队对失败的容忍度更高,从而有利于创业公司的创新产出;另一方面,基金管理团队的薪酬与母公司业绩相关,导致企业风险投资往往会牺牲所投公司的利益,来最大化母公司的利益,从而降低创业公司的创新水平。

第三,不同于传统的风险投资基金以财富最大化为首要目标,企业风险投资的第一要务是为母公司带来新的技术或增长点,从战略层面提高母公司的竞争优势,并兼顾财务回报。因此,企业风险投资往往追求所投资创业公司与母公司的互利共赢。创业公司可以充分利用母公司的制造工厂、分销渠道、核心技术、品牌效应等来服务自身产品。同样,母公司与创业公司之间的技术纽带与行业联系使企业风险投资对某些特定的商业模式与技术拥有更加权威的经验,从而能够更好地培育所投创业公司的技术创新。除此之外,企业风险投资的存在使母公司与创业公司能够共享与创新项目相关的软信息,在这一点上传统的风险投资基金很难做到。

(三) 政府引导基金

为了鼓励风险投资的发展,我国在2005年就发布了《创业投资企业管理暂行办法》,其中第二十二条规定,"国家与地方政府可以设立创业投资引导基金,通过参股和提供融资担保等方式扶持创业投资企业的设立与发展"。2008年发布的《关于创业投资引导基金规范设立与运作的指导意见》,提出"引导基金是由政府设立并按市场化方式运作的政策性基金,主要通过扶持创业投资企业发展,引导社会资金进入创业投资领域。引导基金本身不直接从事创业投资业务"。政府引导基金成立最重要的目的就是发挥财政资金的杠杆放大效应,增加创业投资资本的供给,克服单纯通过市场配置创业投资资本的市场失灵问题。

21世纪以来,在美国投资于企业创业晚期的风险投资比例达到60%以上,而在中国更是达到了80%以上。在中国,投资于各方面都较为成熟的创业企业的上市前投资(Pre-IPO)策略是主流,成长资本而不是早中期的创业投资是中国PE的主要组成部分。创投晚期化倾向加剧了种子期、初创期等创业早期的创新企业融资难问题的市场失灵。政府引导基金可以鼓励创业投资企业投资处于种子期、初创期等创业早期的企业,弥补一般创业投资企业主要投资于成长期、成熟期和重建企业的不足。

第二节 风险投资的运作过程

风险投资的一般运作过程可分为"募投管退"4个环节:"募",指的是资金的募集;"投",指的是投资;"管",指的是投后的管理;"退",指的是投资的退出。投资退出后,开始进入下一个"募投管退"的循环。

一、资金募集

(一) 资金来源结构

风险投资的资金来源主要包括政府、机构投资者、金融机构、非金融企业、个人投资者以及外资等。不同国家和地区的风险投资来源不同,以美国为例,其风险投资的资金主要来源于养老基金、银行或保险公司以及捐赠基金等机构投资者,政府和个人资金的贡献相对较少。

对于中国来说,早期的风险投资资金来源主要是政府,且以政府的直接投资为主。近年来,中国的风险投资资金来源结构发生了较大变化,表现为:

(1) 境外资本是中国风险投资的重要资金来源。2011—2015 年中国风险投资资金来源结构如表 5-3 所示,从该表中可以看出,外资一直是中国风险投资的重要资金来源,但随着时间的推移,其占比也在不断下降。

表 5-3 2011—2015 年中国风险投资资金来源结构

资金来源	2011 年	2012 年	2013 年	2014 年	2015 年
外资	62.65%	52.37%	48.51%	41.16%	36.78%
内资	37.35%	47.63%	51.49%	58.84%	63.22%

参考资料:刘曼红,Pascal Levenson,刘小兵.风险投资学[M].2 版.北京:对外经济贸易大学出版社,2018:90.

(2) 非金融类企业成为中国风险投资资本的主要来源。根据中国风险投资研究院的行业调查数据,2015 年中国新筹集的风险资本中,来自内地资本的来源结构中,非金融类企业成为主要来源,占 54.68%;同时,个人投资占到 13.60%;政府改变投资方式也显示出明显的效果,政府投资合计占到 23.47%,其中绝大部分以政府引导基金的形式出现。而金融企业,包括银行、保险、证券等资金来源有限。

(3) 来自海外的风险投资机构。来自海外的风险投资中,来自机构投资者(养老基金、银行保险等金融机构、捐赠基金等)的资金比例最高,占新募集海外资本的 43.18%;其次是来自母基金(fund of funds,FOF)的资金,占新募集海外资本的 23.65%。FOF 是一种专门投资于其他证券投资基金的基金。[①]

(二) 资金募集过程

(1) 前期准备阶段。风险投资机构会充分利用自己良好的经营记录,并组织优秀的管理团队,进行风险投资募集前期的重要准备。

(2) 准备募集说明书。募集说明书是向投资者发出的要约,也是向投资人的初步承诺。一般而言,募集说明书包括风险投资介绍、筹资人/基金管理公司介绍、资金募集条款、募集资金的运作模式、基金如何投资。

(3) 路演。筹资人/风险投资管理机构向潜在投资人进行路演。

(4) 确定投资意向。随着私募募集说明书的发出和路演,有意向的投资者将会表达出投资意向,并对关心的问题进行详细询问。风险投资人在这个阶段要详尽地答疑,将投资者的投资意向转化为真正参与投资。

---

① 参考资料:投中网.2015 年中国风险投资行业研究报告,2016.

(5) 签订合伙协议并认缴出资。所有投资人,包括有限合伙人和普通合伙人共同签订合伙协议,并认缴出资。

(6) 注册并运行。根据合伙协议,认缴出资到位后,根据法律和工商管理规定,进行注册登记。风险投资家根据运行承诺,进行投资运作。

二、投资

投资一般从项目的筛选开始,其依据主要是商业计划书;然后进入尽职调查环节,投资人对感兴趣的项目进行深入的调研分析;在此基础上对项目进行估值与定价,最后对具体的投资条款进行协商谈判,并签订投资合同。

(一) 项目初筛

尽职调查是风险投资在做出投资决策之前必不可少的一项功课,但是尽职调查的成本很高,风险投资家不可能对获得的项目源都进行尽职调查,因此需要对获得的项目进行初次审查,挑选出少数感兴趣的项目作进一步的考察,而对项目进行初筛的主要依据就是创业者提供的商业计划书。

一般而言,通常在1 000份项目经营计划或可行性研究报告中,第一次筛选后,淘汰率为90%,剩余的经过与对方约见和会谈后,根据筛选标准与所了解的情况,又淘汰50%。余下的认为有价值的项目,经尽职调查后再进行淘汰,最后真正能够得到风险资本支持的项目遴选率仅为1%。这被称为项目筛选的金字塔。

项目筛选的金字塔是通过一系列的筛选标准体系形成的。这些标准一般包括:投资人自己所熟悉的产业,即行业投资取向;投资组合及对风险投资阶段切入点的选择;区域因素以及包括技术、市场、管理者团队等因素在内的财务与技术标准。

(二) 尽职调查

尽职调查,有时也称为审慎调查(due diligence,DD),是对项目进行初步筛选后,风险投资人在投资前对创业企业现状、成功前景及其管理团队所做的独立现场调查、资料分析等一系列活动,包括财务尽职调查和法律尽职调查等方面。尽职调查的内容十分广泛,远超过一般商业调查,通常会花费几个月的时间。

1. 尽职调查的程序

尽职调查的程序一般如下:会见管理层,实地考察公司资产设施和经营业绩,调查公司的产品技术特性,销售前景和市场价值,会晤创业企业的董事和主要股东,接触创业企业的员工,进行广泛的相关调查。尽职调查各项活动的频次如表5-4所示。

表5-4 尽职调查各项活动的频次

活动	频次
会见管理团队的成员	100
查看企业资产与设施	100
联络创业者的前业务伙伴	96
联络当期或潜在的客户和供应商	92
调查同类型的公司市场价值	86

(续表)

活动	频次
向技术专家咨询	84
与竞争对手公司接触	71
与其他风险投资公司接触	52
与其他创业企业的管理层接触	52
与银行/会计师咨询交谈	50

参考资料:詹继生,尹世洪.风险投资实务[M].南昌:江西人民出版社,2004:122.

2. 尽职调查的主要内容

尽职调查的一般内容如表5-5所示。

表5-5 尽职调查的一般内容

尽职调查的一般内容	商业计划书 管理层演说 技术考察 现场考查 与其他相关人员的沟通 竞争形势分析 财务状况分析 企业资质审查 投资谈判
(一)商业计划书	格式 内容 远见 商业模式 营销策划 技术目标 财务规划
(二)技术考查	技术架构 操作系统 关联数据库 ……
(三)管理层演说	发音是否清晰 内容是否具有说服力
(四)现场考察	总部 分支 第一印象 企业文化
(五)与其他相关人员的沟通	管理层:前任雇主、同行、下属、董事会成员、顾问、竞争对手、行业分析员 客户:现有客户、前客户、目标客户 其他关系:审计师、法律顾问、银行、投资者

(续表)

(六)竞争形势分析	市场份额 增长势头
(六)竞争形势分析	差异化 消费者购买动机——必需品或奢侈品 销售周期 定价策略
(七)财务状况分析	实际 VS 预期 销量分析 杠杆分析(经营杠杆、财务杠杆) 竞争分析(利润、研发、分销、企业整体)
(八)企业资质审查	审计报告和管理层报告 相关法律文书(诉讼案件、经营许可证、合同、分销协议、雇佣协议、员工福利、股权协议、股票期权、融资协议、股东持股明细、销售合同) 相关监管文书(许可证) 知识产权(专利、版权、商标) 保险(责任险、关键雇员保险、董责险、过失责任险) 租约(房产租约、设备租赁合同)
(九)投资谈判	条款 法人代表 材料准备 完成调查 再审核

参考资料:刘曼红,Pascal Levenson,刘小兵. 风险投资学[M]. 2 版. 北京:对外经济贸易大学出版社,2018:133.

(三)风险投资的分阶段投资[①]

1. 风险投资的不同轮次

风险投资多采用分阶段注资的方式向企业投入资金,可以对应到种子轮、天使轮、A 轮融资、B 轮融资、C 轮融资等阶段。

(1)种子轮。种子轮也就是项目最开始的投资。一般是用于项目的启动,金额一般较低,少则几十万元,多则 100 万元～200 万元。项目最初的 3F 资金就可以看作是种子轮的投资。

(2)天使轮。天使轮基本处于企业生命周期的初创早期的阶段,主要是用于项目的前期,比如团队的组建和日常的运营,金额也会比较少。投资金额少则 100 万元～200 万元,多则 1 000 万元。但是相对于种子轮来说,天使轮的金额会稍微大一些。

(3)A 轮融资。A 轮融资基本出现在企业生命周期的初创晚期或进入成长期的阶段,是项目有一定的数据之后的投资,主要是用于加快项目的发展。这个时候,根据项目的类型不同,金额的差异会比较大。比较小的 A 轮融资可能是千万元级别,比较大的可能是亿元级别。比如,滴滴公司在 2012 年 11 月获得了金沙江创投 A 轮融资 300 万美元。而在 2015 年 7 月,蚂蚁金服完成 A 轮融资,总额接近 18.5 亿美元。

(4)B 轮融资。企业在进行 B 轮融资的时候,往往发展已经比较成熟,这时企业一般进

---

① 参考资料:田轩. 创新的资本逻辑[M]. 北京:北京大学出版社,2018:39.

入了成长期,为了扩大业务规模或者打击竞争对手而进行融资。这个时候,融资金额一般都会比较大,少则1亿~2亿元,多则10亿元,甚至可能达到几十亿元。例如,滴滴在2013年4月完成了腾讯投资的1 500万美元B轮融资,使滴滴从网约车的竞争中脱颖而出。

(5) C轮融资。C轮融资是企业进入成长后期或成熟期的融资,此时公司的商业模式已经成熟,现金流也比较稳定,公司已经盈利或者即将盈利。这一般是为了以后的IPO做准备,融资金额一般较大。比如,美团点评的C轮融资高达40亿美元,一年后,美团成功上市。

一般来说,企业发展得还不错的话,在C轮融资之后,就基本具备了上市的资格,但并不是所有企业在C轮融资之后都能上市或者选择上市。所以,C轮融资并不一定是这个阶段的结束,也有很多企业会有D轮、E轮等多阶段注资。被投企业能否拿到下一轮融资的关键是能否达到风险投资已经提出的发展目标,而且风险投资保有停止投资的权利。

2. 风险投资分阶段投资的理论解释

分阶段投资能够缓解代理问题,使企业管理者专注于价值创造,起到有效的监督作用。分阶段投资可以缓解初创企业对风险投资的"敲竹杠"问题。如果风险投资将所有资金一次性注入被投资企业,那么初创企业获得的这笔投资已经变成了风险投资的沉没成本,风险投资已经无法约束资金,此时初创企业就有动机损害风险投资的利益。通过分阶段投资,风险投资机构可以持续约束被投资企业,降低企业的议价能力,从而缓解代理问题和"敲竹杠"问题。

关于分阶段投资如何影响创新还存在争议。从降低代理成本角度出发的"代理假说"认为分阶段投资有助于企业创新。但是"镣铐假说"认为分阶段投资对企业创新有负作用。创新活动具有长期性和不确定性,风险投资应该给予初创企业足够的失败容忍度。但是,通过分阶段投资频繁甚至过度干预企业的运营,就像是给初创企业戴了"镣铐"一样,会阻碍其创新活动。尽管分阶段投资可以通过设立短期目标来缓解套牢的问题,但短期压力会使企业管理者将大部分精力用于实现短期目标,而忽略了企业的长期经营,这会降低初创企业进行创新研发的积极性。

在实际中,风险投资的分阶段投资对于初创企业的上述两方面影响可能是同时存在的,对于不同的企业或在不同环境下可能某一方面的作用占主导。

(四) 风险投资的辛迪加模式

案例阅读5-3:Uber经历的几轮融资

在风险投资行业的发展早期,由于每个风险投资的规模都较小,因此出现了多个风险投资机构联合投资同一家公司的现象,即风险投资的辛迪加模式(syndicate)。现在风险投资的辛迪加模式已经比较普遍。在美国创立于1980—2005年的3万多家初创公司中,70%的公司得到过两个或两个以上的风险投资,88%的风险投资支持的上市公司从风险投资的辛迪加模式中融到资金。

案例阅读5-4:滴滴的豪华投资人背景

三、投后管理

(一) 投后管理的内容

投后管理也称为风险投资管理,是风险投资与创业者签订投资协议后,积极参与创业企业管理,为其提供增值服务并对其进行监督和控制活动的统称。投后管理包括增值服务和监督控制两个方面。我们通常将风险投资为创业企业所提供的一系列咨询服务、战略管理等统称为增值服务;把为使创业企业按照投资合同所设定的目标发展,控制项目实施过程中的各种风险,特别是创业者的道德风险,而采取的各种措施称为监督控制。

1. 增值服务管理

(1) 战略管理。风险投资就创业企业的行业选择、市场定位,对创业企业的重大经营问题与影响风险资本未来运作的战略规划问题和经营计划,以及企业未曾察觉的重大战略问题积极参与讨论,提高创业企业管理能力。

(2) 资源和社会网络管理。风险投资通过参与企业的战略规划过程,影响创业企业的资源配置。此外,由于风险投资公司旗下拥有较多的创业企业,处于产业链的不同位置,这种无形的社会网络可为创业企业提供客户及供应商、管理人员、资金募集等各种资源协助。

(3) 帮助企业筹集后续资金和并购上市。

(4) 协助组建管理团队和人员管理。

(5) 风险投资项目的沟通管理。风险投资通过各种途径获取企业经营动态信息,对其进行分析评价后反馈给创业企业,协助企业更好地发展。

(6) 管理咨询服务。风险投资广泛的信息资源网能够协助被投资企业收集相关的市场信息、技术信息以及竞争对手的情况。风险投资的行业经验和敏锐的洞察力能够为被投资企业发展提供意见。

2. 监督控制管理

(1) 直接监控。直接监控包括采取参加董事会、表决权的分配、追加资金(不断提供资金也是增强控制力的重要筹码)、分期注入资金、适时替换不称职的管理人员等措施来控制风险。

(2) 间接监控。风险投资公司还可以通过公司治理结构的安排来分散经营中的风险,建立有效的激励与约束机制,协调管理层与投资者间的关系。这包括采取管理层持股;风险投资较多持有可转换优先股,具有优先清偿权;管理层雇佣合同(规定什么情况下可以撤换管理层并购回管理层所持股份)等措施来控制风险。

(二) 投后管理的方式

(1) 参加董事会。投资之后,风险投资通常会要求在创业企业董事会中拥有 1~2 个席位,如果是辛迪加投资,则一般会委派第一投资人(lead investor,或称"领投者")参与董事会。风险投资家很少参与创业企业的日常管理,因而把出席董事会作为提出建议、影响创业企业、保护自身利益的重要方式。

(2) 审查企业经营报告。风险投资家往往要求创业企业定期(如每月)送交一份经营报告,通过报告中的数据了解创业企业业务进展情况。需要关注的问题有:支付延误亏损、财务报表呈报日期延误、财报质量不佳、资产负债表质量出现重大变化、企业家回避接触、管理层出现变动、销售和存货的重大变化、会计制度的变化、失去重要客户或供应商等。此外,还需关注企业生产所需技术的变化、企业所在行业的变化及政府政策变动等外部预警信号。

(3) 与创业企业高层管理人员的交流沟通。交流沟通的方式通常为电话或会晤,通过与创业者或创业企业管理人员的交流或接触,了解创业企业的情况,进行指导或咨询。

总体而言,就我国的风险投资机构而言,对创业企业的投后管理方式依次为:参加董事会、提供管理咨询、派驻高层管理人员、派驻财务人员等。

四、风险投资的退出

(一) 主要退出方式

当创业企业进入成熟阶段后,风险投资就会考虑退出。资金从企业退出后,开始进入下一个风险投资的循环过程。退出渠道是否顺畅显然对风险投资是否能够正常运转非常重要。风险投资主要的退出渠道包括公开上市或首次公开发行(IPO)、并购退出、清算或破产等。

1. 首次公开发行

公开上市或首次公开发行(IPO)是指企业经过培育，符合公开上市标准的情况下，经过必备的程序在证券市场挂牌交易实现股权转让的退出方式。公开上市的场所可以是主板市场，也可以是二板市场(各种形式的为中小成长企业提供金融服务的市场)。IPO 的增值潜力巨大，是风险投资的首选模式。IPO 退出包括两个环节：一是公开上市环节；二是股权变现(转让)环节。公开上市环节只是实现了风险企业潜在价值的"显性化"，属于价值发现过程，还必须通过出售进行价值实现。股权变现(转让)环节，即股权出售环节。风险投资机构持有的股权出售，必须符合政府的有关规定，考虑政府对股权转让的限制。例如，一些国家的证券交易设置对发起人股东、大股东、内部人持股等转让的限制性规定。

2. 并购退出

并不是每一家企业都能通过公开上市的方式退出，许多风险投资是通过并购市场实现股权转让收回投资，成功实现了退出。并购退出的方式虽然没有 IPO 方式的高额回报，但其快速、灵活变现的优势对买卖双方都有积极意义。一方面，对买方来说，根据其动因可分为战略性买方、金融性买方或财务性买方以及合并性买方三种类型。战略性买方的目的在于扩张地理空间、扩大客户基础、提高市场份额、增加生产线能力，以及消除对手，提高自身竞争能力。财务性或金融性买方的目的主要从金融角度进行考虑，购买价值被低估资产，通过重新包装或重组，再以更高的价格出售或包装上市等。合并性买方对行业中存在的大量互补性企业进行整合或合并，以提高资产的协同效应。另一方面，从卖方动因看，风险投资机构和风险投资家都有其经营或个人的生命周期，公开上市的周期相对较长，难度较大，尤其是对于公开上市退出渠道缺乏的国家，通过并购市场发展来完善风险投资的退出也是非常重要的选择。

风险投资的并购退出按照出售对象(购买主体)角度分为：①创业企业或企业家购买风险投资机构股权，称为股份回购。②新投资者购买股份，分为两种："一般并购"和"第二期并购"。一般并购主要是公司间的收购与兼并；第二期并购是指由另一个风险投资公司收购，接手第二期的投资。

3. 清算或破产

清算主要涉及两种情况：一是风险企业解散时清算，主要是由于风险企业解散条款出现，或者股东同意解散，以及法律要求解散等情况进行的清算行为；二是在经营困难甚至资不抵债的情况下破产保护清算。风险投资的巨大风险反映在高比例的投资失败上，在公司经营状况不好且难以扭转时，解散或破产进行清算可能是最好的止损办法。

4. 退出方式比较

风险投资的 IPO 与并购退出两种退出方式的绩效评价对比如表 5-6 所示。

表 5-6 风险投资的 IPO 与并购退出的绩效评价指标体系

评价标准	评价指标	IPO	并购退出
回报率	退出收益	高	低
	退出价格	欠灵活、高风险	灵活、低风险
	退出成本	高	低
	内部控制权激励效应	高	低

评价标准	评价指标	IPO	并购退出
流动性	现金偏好性	高	低
	退出时效性	低	高
	退出市场容量	低	高

参考资料：胡海峰,胡吉亚.风险投资学[M].2版.北京：北京师范大学出版社,2020：193.

从回报率和流动性来看，IPO 远高于其他方式，流动性比其他方式稍差。综合来看，首次公开发行的退出绩效要高于企业并购。表 5-7 是风险投资的各种退出方式比较。

表 5-7 风险投资退出方式比较

背景	退出方式	转让客体	转让对象	市场性质	投资年限(年)	回报倍数	发生概率
完全失败	清算	资产	企业家	产权市场	4.1	0.2	20%
情况一般	转售	股权	风投机构	产权市场	3.6	2.0	10%
比较成功	回购并购	整体或大宗股票	创业企业或大公司	产权市场	4.7 或 3.7	2.1 或 1.7	25%
完全成功	IPO	股票	股民	股票市场	4.2	7.1	25%

参考资料：胡海峰,胡吉亚.风险投资学[M].2版.北京：北京师范大学出版社,2020：194.

(二) 中国风险投资退出现状

中国风险投资的退出，在没有创业板的时代，IPO 体现出"两头在外"的特征，即资金来源于境外，IPO 退出也在境外；创业板推出后，成为风险投资的重要渠道。表 5-8 汇总了风险投资和早期投资（天使投资）的退出情况。

表 5-8 2017 年和 2018 年 VC 与早期投资（天使投资）的退出情况

退出方式	VC		早期投资（天使投资）	
	2017 年	2018 年	2017 年	2018 年
IPO	33.1%	37.7%	2.7%	9.0%
股权转让	25.4%	30.7%	67.9%	66.3%
新三板	22.2%	6.9%	19.0%	2.4%
并购	10.4%	12.2%	3.8%	2.4%
管理层收购	4.7%	3.3%	3.8%	5.4%
其他	3.4%	1.2%	1.7%	1.8%
回购	0.8%	8.0%	1.1%	12.7%

参考资料：清科研究中心.2018 年中国股权投资市场回顾与展望[R/OL].[2019-01-31].https：//max.pedata.cn/client/report/detail/1548933099517040.

第三节 风险投资的实务操作

一、商业计划书

商业计划书(business plan，BP)是公司、企业或项目单位为了达到招商融资和其他发展目标，在经过前期对项目科学地调研、分析、搜集与整理有关资料的基础上，根据一定的格式和内容的具体要求而编辑整理的一份向投资者全面展示公司和项目目前状况、未来发展潜力的书面材料。商业计划书是以书面的形式全面描述企业所从事的业务。它详尽地介绍了一个公司的产品服务、生产工艺、市场和客户、营销策略、人力资源、组织架构、对基础设施和供给的需求、融资需求以及资源和资金的利用。

在实际操作中，商业计划书的主要意图是递交给投资人，以便他们对企业或项目做出评价，从而获得融资。一份内容详细、经得起反复推敲的商业计划书对于创业者顺利获得融资以及未来的发展具有关键性的作用。商业计划书是获取风险投资比较关键的一个环节，是创业者融资是否成功的关键。

案例阅读5-5：上岛咖啡××店商业计划书

二、投资条款清单

(一) 概述

按照国际惯例，买卖双方通常会在洽谈之前拟出一份洽谈的投资条款清单(term sheet)，也称为投资条款书。该条款清单用以约定双方要讨论的有关事项。当然，该条款清单本身不是任何形式的协议，也不是法律效力的文本。但该条款清单的使用可以加快洽谈的进程，使谈判有大致的方向。清单列举了洽谈的主要问题。

投资条款书在中国还有别的称法，如框架协议、投资意向书和谅解备忘录等。这些名称不同的文件虽然格式上不一定和投资条款书一致，但基本作用是类似的，即将买卖双方就投资事宜达成的初步共识以书面形式表现出来。签订投资条款书后，买方一般会获得卖方的许可接触进行全面调查。在交易各方达成一致的前提下，各方律师会在投资条款书的基础上起草正式的有约束力的投资协议。这种协议在中国通常被称为股份买卖协议，其他国家也称其为认购协议。

投资条款书的基本条款分类如表5-9所示。

表5-9 投资条款书的基本条款分类

财务条款	控制权条款	其他条款
投资工具	投票权与董事会席位	保密条款
估值条款(价格)	保护性条款	排他条款
估值调整机制(对赌协议)	领售条款	费用条款
清算优先权	股份转换权	重大不利条款
回售权	竞业禁止	

(续表)

财务条款	控制权条款	其他条款
股份兑现条款	优先购买权	
员工股权池	第一拒绝权	
红利条款	股份授予	
反摊薄条款(防稀释)		
继续参与条款		

参考资料:欧阳良宜.私募股权投资管理[M].北京:北京大学出版社,2013:293.

(二) 财务条款

1. 投资工具

(1) 优先股。优先股指的是在红利分配、资产清算或投票权方面拥有优先权的股份类别。根据国务院《关于开展优先股试点的指导意见》(国发〔2013〕46号)和《优先股试点管理办法》(证监会令第209号)对优先股的定义,优先股是指依据《公司法》,在一般规定的普通种类股份之外,另行规定的其他种类股份,其股份持有人优先于普通股股东分配公司利润和剩余财产,但参与公司决策管理等权利受到限制。

可转换优先股指的是在一定情况下可转换为普通股的优先股。美国创投基金通常的融资工具为可转换优先股,其投资条款书的标准条款都是围绕可转换优先股进行的。

中国早期不允许优先股的设置,因此在被投资企业为中国境内企业时,投资工具一般为普通股。根据国务院《关于开展优先股试点的指导意见》(国发〔2013〕46号)、《优先股试点管理办法》(证监会令第97号)(2014年),以及上交所制定的《上海证券交易所优先股业务试点管理办法》(上证发〔2014〕31号),中国企业才开启发行优先股的历程。2015年全国股转系统发布了《全国中小企业股份转让系统优先股业务指引(试行)》(股转系统公告〔2015〕79号),允许新三板挂牌公司发行优先股融资。

对于创业企业和风险投资公司来说,债权、普通股与优先股等多种投融资方式都各有利弊(如表5-10、表5-11所示)。综合来说,可转换优先股是投融资双方都可以接受的较好的选择,投资者控制了风险,保障了利益,而融资者获得了资金,同时保障了对企业的控制权。

表5-10 可转换优先股与其他融资方式比较(创业企业视角)

项目	资金成本与现金流	融资风险	股权稀释
债权	税盾效应,定期现金流出	加大财务风险	无股权稀释
普通股	无税盾效应	财务风险降低	导致股权稀释,可能丧失控制权
不可转换优先股	无税盾效应,现金流出递延至盈利后	财务风险降低,盈利后现金流出增大	股权会稀释但不会导致控制权丧失
可转换优先股	无税盾效应,现金流出递延至盈利后	财务风险降低,转为普通股后无固定现金流流出	可能造成股权稀释,但由于风险投资获利退出后股权较分散,一般不会丧失控制权

参考资料:杨洋,胡欣.优先股产品设计及交易制度研究[M].成都:西南财经大学出版社,2021:140.

表 5-11　可转换优先股与其他融资方式比较(风投视角)

项目	投资收益	投资风险	监督成本
普通股	投资收益不确定	投资风险大	获得控制权,和管理层存在委托-代理问题,监督成本高
不可转换优先股	固定股息,收益可预期	有优先获利权,风险相对较小	不能转换为普通股,没有控制权
可转换优先股	未上市获取固定收益,上市时可转为普通股,享受流动性溢价,收益较高	有优先获利权和优先清偿权,风险相对较小	上市前无控制权,上市后获取部分控制权,对管理者有一定激励,监督成本相对较低

参考资料:杨洋,胡欣.优先股产品设计及交易制度研究[M].成都:西南财经大学出版社,2021:140.

风险投资机构一般都是分轮投资,第一轮融资时(通常称为 A 轮),机构投资者购买的便是 A 级可转换优先股,以此类推。每一轮融资都会产生一轮新的优先股,而新产生的优先股一般在红利分配和资产清算方面要优于先前所有轮次的股份。这种制度安排的原因在于,新一轮融资的价格往往要高于之前轮次的融资,且新股东处于信息不对称的劣势地位,因而会要求优先于老股东的投资者权利。在企业上市或出售时,所有股东会得到相同的待遇,一般按照 1∶1 的比例转换为普通股。

(2) 可转换债券。可转换债券(以下简称可转债)是风险投资常见的投资工具,这些债券在上市后可选择转化为目标企业的普通股。如果企业成功上市且股票价格超过行权价格,风险投资基金一般会行权套现,反之则要求企业到期还本付息,从而保证投资的保底收益。可转债在天使投资中也会出现,投资者会设定一个业绩运营目标,如果可转债在到期时目标企业达到业绩运营目标,债券会自动转换为普通股。

例如,2004 年彼得·塞尔(Peter Thiel)作为领投人对脸书(Facebook)以可转债的方式进行了 50 万美元的投资。可转债的强制执行条件是 2004 年年末的注册用户达到 150 万人。但可转债到期时,Facebook 的注册用户略少于 150 万。权衡利弊后,塞尔还是将债券转换成了普通股。后来塞尔分几期套现了这些股份,获得了 2 600 倍的回报。

可转债对企业的好处包括:①可转债通常票面利率较低,即便最终投资者要求赎回本金,也只是相当于企业以低成本获得债务融资;②如果投资者在未来执行转换权利,则企业不需要偿还本金;③可转债的价格会比上一轮企业股权融资价格有一定的溢价,因此可转债融资显然比低价进行股权融资更为有利;④企业的控股股东避免了当前的股权稀释,保留了控制权。

2. 估值

估值又称价格条款,中国企业经常使用的估值指标为市盈率。企业在对股权进行定价时涉及两个概念:融资前估值和融资后估值。其分别指的是按照本轮融资价格计算,企业在投资者注资前和注资后的股权价值。

$$投资后估值 = 投资前估值 + 本轮融资额$$

例如,某企业预期本年利润为 2 000 万元,经谈判基金愿意按照 10 倍的市盈率估值并向该公司投资 5 000 万元,那么该企业应该获得的股份比例是多少呢?

如果 10 倍的市盈率为融资前市盈率,那么该企业的融资前估值为 20 000 万元(2 000×

10)。该基金所占的股份比例为：

持股比例＝投资金额／投资后估值＝投资金额／(投资前估值＋本轮融资额)×100%
　　　　＝5 000/(2 000×10＋5 000)×100%＝20%

如果市盈率指的是融资后市盈率，则该企业的融资前估值为15 000万元(2 000×10－5 000)，对应的融资前市盈率为15 000/2 000＝7.5倍。该基金所占股份比例为：

持股比例＝投资金额／投资后估值＝投资金额／(投资前估值＋本轮融资额)×100%
　　　　＝5 000/2 000×10×100%＝25%

3. 清算优先权

清算优先权是投资条款清单中一个非常重要的条款，决定了公司在清算后的价值分配问题，即资金如何优先分配给持有公司某特定类别股份的股东，然后再分配给其他股东。通常所说的清算优先权分为优先权和参与分配权，参与分配权分为无参与权、完全参与分配权、附上限参与分配权。相应地，产生如下三种清算优先权：不参与分配的清算优先权、完全参与分配的清算优先权和附上限参与分配的清算优先权。

例如，风险投资基金以20万元投资于某创业企业，占股50%。企业或以20万元清算，或以150万元溢价出售，在"无清算优先权""完全参与分配的1倍清算优先权"及"附4倍上限的1倍清算优先权"三种情况下，优先股股东及创业者的利益分配如表5-12所示。

表 5-12　清算优先权　　　　　　　　　　　　　　　　　金额单位：万元

情况	持股比例	优先股股东及创业者的利益分配	
		以20万元清算	以150万元出售
无清算优先权			
基金	50%	10	75
创业者	50%	10	75
完全参与分配的1倍清算优先权			
基金	50%	20	20＋130×50%＝85
创业者	50%	0	130×50%＝65
附4倍上限的1倍清算优先权			
基金	50%	20	20×4＝80
创业者	50%	0	150－80＝70

参考资料：欧阳良宜. 私募股权投资管理[M]. 北京：北京大学出版社，2013：83.

从上例中可以看出，在有清算优先权的情况下，基金作为优先股股东至少能获得本金。通常来说，对优先股股东最有利的条款为完全参与分配的清算优先权。根据这一条款，企业不但可以保障本金回收，在后续分配中仍然可以享有完全权利。相对公平的条款则是附上限的清算优先权，保障投资者本金回收的同时限制了最大的回报。对企业最有利的情况为无清算优先权，清算优先权是以创业者的利益为代价的。

在有些情况下，如果企业获得的回报相对较低，那么完全参与分配及附上限的清算优先权分配结果是一样的。如果企业的估值有极大的增长，那么优先股股东在无清算优先权条款下的分配结果反而可能优于附上限的清算优先权条款结果。

4. 回售权

回售权(redemption right)是风险投资人在特定的条件下,如未能实现上市或出售等退出措施或达到一定比例的优先股股东要求,可以要求公司创始人购买他们持有的股份。根据调查,2005—2017年的风险投资案例中,超过1/3的案例包含了股份回购条款。在投资条款清单中,典型的股份回购权条款表述如下:

"如果大多数A类优先股股东同意,公司应该从第X年开始,分Y年回购已发行在外的A类优先股,回购价格等于原始购买价格加上已宣布但尚未支付的红利。"

例如,尚德电力在进行A轮融资中对回售权的条款表述为:"如(1)A股发行满37个月,或(2)超过2/3的优先股股东要求,在满足一定条件的前提下,本公司将回购所有已发行的A股,回购价格为原始购买价格的115%。"

与美国市场不同,回售权在中国有时也被称为"时间对赌",在Pre-IPO投资中十分常见。这种差异的原因在于两国的投资者构成不同。中国基金的多数投资者为高净值个人,投资周期比美国主流的机构投资者要短,实践中表现为中国多数基金存续期为5~7年,甚至部分基金的存续期为3年。

在回售条款的设置上,中国的实践也不同于美国的标准条款。这主要体现在:中国基金一般要求一次性赎回股份,而不是分期,这会对企业形成巨大的现金流压力;通常要求一定的溢价,而不是原始入股价格;回购义务主体的设定为控股股东而非企业本身。

5. 估值调整机制

估值调整条款也称为对赌协议,是投资方与企业管理团队或原始股东在达成协议时,双方约定在未来不同业绩条件下,投资方与管理团队持股比例的调整机制。如果企业业绩达到约定的标准,投资方会向管理团队或原始股东转让一部分股权或支付一定金额。反之,则管理团队或控股股东向投资方转让一部分甚至全部股权。对赌条款对于管理团队而言是强有力的激励机制,也是防止投资者在收购企业时遭遇陷阱的有效条款。

估值调整条款在美国风投界并不常见,而在中国市场上却较为盛行。其原因包括:①企业与投资者之间存在明显的信息不对称,对赌协议成为一种相对有效的投资者保护机制;②中国企业家往往要求较高的估值水平,并愿意为此承担风险。

典型的对赌协议如下。

本轮融资金额:人民币0.5亿元。

融资前估值:融资前公司估值应是经审计合并的20××年会计年度的税后及扣除少数股东权益后的净利润人民币0.5亿元的9倍,也即:融资前估值=0.5×9=人民币4.5(亿元)。融资后估值:融资后估值=融资前估值+本轮融资金额=4.5+0.5=人民币5(亿元)。

投资者占股比例=本轮融资金额元/融资后估值×100%=0.5÷5=10%。

公司应向本轮投资者发行相对于发行后总股份10%的普通股。

估值调整机制:

如果经审计合并的2012年会计年度的税后及扣除少数股东权益后的净利润未达到5 000万元,则公司的控股股东应向投资者转让其所持有的普通股,转让份额与发行后总股份的比例计算公式为:

转让股份比例＝本轮融资金额/（2012年实际净利润×9＋本轮融资金额）

对赌协议往往只有两种结果：业绩达标，双赢；业绩不达标，双输。双赢的例子如2002年和2003年的摩根士丹利、鼎晖和英联投资蒙牛，2005年的高盛投资雨润食品；双输的例子包括2007年的摩根士丹利、英联投资太子奶和2009年的红杉投资飞鹤乳业等。

案例阅读5-6：对赌第一案（海富投资诉甘肃世恒对赌协议案）

6. 反摊薄条款

反摊薄条款(anti-dilution provision)也称为防稀释条款或价格保护条款，是投资者权益保护条款的重要组成部分。其指的是当企业发生降价融资时，即新一轮融资的发行价格低于之前轮次的发行价格时，投资者有权免费得到一定数额的新股或调整其转换比例，从而使入股成本降低到与新发行价格相当的水平。

例如，某基金以每股10元的价格参与了某企业A轮融资，买入股份为100万股。如果该企业的B轮融资价格降至每股5元，则依照反摊薄条款，基金可以免费得到100万股，从而使持股成本也降低到5元。反摊薄条款的设定也可以通过调整转股比例来实现，如A系列优先股对普通股的转换比例为1∶1，在B轮融资价格降低到5元的情况下，A系列的优先股转换比例提高到1∶2，也可以起到反摊薄的作用。

（三）控制权条款

1. 投票权及董事会席位

为了保障创始人的控制权，尤其是在一些互联网及高科技企业中，出现了同股不同权（AB股）的双重股权结构，以及如阿里巴巴的合伙人制度等制度创新形式。

2. 领售权

并购是风险投资人常见的退出方式，在美国可能已经成为风险投资人的主要退出方式，中国的并购市场也在快速发展，越来越多的风险投资人通过并购的方式实现退出。通过将被投资的公司出售给第三方，风险投资人可以将自己的股份变现。但是风险投资人千方百计地找到一家合适的并购方之后，创始人或管理团队可能并不认同并购方、并购方的报价、并购条款，导致交易难以进行。这时候，风险投资人可能通过领售权，强迫创始人交易。

案例阅读5-7：阿里巴巴的合伙人制度

案例阅读5-8：双重股权结构

领售权(drag-along right)就是风险投资人强制公司的原股东参与投资人发起的公司出售行为的权利。其通常在有人愿意收购，而部分原有股东不愿意出售时运用，这个条款使风险投资人可以强制出售公司。

在投资条款清单中，典型的领售权条款如下："在公司符合IPO之前，如果多数A类优先股股东同意出售或清算公司，剩余的A类优先股股东和普通股股东应该同意此交易，并以同样的价格和条件出售他们的股份。"

3. 优先购买权

除了反摊薄条款，投资条款中还有其他保护投资者权益不被摊薄的条款。优先购买权包括以下两种权利：第一种权利指的是公司在新一轮融资时，老股东有买入其持股比例相当的新股的优先权，以维持其在企业的投票权比例不变。第二种权利指的是创始人及团队核心成员出售股份时，公司及其他股东在同等条件下有优先购买权。

4. 竞业禁止协议

人才是创业企业最为核心的资产之一。为了防止创始人或团队核心成员离职后从事与公司相竞争的业务，风险投资可能视情况要求创始人和团队核心成员签署竞业禁止协议(non-competition agreement)。这种协议通常约定员工在离职一段时间内，不得从事与公

案例阅读5-9：奇虎公司诉傅盛竞业禁止案

相竞争的业务,也不得招揽公司的雇员或客户。作为对价,公司将在该雇员离职时支付合理的赔偿。竞业禁止的协议期限一般为一年,部分地区的法律允许两年的竞业禁止的期限。

关键概念

风险投资;尽职调查;分阶段投资;商业计划书;投资条款清单

本章小结

1. 风险投资是指将资本投向高失败风险的项目,旨在促使高技术成果的商品化、产业化,以获得高资本收益的一种投资过程。其与天使投资主要的差别在于投资的阶段不同,天使投资主要投资企业发展的种子期、初创期早期,而风险投资集中在企业的初创期、成长期。

2. 风险投资的运作过程基本包括了"募投管退"4个阶段,即资金的募集、投资、投后的管理及投资的退出阶段。

3. 商业计划书是公司、企业或项目单位为了达到招商融资和其他发展目标,在经过前期对项目科学地调研、分析、搜集与整理有关资料的基础上,根据一定的格式和内容的具体要求而编辑整理的一份向投资者全面展示公司和项目目前状况、未来发展潜力的书面材料。一份好的商业计划书对于获得风险投资的青睐至关重要。

4. 投资条款清单也称为框架协议、投资意向书和谅解备忘录等,是风险投资机构与企业接触洽谈的主要内容,其虽然不具备法律效力,但各方律师会在投资条款书的基础上起草正式的有约束力的投资协议,是买卖双方就投资事宜达成初步共识的书面表现形式。

思考习题

1. 风险投资与天使投资的关系是什么?
2. 讨论风险投资进行投后管理的目的、方式与内容。
3. 请解释什么是风险投资的"分阶段投资"。
4. 比较风险投资的退出方式。
5. 讨论企业风险投资相对于传统风险投资能否更好地促进创新。
6. 什么是投资条款清单,它包括哪几类?

案例与实训

案例分析

案例分析5-1:风险投资与控制权之争

扫描二维码阅读案例资料,讨论以下问题:
(1) 企业在引入风险投资的过程中出现的问题是什么?

(2) 如何理解企业对外融资与控制权之间的关系？

(3) 结合本章所学，分析如何缓解在引入风险投资过程中，风险投资机构与企业创始人或管理层间的矛盾。

 **实训练习**

1. 参考书中案例材料，撰写一份创业项目的"商业计划书"。

2. 撰写调研报告（或课程论文），总结中国企业，如阿里巴巴或腾讯的企业风险投资行为。

第六章 融资租赁

相关法律法规

《中华人民共和国中小企业促进法》

第十六条第一款　国家鼓励各类金融机构开发和提供适合中小企业特点的金融产品和服务。

本章学习目标

微课视频6-1：思维导图

◇ 理解融资租赁的概念、融资租赁与经营租赁的关系，以及融资租赁的两种基本业务类型：直租与售后租回。
◇ 了解融资租赁的优缺点、融资租赁与金融租赁的关系、融资租赁企业在我国的基本分类以及融资租赁行业的基本情况。
◇ 掌握融资租赁业务的基本流程以及租金的计算。

第一节　融资租赁概述

一、租赁的概念与分类

（一）概念

租赁是以收取租金为对价而让渡对物体的占有权、使用权和收益权的一种交易。从物的使用者角度看，其本质是"出代价用别人的东西"；从物的所有者的角度看，其则是"出租"。

根据《中华人民共和国民法典》（以下简称《民法典》）第七百零三条的规定，租赁合同是出租人将租赁物交付承租人使用、收益，承租人支付租金的合同。也就是说，租赁是一种涉及两方的简单交易，租赁的交易双方是出租人和承租人。承租人对出租人已有的物件，如自行车等，交付某种质押物（居民身份证、押金等）和租金后，取回使用，租赁期满后将物件完好地退还给出租人，并取回质押物或者押金。

租赁与买卖的区别在于让渡的权利不同。租赁让渡标的物的占有权、使用权和收益权，而买卖则让渡标的物的完整所有权，不仅包括占有权、使用权和收益权，还包括处分权。

(二) 分类

(1) 根据租赁的目的,租赁可分为经营租赁和融资租赁。经营租赁是为了满足经营使用上的需要而发生的对某标的物的租赁。这种经营上的需要可以是临时性、季节性的或者是长期性的。在经营租赁下,与租赁资产所有权有关的风险与报酬并没有实质上转移给承租人,承租人不承担租赁资产的余值风险。经营租赁也是一般意义上的租赁。融资租赁的概念见本节第二部分的介绍。

(2) 根据租赁物的资产类别,租赁可分为动产租赁和不动产租赁。动产租赁是指标的物为动产的租赁,标的物的范围十分广泛,主要是大型生产设备。不动产租赁是指标的物为不动产的租赁,主要有房屋租赁与土地租赁。

(3) 根据出租人和承租人管辖区的异同,租赁可分为境内租赁和跨境租赁。

二、融资租赁的概念与优缺点

(一) 概念

根据2020年中国银行保险监督管理委员会(已撤销)发布的《融资租赁公司监督管理暂行办法》,融资租赁业务是指出租人根据承租人对出卖人、租赁物的选择,向出卖人购买租赁物,提供给承租人使用,承租人支付租金的交易活动。融资租赁公司是指从事融资租赁业务的有限责任公司或者股份有限公司(不含金融租赁公司)。

案例阅读6-1:公共交通的融资租赁

融资租赁直接服务于实体经济,在促进装备制造业发展、中小企业融资、企业技术升级改造、设备进出口、商品流通等方面具有重要的作用,是推动产融结合、发展实体经济的重要手段。

根据《企业会计准则第21号——租赁》第三十五条的规定,融资租赁是指实质上转移了与资产所有权有关的几乎全部风险和报酬的租赁。其所有权最终可能转移,也可能不转移。经营租赁是指除融资租赁以外的其他租赁。

拓展阅读6-1:融资租赁与金融租赁的"同"与"不同"

《企业会计准则第21号——租赁》第三十六条规定,一项租赁属于融资租赁还是经营租赁取决于交易的实质,而不是合同的形式。如果一项租赁实质上转移了与租赁资产所有权有关的几乎全部风险和报酬,出租人应当将该项租赁分类为融资租赁。

存在下列一种或多种情形的,通常分类为融资租赁:

(1) 在租赁期届满时,租赁资产的所有权转移给承租人。

(2) 承租人有购买租赁资产的选择权,所订立的购买价款与预计行使选择权时租赁资产的公允价值相比足够低,因而在租赁开始日就可以合理确定承租人将行使该选择权。

(3) 资产的所有权虽然不转移,但租赁期占租赁资产使用寿命的大部分。

(4) 在租赁开始日,租赁收款额的现值几乎相当于租赁资产的公允价值。

(5) 租赁资产性质特殊,如果不作较大改造,只有承租人才能使用。

一项租赁存在下列一项或多项迹象的,也可能分类为融资租赁:

(1) 若承租人撤销租赁,撤销租赁对出租人造成的损失由承租人承担。

(2) 资产余值的公允价值波动所产生的利得或损失归属于承租人。

(3) 承租人有能力以远低于市场水平的租金继续租赁至下一期间。

根据《民法典》第七百三十五条的规定,融资租赁合同是出租人根据承租人对出卖人、租赁物的选择,向出卖人购买租赁物,提供给承租人使用,承租人支付租金的合同。也就是说,融资租赁是一种涉及三方（出租人、承租人、供货人）、两合同（融资租赁合同、购买合同）的综合交易。

租赁与融资租赁的比较如表6-1所示。

表6-1 租赁与融资租赁的比较

项目	租赁	融资租赁
交易特征	两方一合同	三方两合同
法律依据	《民法典》第三编第二分编第十四章	《民法典》第三编第二分编第十五章
物件的所有权	出租人	出租人
物件的购买选择权	出租人	承租人
物件的维修责任	出租人	承租人
营业税税目	服务业	金融保险业
租金含义	使用物件的对价	使用资金的对价
行业性质	服务业	取决于大股东的性质
公司设立	不需要特殊审批	需要特殊审批
监管	不需要	需要

参考资料：姜仲勤.融资租赁在中国：问题与解答（二）[M].北京：当代中国出版社，2018：35.

在融资租赁行业中，还存在一个相关的概念，即金融租赁。2014年发布的《金融租赁公司管理办法》明确规定，"本办法所称金融租赁公司，是指经银监会批准，以经营融资租赁业务为主的非银行金融机构"；同时规定，"金融租赁公司名称中应当标明'金融租赁'字样。未经银监会批准，任何单位不得在其名称中使用'金融租赁'字样。"这是一种对机构名称的排他性规定，也意味着金融租赁不是交易名称、会计名称或者税务名称，金融租赁是机构名称。在业内存在一种惯例或默契：凡中国银行业监督管理委员会（已撤销）审批的融资租赁公司，称为金融租赁公司；凡商务部审批的融资租赁公司，称为融资租赁公司。在2018年之后，融资租赁业务经营和监管规则职责划给中国银行保险监督管理委员会（银保监会）。2023年，在中国银行保险监督管理委员会基础上组建了国家金融监督管理总局，银保监会正式退出历史舞台。

（二）融资租赁的优缺点

1. 优点

融资租赁的优点如下：

（1）限制条款少。债券和长期借款都有相当多的限制条款，虽然类似的限制在融资租赁中也存在，但一般较少。

（2）融资速度快。融资租赁往往比借款购置设备更迅速、更灵活。融资租赁是融资与设备购置同时进行，可以缩短设备的购进、安装时间，使企业尽快形成生产能力，有利于企业快速占领市场。

（3）设备淘汰风险小。融资租赁的期限一般为资产使用年限的一定比例，不会像自己购买设备那样整个期间都要承担风险，且多数租赁协议规定由出租人承担陈旧过时的风险。

(4) 财务风险小。融资租赁的租金在整个租期内分摊,不用到期归还大量本金。许多借款在到期日一次还本付息,这会给财务基础较弱的公司造成很大压力,甚至会造成不能偿付的风险。而融资租赁把这种风险在整个租期内分摊,可适当减少不能偿付的风险。

(5) 税收负担轻。融资租赁的租金可在税前扣除,具有抵税的作用。

2. 缺点

融资租赁的主要缺点是资金成本较高。一般而言,融资租赁的租金要比银行借款或发行债券的利息高。固定的租金也会对企业产生沉重的负担。

三、融资租赁的业务类型

典型的融资租赁涉及三方关系,内容包括租赁和融资两个方面。业务类型主要分为直租(direct lease)和售后回租(sale and leaseback)。

(一) 直租

《民法典》第七百三十五条对直租的定义为:"融资租赁合同是出租人根据承租人对出卖人、租赁物的选择,向出卖人购买租赁物,提供给承租人使用,承租人支付租金的合同。"

传统的直租业务涉及三方当事人,即出租人、承租人、出卖人。例如,A 需要某设备,并且发现某厂商有该设备出售,但资金不足,不能满足一次性购买设备的需要。这时 A 看到 B 很有钱,于是跟 B 签订融资租赁合同,让 B 买下设备,然后再租给 A。A 只需要分期给 B 租金,就可以一直使用设备了。当租赁期满之后,按照事先约定,一般 A 只要按设备残值购买,就能得到这台设备的所有权。如果没有约定,那么这台设备就归 B。这就是融资租赁里典型的直租业务。在这个例子中,业务涉及三方关系,其中,某厂商是出卖人(供应商),B 是出租人,A 是承租人。

(二) 售后回租

售后回租业务是指承租人将自有物件出卖给出租人,同时与出租人签订融资租赁合同,再将该物件从出租人处租回的融资租赁形式。售后回租业务是承租人和供货人为同一人的融资租赁方式。

售后回租中,出卖人和承租人为同一人。比如,A 需要资金,但只有一台设备。B 仍然是那个很有钱的人。于是 A 把设备卖给 B,B 给 A 一大笔资金,然后 A 和 B 签订融资租赁合同,B 再把设备租给 A。设备由 A 继续留着用,但是要分期付租金给 B(以上的卖和租并没有先后顺序,实物也并没有实质转移)。租赁期到了后,B 再将设备卖回给 A。可以看到这和前面的直租模式大部分内容是一样的,主要不同在于,在这个例子中,没有厂商作为出卖人,而是变成了 A 既是出卖人又是承租人,B 还是出租人。所涉及的三方关系中的两方合成了一方。

(三) 直租和售后回租的比较

直租和售后回租这两种融资租赁交易模式的一个主要区别是:直接租赁的最终交易目的是"融物",即为承租企业引进设备;而售后回租的交易目的是"融资",即为承租企业提供纯粹的资金融通,是一种类贷款的融资形式。中国绝大多数的融资租赁交易都属于售后回租。

针对中小微企业融资面临的"高风险"问题,融资租赁公司以租赁物控制风险,具有服务中小微企业的天然优势。作为融资租赁的两种业务模式,相较而言,售后回租对于租赁公司而言更简单、容易操作、风险小,融资租赁公司一般都从售后回租开始发展;直租对于租赁公司而言,要求更高、利润更高、所起作用更大,是融资租赁公司真正的业务,在成熟市场中,融资租赁的主要模式就是直租。中国的租赁公司从2013年开始才真正大规模开展直租业务,并且在中国市场上融资租赁售后回租的比例远超过直租的比例。就中小微企业而言,直租业务才是真正能够解决问题的融资租赁业务,各类融资公司需要调整两类业务的比重才能更好地服务中小微企业。根据商务部流通发展司《2015年中国融资租赁业发展报告》,"我国融资租赁企业融资租赁投放额为5374.1亿元,直接租赁融资额占比22.4%,售后回租融资额占比61.7%,其他租赁方式占比15.9%"。

四、我国融资租赁企业分类

按股东背景分,我国融资租赁企业可以分为三类。

(一) 银行系融资租赁公司

银行系融资租赁是指以银行为主要股东设立的租赁公司。由于其具有强大的资金实力,银行系融资租赁公司以经营资金需求大的行业和资金批发式业务为主,较少服务于中小微企业。以国银金融租赁、工银金融租赁等为代表,其特点是对银行的依赖性较强,业务项目来源于银行内部推荐,客户定位于国有大中型企业,业务集中于飞机、基础设施等大资产、低收益的大型设备领域,以售后回租业务为主。

(二) 厂商系融资租赁公司

厂商系融资租赁公司的主要股东主要为设备生产厂商,以促进厂商设备销售为主要目的。例如,中联重科融资租赁有限公司的母公司是中联重科股份有限公司,江苏徐工工程机械租赁有限公司的母公司为徐工集团工程机械股份有限公司,厂商系融资租赁公司主要服务于母公司的设备销售。

厂商系融资租赁公司以厂商的下游客户为主要服务对象。以中联重科、西门子、卡特彼勒租赁等为代表,其客户绝大部分集中于设备厂商的自有客户,租赁对象一般为厂商自身设备,租赁方式以直租为主。其实际上是设备制造厂商从事租赁服务的一个负债、投资、营销和资产管理的平台。厂商的客户群体很大一部分是中小微企业,厂商拥有广泛的客户群体,且对于客户群体的偿债能力和资信状况具有信息优势,从而在中小微企业融资租赁的风控方面具有一定的比较优势。此外,厂商在收回的融资租赁设备的处置方面具有比较优势。当承租人发生违约,厂商收回设备时,可以在其客户群体中有效地实现设备的转让和资金的退出。劣势在于难以获得稳定且低成本的银行贷款,且厂商系融资租赁公司主要服务于母公司的设备销售,因而业务模式和租赁资产比较单一,受到母公司的限制较多。

(三) 独立第三方融资租赁公司

案例阅读6-2:狮桥租赁:专注于中小微企业的融资租赁公司

独立第三方融资租赁公司是非银行或厂商背景的第三方股东成立的租赁公司,通常专业性较强,专注于一个或几个行业。为客户提供包括直租和回租等在内的、量身定制的金融及财务解决方案,满足客户的多元化、差异化的服务需求。

独立第三方融资租赁公司受到的约束较少,通常能够开展多样化的业务,其服务对象包括大型公司和中小微企业,并且中小微企业是其重要的租赁业务资源。

独立第三方融资租赁公司通常在工程机械、基建、医疗和工业装备等领域提供直租和回租业务,实现与其他金融机构的差异化竞争。其提供的特色和服务能够满足客户多元化的需求,具有创新优势。劣势在于:相比于银行系融资租赁公司,融资成本较高;相比于厂商系融资租赁公司,缺少固有的客户群体,客户信用的信息量较少。

五、中国融资租赁行业现状[1]

2018年中国的融资租赁行业企业数为11 777家。其中,外资租赁公司11 311家,占比96.04%;内资租赁公司397家,占比3.37%;金融租赁公司数量为69家,占比0.58%。尽管内资和金融租赁公司的数量和注册资本占比较小,但二者合计占据了68.87%的市场业务。2018年中国厂商系和独立第三方融资租赁公司仍然是服务中小微企业的主力,但银行系融资租赁公司也在逐渐发力,不断提高直租比例。

融资租赁行业当前状况仍然是以服务大型企业为主,中小微企业的融资需求远远没有得到满足。2018年,融资租赁行业的整体融资余额为66 500亿元,其中,中小微企业融资余额为6 650亿元,占总体的1/10。

此外,从租赁市场渗透率角度看,中国的融资租赁市场还有较大的发展空间,如表6-2所示。租赁市场渗透率是指租赁交易在固定资产投资中的占比,该指标能够反映出一国设备租赁市场的发展状况。

表6-2 各国租赁市场情况

排名	国家	市场渗透率	排名	国家	市场渗透率
1	美国	21.5%	7	澳大利亚	40.0%
2	中国	6.0%	8	加拿大	32.0%
3	英国	33.7%	9	意大利	14.1%
4	德国	17.0%	10	瑞典	26.0%
5	日本	8.4%	11	波兰	21.6%
6	法国	15.3%			

第二节 融资租赁的实务操作

一、融资租赁的业务操作流程

融资租赁的业务操作流程一般如下:

(1)选择融资租赁公司。了解融资租赁公司的经营范围、业务能力、资信情况等,比较融资条件与租金费用等方面,从中择优选定。

(2)办理租赁委托和资信审查。选定租赁公司后,承租企业填写租赁申请书或租赁委托书,说明对所需设备的具体要求。租赁公司一般要求承租人提供相关项目批准文件或可行性研究报告,以及经认可的由担保单位出具的担保函,同时还需提供承租人的资产负债表

---

[1] 参考资料:史建平.中国中小微企业金融服务发展报告(2019)[M].北京:中国金融出版社,2020:131.

等各种报表资料,必要时还会通过资信机构对承租人的资历和信用情况进行进一步的调查。

(3) 选择设备。

(4) 签订购货协议。购货合同应由承租人、出租人和供应商三者参加签订。在委托租赁的情况下,由租赁公司向制造商订购,并签订订货合同,同时由承租人副签。

(5) 签订租赁合同。租赁合同由承租人与租赁公司签订。

(6) 申办融资租赁合同公证。融资租赁合同由当事人约定或合同签订地的公证处管辖。当事人申办融资租赁合同公证应当填写公证申请表,并提交相关材料。

(7) 租赁物件交货。制造厂商将租赁公司订购的设备到期直接拨给承租人,并同时通知租赁公司。

(8) 办理验货与投保。收到设备后,进行安装调试,符合要求则正式验收,并通知租赁公司。租赁公司支付设备价款,计算租赁日期、租赁费用。

(9) 支付租金。

(10) 维修保养。

(11) 税金缴纳。

(12) 租赁期满处理设备。

二、租金的计算

租金计算是融资租赁业务的核心要素,是租赁合同谈判和签约的基本条件,同时也是租赁合同履约过程中进行成本核算、利润核算、财务处理的重要依据。租金的构成要素包括设备价款和租息,租息又可分为租赁公司的融资成本、租赁手续费等。年金法又称成本回收法,是租金计算的通用方法。

[例6-1]:某公司采用融资租赁的方式于2017年1月1日从融资租赁公司租入一台设备,设备价款40 000元,租期为8年,到期后设备归公司所有。为了保证租赁公司完全弥补融资成本、相关手续费并有一定的盈利,双方商定采用18%的折现率。试计算该企业每年末应支付的等额租金。①

$$A = 40\,000/(P/A, 18\%, 8) = 40\,000/4.077\,6 = 9\,809.69(元)$$

三、融资租赁的可行性分析

承租人在决定是否租赁一项资产时,通常面临两个问题:第一个问题是该资产是否值得投资;第二个问题是该资产是通过租赁还是自行购置取得。在进行租赁分析时,假定第一个问题已经解决,即投资该资产存在正净现值,现在要分析的是如何取得该资产,是通过租赁还是自行购置。

比较融资租赁与自行购置的方案选择时,通常假定自行购置的资金来源于借款;租赁融资和借款融资的风险相同,具有可比性。典型的租金现金流出是年金形式的等额系列支付,与债务本息偿还的现金流有相似之处。这为我们分析融资租赁提供了一个出发点,即把租金看成是借款购买设备的本息偿还,据此计算项目的净现值,并判断应采取何种方式。模型如下:

---

① 参考资料:赵国忻.中小企业融资[M].2版.北京:高等教育出版社,2014:75;贺志东.企业融资管理操作实务大全[M].北京:企业管理出版社,2018:168.

$$NPV = 租赁资产成本 - 租赁期现金流现值 - 期末资产现值$$

该模型以租赁方案为基础,比较租赁与自行购置的现值成本差额。净现值为正,说明租赁资产的购置成本大于租赁方案现金流的现值,租赁有利。反之,自行购置有利。

模型的参数如下:

(1) 租赁资产成本。采用租赁的方式可以避免租赁资产的现金流出,该项金额成为租赁方案的一项现金流入。租赁资产成本包括其买价、运输费、安装调试费、途中保险等全部购置成本。

(2) 租赁期税后现金流。租赁引起的租赁期税后现金流包括租金支付额、租金抵税额和失去的折旧抵税。租金是否能够抵税要看租赁合同是否符合税法的有关规定。采用租赁方式并且租金可以抵税时,承租人将失去折旧抵税的好处。此时,折旧抵税额成为租赁方式的一项现金流出。

(3) 折现率。多数人倾向于租赁期折现率采用有担保债券的税后成本。期末资产折现率要比借款利率高一些,根据项目的必要报酬率确定,即全部权益融资时的资金机会成本确定。

(4) 期末资产现金流量。期末资产的所有权归属是租赁合同的重要内容之一。租赁期满,租赁资产的所有权可以转让给承租人,也可以不转让给承租人。我国税法规定,租赁期满租赁资产的所有权转让给承租人,则属于税法认定的融资租赁(税金不可税前扣除的租赁)。因此,如果租赁合同想要取得纳税的好处,必须写明租赁期满资产的所有权不进行转让,归出租人所有。在这种情况下,租赁期满资产的余值是承租人失去的一项现金流入。

[例6-2]:融资租赁与自行购置的选择。某公司需要添置设备,预计使用5年,正在研究是通过自行购置还是租赁取得[①]。有关资料如下:

(1) 自行购置的话,预计购置成本为1 260万元。该项固定资产的税法折旧年限为7年,法定残值率为购置成本的5%。预计资产5年后的变现价值为350万元。

(2) 如果使用租赁方式获得,租赁公司要求每年的租金为275.055 7万元,租期为5年,租金在每年年末支付,租期内不得退租,租期满之后设备所有权不转让。

(3) 所得税税率为40%,税前借款(有担保)利率为10%,项目要求的必要报酬率为12%。

租赁相对于自行购置的净现值计算过程如表6-3所示。

表6-3 租赁相对于自行购置的净现值计算过程　　　　　　　　金额单位:万元

年份(年末)	0	1	2	3	4	5	5
租金支付		−275.05	−275.05	−275.05	−275.05	−275.05	
租金抵税		110.02	110.02	110.02	110.02	110.02	
资产购置支出	1 260						
失去折旧抵税		−68.4	−68.4	−68.4	−68.4	−68.4	

---

① 参考资料:贺志东.企业融资管理操作实务大全[M].北京:企业管理出版社,2018:177.

(续表)

年份(年末)	0	1	2	3	4	5	5
失去期末资产余值							−350
(账面余值)							405
(余值变现损益)							55
失去余值变现损失减税							−22
差额现金流	1 260	−233.43	−233.43	−233.43	−233.43	−233.43	−372
折现系数	1	0.943 4	0.890 0	0.839 6	0.792 1	0.747 3	0.567 4
避免资产购置支出现值	1 260						
租赁期现金流现值	−983.31	−220.22	−207.75	−196	−184.9	−174.44	
期末资产余值现值	−211.07						−211.07
净现值	65.61						

有关项目说明如下：

租赁期现金流量＝租金－租金抵税＋折旧抵税
$$=275.055\ 7-110.022\ 3+68.4=233.433\ 4(万元)$$

折现率＝税前借款利率×(1－所得税率)＝10%×(1－40%)＝6%

租赁期现金流量现值＝租赁期现金流量×年金现值系数
$$=233.433\ 4\times(P/A,6\%,5)=983.314\ 9(万元)$$

(4) 失去期末资产变现值，计算如下：

5年末资产余值账面价值＝1 260－171×5＝405(万元)

5年末资产余值变现金额＝350(万元)

期末资产余值折现率＝12%

期末余值的现值＝$372\times(P/F,6\%,5)=211.072\ 8$(万元)

(5) 租赁方案的净现值，计算如下：

净现值(承租人)＝资产购置成本－租赁期现金流量现值－期末资产现值
$$=1\ 260-983.314\ 9-211.072\ 8=65.612\ 3(万元)$$

因此，租赁方案优于自行购置方案。

关 键 概 念

融资租赁；金融租赁；经营租赁；直租；售后回租

本 章 小 结

1. 融资租赁业务是指出租人根据承租人对出卖人、租赁物的选择，向出卖人购买租赁物,提供给承租人使用,承租人支付租金的交易活动。典型的融资租赁涉及三方关系,内容包括租赁和融资两个方面,业务类型主要分为直租和售后回租。

2. 经营租赁是指除融资租赁以外的其他租赁。融资租赁的本质是融资,而经营租赁更侧重于融物。

3. 融资租赁企业按股东背景分为银行系、厂商系以及独立第三方融资租赁公司。

思考习题

1. 比较分析融资租赁的两种业务模式:直租与售后回租。
2. 融资租赁对中小企业融资起到什么样的作用?
3. 经营租赁与融资租赁有什么样的关系?
4. 《融资租赁公司监督管理暂行办法》第十七条第二款规定:"售后回租业务中……不得低值高买。"请讨论对该条规定的理解。

案例与实训

案例分析

案例分析 6-1:三洋纸业的融资租赁之路

扫描二维码阅读案例资料,讨论以下问题:
(1) 三洋纸业为何能这么快速获得江苏金融租赁公司的融资项目?
(2) 为什么融资租赁的成本要高于银行贷款,还是会受到中小微企业的欢迎?
(3) 融资租赁如何控制向中小微企业提供融资的风险?
(4) 讨论本案例对小微企业选择融资方式有何启示。

案例分析 6-1:三洋纸业的融资租赁之路

案例分析 6-2:上海市的中小微企业融资租赁担保

2013 年上海市开展了中小企业融资租赁担保试点工作,二维码链接的资料为《关于本市开展中小微企业融资租赁担保试点工作的通知》。请搜集相关资料,讨论以下问题:
(1) 什么是中小微企业融资租赁担保?
(2) 为什么要在融资租赁中引入担保公司?
(3) 二者结合如何服务中小微企业融资?
(4) 描述中小微企业开展融资租赁担保的业务流程。

案例分析 6-2:上海市的中小微企业融资租赁担保

实训练习

某中小企业在生产过程中需要某种价格非常昂贵的大型设备,银行不愿贷款,若发行债券或股票,企业的资质又不够,企业自我积累严重不足。请尝试为该企业及相关主体设计融资方案。

第七章
供应链金融与资产证券化

相关法律法规

《中华人民共和国中小企业促进法》

第二十条 中小企业以应收账款申请担保融资时,其应收账款的付款方,应当及时确认债权债务关系,支持中小企业融资。

国家鼓励中小企业及付款方通过应收账款融资服务平台确认债权债务关系,提高融资效率,降低融资成本。

本章学习目标

微课视频7-1:思维导图

◇ 了解商业信用融资的概念与内容;理解应付账款融资、应付票据融资与预收账款融资的基本含义。
◇ 了解供应链金融的产生与发展阶段;理解供应链金融的内涵、供应链金融与传统融资的区别;掌握应收账款融资、库存融资与预付账款融资的概念与操作流程。
◇ 了解资产证券化融资的概念、分类、收益和风险;理解资产证券化的参与主体与流程。

第一节 商业信用融资

一、基于营运资本的融资概述

本章介绍商业信用、供应链金融与资产证券化三种中小企业的融资方式。如何理解这三种融资方式之间的逻辑关系呢?

如果以时间为标准对企业的融资进行分类,企业融资可以分为长期资金的筹集与短期资金的筹集。短期资金的融资在财务管理的相关课程中也被称为营运资本的筹集问题。企业之所以需要筹集短期的营运资金,是因为存在现金周转期,或者说现金周转期不为零,如图7-1所示。

企业为了日常的运营,首先需要准备现金用于采购原材料,然后投入生产,在商品销售之后,在赊销的情况下,现金需要一段时间后才能收回。从现金的流出到现金重新流入存在

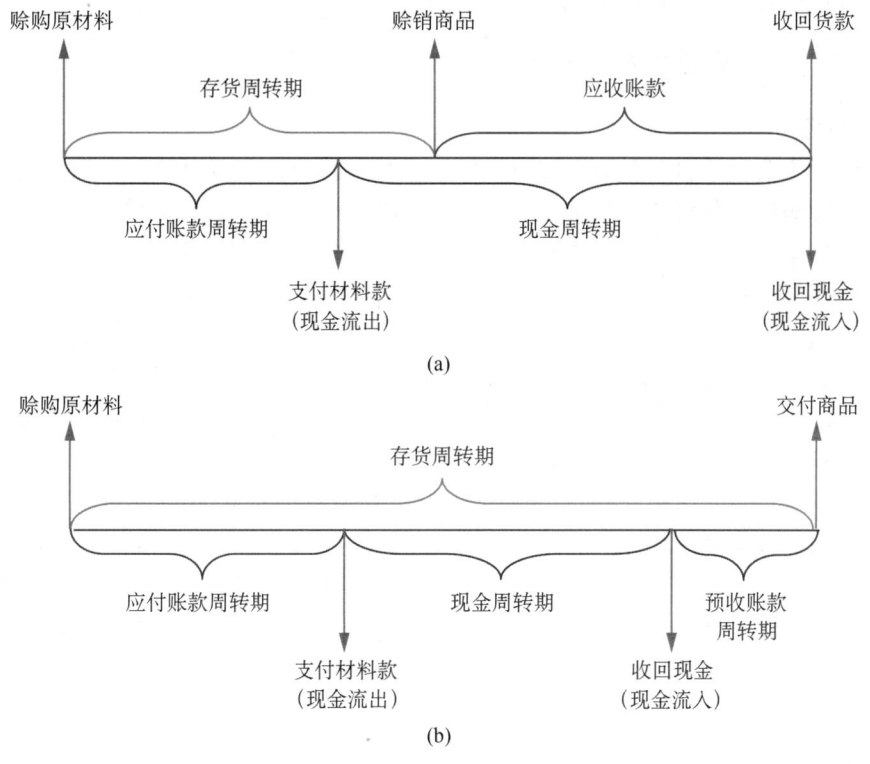

图 7-1　企业现金周转图

一段时间,被称为现金周转期。显然,现金周转期越短,所需的现金也越少。在极端情况下,如果企业可以在收回销售商品的现金时,再偿还采购时的应付款,那么,企业的现金周转期为零,企业甚至可以"空手套白狼",不需要准备任何现金也能够维持日常运营。

因此,从图 7-1 中可以看出,增加应付账款或预收账款,延长应付账款或预收账款周转期,进而缩短现金周转期就成为企业筹集营运资金的有效方式。由此也产生了在本章中被统称为"商业信用融资"的三种方式:应付账款融资、应付票据融资与预收账款融资。

但可惜的是,对于大多数中小企业来说,想通过以上自然性筹资的方式融资非常困难。中小微企业在供应链中普遍处于弱势地位,没有实力通过应付账款或预收账款的形式占用上下游的资金。反而以应收账款与预付账款的形式被上下游的大企业挤占了大量的资金,成为供应链中商业信用的净提供者。在中小企业的资产结构中,普遍缺乏可用于抵押的不动产,但存在很高比例的动产,如应收账款、存货和预付账款。那么,基于这些短期资产进行融资,将这些动产快速变现,对解决中小企业的资金缺乏,缓解中小企业的融资难有非常重要的意义。由此,也产生了供应链金融与资产证券化融资这两种对中小企业非常重要的融资方式。

应收账款融资、预付账款融资和库存融资构成了供应链金融最具代表性的三种模式。而应收账款或未来收益权证券化也是中小企业资产证券化融资最常见的形式,或者说,应收账款是中小企业资产证券化融资最重要的基础资产。

本章以企业短期资金筹集为切入点将商业信用融资、供应链金融与资产证券化融资贯穿在一起,但是通过这三种方式筹集的资金却不仅仅可以作为短期资金的来源,尤其是供应链金融与资产证券化也是可以作为企业长期资金来源的重要渠道使用的。

二、商业信用融资的概念与优缺点

(一) 概念

短期融资主要包括自然融资与非自然融资两种,前者指商业信用融资,后者主要包括商业票据融资和短期借款融资。本节主要介绍自然融资的部分,商业票据融资与短期借款融资将分别在后续中小企业债券融资与中小企业银行信贷融资相关章节进行介绍。

商业信用是指在商品买卖交易过程中,交易双方通过延期付款或延期交货(预收货款)形成的债权债务关系,实质是企业间的一种直接信用关系。商业信用产生于银行信用之前,发生在购销者之间,是商品交换中钱货在时间上的分离产生的。商业信用融资是企业,尤其是中小微企业短期融资的重要方式。据有关资料统计,这种短期融资形式在许多公司中占据短期负债的40%左右,是公司重要的短期资金来源。

商业信用融资的具体形式包括应付账款融资、应付票据融资、预收账款融资等。

(二) 商业信用融资的优点

与其他融资方式相比,商业信用融资具有灵活、快捷、方便等优点。

(1) 获得融资。商业信用融资产生于企业的经营过程中,是一种"自然性筹资"。大多数企业都有一批供需关系稳定且有信用基础的客户,商业信用融资自然成为其融资方式。该融资方式没有烦琐的手续、严格的考察,有利于企业获取资金满足生产经营的周转需要。

(2) 无须担保。商业信用融资一般不需要第三方的担保,也不要求融资方用资产进行抵押。即使出现逾期付款或交货的情况,也不会面临抵押资产被处置的风险,企业的生产经营活动能力在相当长的一段时间内不会损失。

(3) 灵活有弹性。企业可根据自身需要,决定商业信用融资金额的大小和期限的长短,同样要比银行借款等其他方式灵活。如果在约定期限内无法付款或者交货,通常还可以通过双方协商,请求延长期限。

(三) 商业信用融资的缺点

(1) 融资成本高。商业信用的融资成本较高,融资成本的影响因素包括资金的供求关系、融资方的财务风险以及代理成本。代理成本指的是当利用商业信用融资的企业风险较高时,提供商业信用的企业就会要求在合同中增加各种保护性条款,或者采取监督资金使用的措施,来保护其利益免受损害。比如现实中,在有些特殊情况下,会要求企业提供担保或抵押,或对企业流动资产状况实施监督。此外,使用商业信用融资还存在隐性成本。当商业信用融资方式使用不当时,其往往会造成企业信用等级下降,支付能力受到质疑,信用缺失会使企业陷入经营失败的危机中。

(2) 期限短,还款压力大。商业信用的期限较短,不利于企业对资金进行统筹使用,对企业的现金流管理要求很高。

(3) 风险控制难度大。对于提供商业信用的企业来说,一般商业信用融资没有抵押,会出现恶意拖欠货款的情况,或环境变化等原因导致企业经营不善会出现无力偿还货款的情况。对于接受商业信用融资的企业来说,商业信用的期限较短,还款压力大,一旦出现销售不理想、财务计划不周或上游企业欠款等情况,会影响企业的周转,从而影响企业的信用。

(4) 不稳定,易受外部环境的影响。商业信用融资的稳定性较差,即使不考虑成本,其使用也会受到限制。这体现在：一是受到商品市场的供求状况影响，如供大于求，买方可能停止提供信用；或供不应求，卖方可能会停止提供信用。二是受资金市场的影响，当资金供应紧张或有更好的投资方向时，商业信用融资就可能遇到障碍。三是在法治不健全的情况下，债权人保护不力，可能会造成企业相互拖欠，形成连锁反应。

三、应付账款融资

（一）应付账款融资的概念与分类

应付账款是在商品交易中，买方收到货物后暂不付款，也不出具票据，而是延迟一定的时间后才付款而形成的欠款。对于赊购商品的企业来说，等于获得了一笔"贷款"，是卖方通过赊销而提供给买方的信用。应付账款融资是常见的、典型的商业信用融资形式。

采用应付账款融资的形式对于卖方来说的主要目的是促进销售；而对于买方来说，延期付款等于向卖方借用资金购进商品，可在一定程度上缓解买方的短期资金需求。

应付账款按照是否负担成本，可以分为免费信用、有代价信用、展期信用。

(1) 免费信用指买方企业在规定的折扣期限内享受折价而获得的信用。

(2) 有代价信用指买方企业放弃折扣而获得的信用。

(3) 展期信用指买方企业在规定的信用期限届满后推迟付款而强制取得的信用。

（二）类金融模式

类金融是指零售商与消费者之间进行现金交易的同时，延期数月支付上游供应商货款，使其账面上长期存有大量浮存现金，并形成"规模扩张—销售规模提升带来账面浮存现金—占用供应商资金用于规模扩张或转作他用—进一步规模扩张提升零售渠道价值带来更多账面浮存现金"这样一个资金内循环体系。

案例阅读 7-1：国美与苏宁的类金融模式

企业通过类金融模式可以低成本或无成本吸纳、占用供应链上各方资金并通过滚动的方式供自己长期使用，从而得到快速扩张发展。连锁类企业的类金融模式已经被零售业、房地产业以及高尔夫球会、书店、美容院、洗衣店、快递业务等生活服务业广为采用。

类金融模式在本质上是企业利用其在供应链上的特殊地位占用其他企业资金的行为。在极端情况下，这种资金占用会影响供应链上游企业的发展，进而影响整个供应链的公平竞争与竞争力。因此，商务部等5部委在2006年出台了《零售商供应商公平交易管理办法》，对类金融模式进行了规范。

四、应付票据融资

（一）商业票据的概念与分类

商业票据是指企业在进行延期付款交易时开具的反映债权债务关系并凭其办理清偿的票据，可由购货方或销货方开具，并由购货方承兑或请求开户银行承兑。具体来说，商业票据分为商业本票和商业汇票两种。

(1) 商业本票。商业本票是一种承诺式票据，通常是由债务人签发给债权人承诺在一定时期内无条件付款给收款人或持票人。商业本票一经签发即可生效，无须承兑手续，一般只有那些信用等级较高的大企业或银行才能获得发行本票的资格。

(2) 商业汇票。商业汇票是一种命令式票据，通常由卖方或买方委托的付款银行签发，要求买方于规定日期支付货款。商业票据必须经过承兑才能生效。由买方企业自己或其他企业承兑的叫商业承兑汇票,由银行承兑的叫银行承兑汇票。后者的信誉要高于前者,因为后者是以银行信用为最后的付款保证的。

(二) 应付票据的概念与融资功能

应付票据是购销双方按照购销合同进行商品交易,延期付款而签发的,反映债权债务关系的一种信用凭证。根据承兑人不同,应付票据分为商业承兑汇票和银行承兑汇票两种。商业承兑汇票是由收款人签发,经付款人承兑或由付款人签发并承兑的票据;银行承兑汇票是由收款人或承兑申请人签发,由承兑申请人向开户银行申请,经银行审查同意,并由银行承兑的票据。商业汇票承兑后,承兑人(付款人)负有将来无条件支付票据款的责任,经承兑的商业票据允许背书转让。

商业票据可同时作为购货方和销货方的融资工具。对于购货方来说,通过签发商业票据可实现资金融通。对于销货方来说,可以通过贴现使商业票据具有间接的融资功能。

中小企业使用票据融资的好处包括:

(1) 提升商业信用。许多中小企业达不到银行的授信标准,通过票据融资可以引进银行信用,将银行信用与商业信用结合起来,提高商业信用,增加中小企业利用商业信用融资的机会。

(2) 不受规模限制。持有未到期银行承兑汇票的中小企业,若急需资金,可以立即到银行办理贴现,利用贴现所得资金组织生产,创造高于贴现利息的资金使用收益。

(3) 降低融资成本。票据融资要比银行贷款的成本低。

(4) 优化银企关系。票据融资可以促进企业与银行的沟通,降低银行的信息不对称程度,从而降低企业银行贷款申请的难度。

(三) 应付票据与应付账款融资的比较

购货方通过应付票据融资与通过应付账款融资的机制是一样的。应付票据融资与应付账款融资的差异如表7-1所示。

表 7-1 应付票据与应付账款融资的差异

应付票据融资	应付账款融资
具有书面化的法律效力凭证,对购销双方提供法律上的保证	非正式约定(除合同中明确约定外),在很大程度上是建立在双方信任基础上的
大量使用银行承兑汇票本质上为银行融资和商业融资的结合,融资风险较低	不包含银行信用
明确约定了购货方的付款日期,如果延期要缴纳罚金	没有明确约定付款日期,只是通过折扣这种利益手段对购货方付款给予限制

参考资料:赵国忻. 中小企业融资[M]. 2版. 北京:高等教育出版社,2014:156.

五、预收账款融资

(一) 概念与特点

预收账款融资是指购货企业在收到商品之前预先支付给销货企业的全部或部分货款,是买方向卖方提供的商业信用,是卖方的一种短期资金来源。

预收账款融资有以下特点:

第一,预收账款的融资功能仅仅局限于销货方,而不像应付账款或商业票据那样,对购货方和销货方都具有直接或间接的融资功能。

第二,在预收账款中,取得融资的是销货方,而在应付账款和商业票据中,直接取得融资的是购货方。

第三,预收账款不是一种普遍的融资方式,因为这种融资方式的使用是有前提的,即销售商品具有市场垄断地位,或处于销售比较紧俏的特殊时期。

(二) 商业预付(会员)卡融资

近年来,为适应信息技术发展和小额支付服务市场创新的客观需要,商业预付卡市场发展迅速。商业预付卡以预付和非金融主体发行为典型特征,按发卡人的不同可划分为两类:一类是多用途预付卡,是指由专营发卡机构发行,可跨地区、跨行业、跨法人使用兑付商品和服务的信用凭证,包括以磁条卡、芯片卡等为载体的实体卡,以及以密码、串码、图形特征信息等为载体的虚拟卡。另一类是单用途商业预付卡,是指从事零售业、住宿和餐饮业、居民服务业的法人企业发行的,仅限于在本企业或本企业所属集团或同一品牌特许经营体系内兑付货物或服务的预付凭证,包括以磁条卡、芯片卡、纸券等为载体的实体卡和以密码、串码、图形、生物特征信息等为载体的虚拟卡。

商业预付卡可以达到三重目的:一是稳定顾客群体,提高销售业绩;二是扩大企业影响力,树立品牌忠诚度;三是通过预收款制度锁定部分资金,起到融资效果。比如,企业发卡1 000张,每张预付款500元,融资额就是50万元,相当于提前回笼资金。

总体来看,商业预付卡在减少现钞使用、便利公众支付、刺激消费等方面发挥了一定作用。同时,商业预付卡市场也存在监管不严、违反财务纪律、缺乏风险防范机制、公款消费和收卡受贿等突出问题,严重扰乱了税收和财务管理秩序,助长了腐败行为。单用途预付卡由于预消费周期较长,涉及金额较大,等于消费者给企业送去一张超大金额"信用卡",但消费者无法拥有像银行那样的监管和处罚权。同时,企业有可能把这笔钱拿去进行经营扩张,一旦资金链条运行不顺畅,就会因经营不善而倒闭。此外,还有个别商家恶意卷款潜逃,这就给消费者带来无法挽回的巨大经济损失。

为规范商业预付卡管理、严肃财经纪律、防范金融风险、促进反腐倡廉,2011年,中国人民银行、监察部等部门联合出台了《关于规范商业预付卡管理的意见》;2012年,商务部制定并实施了《单用途商业预付卡管理办法(试行)》,并于2016年修正并施行。

第二节 供应链金融

一、供应链金融概述

(一) 供应链金融的内涵

国内关于供应链金融(supply chain finance)的定义普遍认为,供应链金融是指"以核心客户企业为依托,以真实贸易背景为前提,运用自偿性贸易融资的方式,通过应收账款质押登记、第三方监管等手段封闭资金流或控制物权,对供应链上下游企业提供的综合性金融产品和服务"。

拓展阅读
7-1:自偿性
贸易融资

供应链金融是一种独特的商业融资模式，可概括为"M+1+N"，即依托核心企业的"1"，为其众多的供应商"M"和众多的分销商或客户"N"，提供综合性金融服务。从这个意义上来说，国内理解的供应链金融大多是金融机构根据产业特点，围绕供应链上的核心企业，基于交易过程向核心企业及其上下游企业提供的综合性金融服务。供应链金融形成了三种最具代表性的模式：应收账款融资、预付款融资和库存融资。

（二）供应链金融的特征

（1）现代供应链管理是供应链金融服务的基本理念。供应链金融是一种适应新的生产组织体系的全方位金融性服务，特别是融资模式，它不是单纯依赖客户企业的基本面资信状况来判断是否提供服务，而是更看重企业在整个供应链网络中的贸易情况，从企业在上下游间的真实交易着眼，判断流动性较差资产在未来的变现可能性。在现代供应链管理的背景下，供应链金融能够更加客观地判断中小企业的运营状况和抗风险能力，以此来判断中小企业融资的规模和风险。

（2）基于大数据对客户企业的整体评价是供应链金融服务的前提。整体评价是指供应链服务平台分别从行业、供应链和企业自身三个角度对客户企业进行系统的分析与评判，然后根据分析结果判断其是否符合服务的条件。行业分析主要是考虑客户企业受宏观经济环境、政策和监管环境、行业状况、发展前景等因素的综合影响；供应链分析则主要评判客户所在供应链的行业前景和市场竞争地位，企业在供应链内部的地位，以及与其他企业间的合作情况等信息；企业自身分析主要是了解其运营情况和生产实力是否具备履行供应链合作义务的能力，是否具备一定的盈利能力和运营效率，最重要的是掌握企业的资产结构和流动性信息，并针对流动性弱的资产进行融通可行性分析。

（3）闭合式资金运行是供应链金融服务的刚性要求。闭合式或供应链金融的封闭性是指贷款专款专用，不得用于其他用途。供应链金融通过对资金流、贸易流和物流的有效控制，使注入企业内的资金的运用限制在可控范围之内，按照具体业务逐笔审核放款，并通过对融通资产形成的确定的未来现金流进行及时回收与监管，达成过程风险控制的目标，即供应链金融服务运行中，供应链的资金流、物流运行需按照合同约定的确定模式流动。

（4）构建供应链商业生态系统是供应链金融的必要手段。在供应链金融运作中，也存在着商业生态圈的构建，包括管理部门、供应链参与者、金融服务的直接提供者以及各类相关的经济组织和企业，如果不能有效地构建这一商业生态圈，或者说生态圈内各单位之间缺乏有效的分工，不能承担相应的责任和义务，不能进行实时的沟通和互动，供应链金融就很难得以开展。

（5）成长型中小企业是供应链金融服务的主要对象。供应链中的中小企业，尤其是成长型中小企业往往是供应链金融服务的主体，供应链金融服务使这些企业的资金流得到了优化，提高了企业的经营管理能力。传统信贷模式下中小企业存在的问题，都能在供应链金融模式下得到解决，如表7-2所示。

表7-2　传统金融与供应链金融视角下对中小企业的认知差异

传统金融	供应链金融
信息披露不充分	供应链中的交易信息可以弥补中小企业的信息不充分、采集成本高的问题

(续表)

传统金融	供应链金融
信用风险高	供应链成员中小企业要成为供应链运作中的参与者或合作伙伴,往往有较强的经营能力,而且其主要的上下游合作者有严格的筛选机制,因此信用风险低于一般意义下的中小企业风险
道德风险大	供应链中对参与成员有严格的管理,即认证体系,中小企业进入供应链是有成本的,资格本身也是资产。声誉和退出成本降低了道德风险
成本收益不经济	借助供应链降低信息获取成本,电子化、外包也可以降低一部分成本

参考资料:宋华.供应链金融[M].3版.北京:人民大学出版社,2021:20.

具体来说,在传统金融视角下,由于中小企业规模较小、经营风险大,甚至财务信息不健全,存在信息披露不充分、信用风险高的状况。而且一般观点常常认为中小企业道德风险高、存在机会主义倾向,易使成本与收益不匹配。而在供应链金融视角下,由于嵌入在特定的供应链网络中,供应链网络的交易信息以及供应链竞争力,特别是供应链的成员筛选机制,使信息披露不充分以及信用风险高这些问题得以解决。此外,供应链成员都会对其上下游进行严格、动态的监管,而且供应链信息的及时沟通与交换以及灵活多样的外包合作不仅控制了机会主义和道德风险,而且降低了运行的成本,大大增加了供应链金融的收益。

(6) 流动性较差资产是供应链金融服务的针对性目标。在供应链的运作过程中,企业会因为生产和贸易的原因,形成存货、预付款项或应收款项等众多资金沉淀环节,并由此产生对供应链金融的迫切需求,因此这些流动性较差的资产成为服务提供商和金融机构开展业务的基础。这些资产的流动性虽然较差,但有一个关键属性即"自偿性",且会产生确定性的未来现金流。供应链金融的实质就是供应链金融服务提供者或金融机构针对供应链运作过程中企业形成的应收、预付、存货等各项流动资产进行方案设计和融资安排。

(三) 物流金融与贸易金融

供应链金融有两个基因:物流金融和贸易金融,两者共同演变出了供应链金融。

1. 物流金融

在很多时候,交易双方的交易方式往往是卖方先发货,货物通过第三方物流运输,买方收货确认后再付款。如果货物运输时间较长、流程较复杂,就会产生卖方发货后迟迟收不到回款的现象,从而造成资金缺口。此时,卖方就可以以运输中的货物为抵押向金融机构申请贷款,物流企业协助银行负责抵押物在运输过程中的监控,买家收货后,直接付款给银行。广义的物流金融伴随着物流产业的发展而产生,是为物流提供资金融通、结算、保险等服务的金融业务;狭义的物流金融起源于"以货融资",也就是以交易双方的货物流通为基础构建起来的融资方式。

2. 贸易金融

物流金融依托物流,即交易过程中的货物流动;贸易金融则依托商流,也就是交易中的价值流通。比如,由于买方的延迟付款,卖方形成应收账款,同时卖方也产生了回款之前的资金缺口。这时卖方就可以将应收账款打折转让给金融机构,同时通知买方这笔转让,到期买方直接将货款付给金融机构。在此交易中,表面上转让的是应收账款,本质上转让的是交易中的价值。开展贸易金融的基础是交易双方价值的流转。

贸易金融是在贸易双方债权债务关系的基础上,为商品和服务提供的贯穿贸易活动整个价值链的全面金融服务。一般情况下,贸易金融业务包括贸易结算、贸易融资等基础服务,以及信用担保、保值避险、财务管理等增值服务。其中,贸易融资主要基于供应链上下游的真实交易,为买卖双方提供资金融通,既满足双方各自的正常运营,又保证交易双方本身更加顺畅。

(四)供应链金融与传统金融的异同

(1) 服务对象不同。传统金融的服务对象主要是大型企业、核心企业或具有潜力的企业,中小企业很难获得信贷支持。而供应链金融的主要服务对象为供应链中的核心企业以及上下游的中小企业。金融机构考察中小企业在供应链中的地位、与核心企业的交易记录,作为金融机构决定是否为中小企业融资的依据。

(2) 抵押标的不同。传统金融多需要企业的固定资产,尤其是不动产作为抵押物进行贷款。供应链金融是在供应链内部封闭授信,将购销过程产生的动产与货权抵押给银行进行贷款,其中包括应收账款、预付账款以及库存等。供应链金融的融资严格限制在中小企业和核心企业之间的贸易。

(3) 授信条件与风控手段不同。在传统金融中,企业一般要抵押不动产,金融机构很少担心还款来源。在供应链金融中,由于还款来源的自偿性,以核心企业的信用为担保,以交易中的购销行为为贷款依据,加上金融机构与物流企业的合作,可以起到有效的风险控制。

(4) 融资方式不同。传统金融多为抵押贷款,而供应链金融多为信用贷款。

(5) 金融机构与供应链成员的关系不同,如图 7-2 所示。

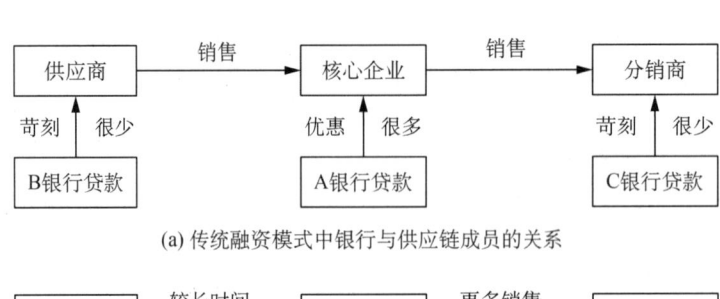

(a) 传统融资模式中银行与供应链成员的关系

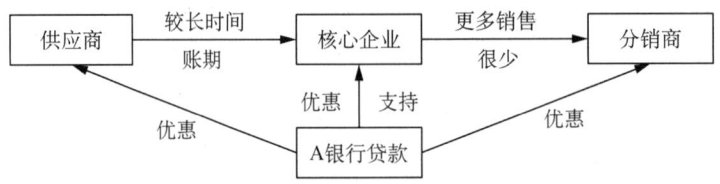

(b) 供应链融资模式中银行与供应链成员的关系

图 7-2 传统融资与供应链模式中的银行与供应链成员关系

转引自:深圳发展银行,中欧国际工商学院"供应链金融"课题组.供应链金融:新经济下的新金融[M].上海:上海远东出版社,2009:27.

(五)供应链金融的参与主体

供应链金融的参与主体或行为主体不仅仅包括买卖双方,还包括银行、物流、商贸、保险、代理、咨询机构等相关主体。我们可以将上述参与主体分为 4 类:供应链交易方、平台提供方、风险管理方和流动性提供方。

1. 供应链交易方

供应链交易方包括买方与卖方，在产业供应链的交易过程中，买卖双方的延期支付形成了商业信用。在具体的交易中，往往是议价能力弱势的一方被占用资金，而弱势的一方往往是缺少资金、融资约束程度高的中小企业。这也成为供应链金融存在的现实基础。

2. 平台提供方

平台提供方或交易平台提供商指的是为供应链金融提供支持服务的主体，其服务主要包括为风险承担者或流动性提供者呈现电子账单与传递信息，促进采购订单、票据以及应收应付款等文件的传递和信息整合，使参与各方能及时了解供应链交易过程与信用。

第一，平台为参与供应链金融的各个参与主体提供一个互动的场所，在交易双方和金融机构之间充当平台或中介的作用。融资的需求方（交易双方）和供给方（金融机构）在这个平台上互动，平台提供方利用收集整理出来的以往交易中的票据、订单、财务状况等信息，为供应链融资提供决策依据。第二，遇到资料不全的情况时，平台提供方还可以在一定程度上把资料补全，包括开票、匹配、整合、支付、文件管理等操作。其核心在于全面的信用风险管理，以及将呈现和操作结合，从而能设计出成本最低、风险最小，同时又能使多方从中获益的方案。比如，淘宝网就是一个平台提供方，它不仅为买卖双方提供了交易场所，还提供了沟通渠道。

3. 风险管理方

风险管理方或交易风险管理者拥有交易数据、物流数据、聚合数据，并将整合的数据传递给投资者以供其做出相应的决策。其将各类不同的经济主体有机地组织在一起从事供应链金融活动，功能在于证实数据、整合数据、分析数据以及呈现数据，以促进供应链金融活动的顺利开展。

平台提供方与风险管理方的区别在于，平台提供方负责收集和提供交易数据，而风险管理方负责分析数据与监控交易。二者在有些情况下是统一的，如淘宝一方面不仅收集买家的支付数据、退换货数据、搜索数据，还收集卖家的发货数据、销售数据，以及买卖双方的沟通数据；另一方面分析这些数据并依据这些数据对买卖双方进行信用评级，监控商品的物流状况等。此外，像苏宁、亚马逊等大型电商平台都同时充当了平台提供方与风险管理方。但在产业供应链中，上下游企业间的交易流程和物流信息更为复杂，同时又缺乏阿里、京东这样的大型电商平台，很多时候由不同主体分别充当平台提供方和风险管理方，如物流公司、商贸公司，供应链中的核心企业，或生产企业或大型零售商等。

4. 流动性提供方

流动性提供方或风险承担者是供应链金融中直接提供金融资源的主体，也是最终承担风险的组织。一般而言，这些主体包括商业银行、投资机构、保险公司、担保/保理机构等。这些主体的职能包括：第一，直接促使资金放贷和信用增强；第二，后台与风险管理；第三，融资产品条款的具体安排，包括供应链金融产品的定价或收益设计等，特别是如何通过供应链金融体系的建立，使供应链参与各方获得相应的利益与回报。

供应链金融参与主体的结构分布如图7-3所示。

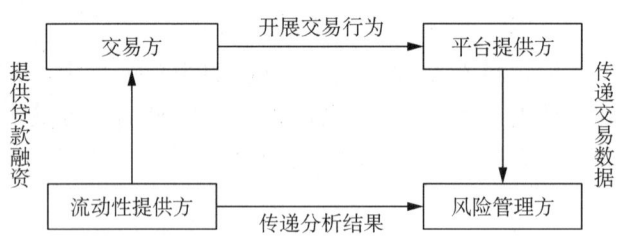

图7-3 供应链金融参与主体的结构分布

二、供应链金融的产生与发展阶段

(一)供应链金融的产生①

1. 由企业内部分工到企业间分工

20世纪80年代以前,纵向一体化是制造业产业组织的主流模式。受市场交易成本的制约,价值链的绝大部分环节集中在单个企业内部。除了原材料需要到市场上进行采购,大部分中间产品的生产、加工、存储、运输以及最终产品的组装完成乃至销售,都通过企业内部的管理加以对接和整合。传统纵向一体化的制造模式下,企业为了降低生产成本,取得市场竞争优势,主要手段是通过标准生产流水线进行大批量、少品种的规模化生产。"福特制"是其中典型的代表。

20世纪80年代以后,生产的分工模式发生了显著的变化,逐渐从企业内分工转向企业间分工。企业间的分工逐渐由以产业或产品为界,转向一个产品的不同生产工序和流程在多个企业间进行分工协作。企业间分工使过去"大而全"的企业得以集中资源,专注于核心能力的培养;同时,非核心资产被剥离,低附加值的环节被外包给了外围的中小企业。这种模式不但有利于企业竞争力的提升,而且可以通过不同生产环节的全球性区位配置,最大限度地降低整个产品链的成本。

2. 供应链与供应链管理

供应链就是围绕核心企业,通过信息流、物流、资金流的控制,将供应商、制造商、分销商、零售商直到最终消费者连成一个整体的功能网链结构。它是一个结构化的产业组织模式,包含所有加盟的节点企业,从原材料的供应开始,经过链中不同企业的制造加工、组装、分销等过程直到最终用户。

分工与制造模式的变化,导致贯穿整个产品价值链的管理变得越来越复杂。在纵向一体化的制造模式下,对整个生产过程的管理集中在单个企业的管理层。但是,一旦生产环节分散到多个企业,就需要有一个核心企业对整个生产过程进行协调。在这种背景下,一种新的生产管理实践应运而生,这就是供应链管理(supply chain management,SCM)。供应链管理是指在满足一定的客户服务水平的条件下,为了使整个供应链系统成本达到最小而把供应商、制造商、仓库、配送中心和渠道商等有效地组织在一起进行的产品制造、转运、分销及销售的管理方法。

3. 财务供应链管理

资金流是企业的生命源泉,满足了企业随时随地的支付需求。企业支出与收入的资金

---

① 参考资料:"供应链金融"课题组.供应链金融:新经济下的新金融[M].上海:上海远东出版社,2009:12.

发生在不同的时刻,就产生了资金缺口。比如,企业在接受存货和形成销售之间会存在资金上的压力,因为库存管理活动需要资金支持,并产生库存持有成本;而在销售产品和下游客户支付现金之间也存在一定的资金缺口,形成所谓的应收账款;在支付现金和实际接受现金之间产生了现金转换周期,从而对上游企业产生资金上的压力,如果不能及时获得资金,就可能对企业的现金流产生不利影响,正常的生产经营活动出现困难。

供应链上的企业为了缓解自身的资金缺口问题,往往会运用三种不同的运作方式:一是单方面延长支付,这种状况往往发生在强势下游客户对弱势供应商的交易过程中,比如付款周期从30天延长到60天等。二是在贸易中使用早期支付折扣计划,亦即如果下游客户能够提前支付货款便能获得较好的交易价格。这种方法虽然能缓解上游的资金问题,但也存在将折扣算入价格的现象,提高下游客户供货价格的可能。三是通过供应商管理库存（vendor-managed inventory, VMI）。VMI是一种以用户和供应商双方都获得最低成本为目的,在一个共同的协议下由供应商管理库存,并不断监督协议执行情况和修正协议内容,使库存管理得以持续改进的合作性策略。具体来讲,买卖双方在一个共同确定的框架下,由供应商承担在下游企业仓库中的库存管理和代价,直到所供应的产品被下游客户使用时才进行所有权转移。这种合作性物流管理为交易双方带来了收益。一方面,减少了下游客户的资金占压,保障了及时供应;另一方面,对供应商而言,有利于合理规划生产,避免呆库、死库,还能及时了解客户信息。但是,对上游供应商来说,库存挤占了资金,融资也很困难。

在实践中,核心企业往往通过推迟对供应商的付款或加快向分销商转移库存来实现自己的财务经济性。但这些做法实际上形成了对上下游的资金挤压,结果往往导致整个供应链的融资成本高企,并且可能迫使供应商延迟原材料的购买,缩减在产品库存,进而推迟对核心企业的交货;迫使分销商延迟结算和高成本借款,进而给整个供应链的持续运营带来很大的风险。这样一种简单的成本转移,无疑是把上下游企业置于竞争的对立面,没有真正体现供应链成员之间利益共同体的原则。

财务供应链管理（financial supply chain management, FSCM）,就是通过实施供应链上下游诸多企业资金筹措和现金流的统筹安排,合理分配各个节点的流动性,从而实现整个供应链财务成本的最小化。因此,财务供应链管理的实施者是核心企业,最主要的战略伙伴是以商业银行为代表的金融机构,直接的受众为供应链成员,最终获益的是核心企业本身。

4. 供应链金融与中小企业的融资需求

在整个供应链的价值链条上,核心企业处于优势地位,其规模相对较大,而围绕在核心企业周围,为核心企业提供配套的供应商和分销商等上下游企业则基本以中小企业为主。这些中小企业在规模上较小,很难得到银行等金融机构的青睐;在产业链条上处于弱势地位,要价能力较低,很大程度上是商业信用的提供者;实力较弱,对负面冲击的承担能力较差。而这些中小企业在整个供应链中也起到非常重要的作用,其运行的稳定性影响了整个供应链的运行效率与质量。如何解决供应链上这些中小企业的融资问题,满足这些中小企业的发展资金需要,成为影响供应链运行的重要变量。显然,传统的银行信贷很难承担这个使命,而供应链金融的模式成为解决这一问题的方式之一。

5. 供应链金融与商业银行的业务发展

商业银行作为金融体系的重要一环,面临着商业模式创新的必要,从而也推动了供应链金融的发展。传统上,由于我国银行业的垄断结构以及金融抑制的环境、存贷款利率的非市场化等因素,存贷利差成为银行主要的利润来源。波士顿咨询公司于2009年公布的《银行业价值创造报告》显示,我国的银行体系中,存贷差收入占银行主营业务收入的80%。而发达国家的商业银行一半以上的利润来源于中间业务。中间业务是银行为客户办理的各种委托代理业务。银行作为信用关系的中间人,既不是债务人,也不是债权人,只提供金融服务,受托处理各类业务并从中抽取一定的服务费用和佣金。随着资本市场的不断发展,利率市场化改革的不断推进,存贷利差的规模不断缩小,商业银行需要发现新的利润增长点。

从商业银行的客户构成角度来说,随着金融结构以及投融资体制的改革,商业银行的竞争也在加剧。同时,越来越多的非银行融资形式应运而生,金融正在"脱媒而去"。一些实力雄厚的大型公司客户可以通过发行股票或债券的形式进行直接融资,金融活动越来越不依赖银行,银行在融资市场中的份额越来越小。而服务于中小微企业的小额信贷以及普惠金融可能成为商业银行的"蓝海"。

因此,在上述因素的共同作用下,供应链金融逐渐进入人们的视野,成为新经济环境下一种重要的创新模式。这种创新模式的核心就是结合产业运行的特点,有效地解决企业,尤其是中小企业日常经营管理活动中的融资难问题,在全球产业分工的大形势下,将金融资源与产业资源高度结合,实现产业效益与金融效益的结合。

(二)供应链金融的发展阶段

1. 供应链金融1.0阶段

在供应链金融的1.0阶段,最早发起供应链金融业务的是商业银行。在国内较早从事供应链金融业务的深圳发展银行(现平安银行)将其概括为"M+1+N"模式。供应链金融围绕某"1"个核心企业,从采购、生产到销售给消费者,形成一条供应链,连接供应商、制造商、分销商、零售商和消费者,同时为供应链上企业提供融资服务,使企业间的合作更默契,分工更细化,从而提高整个供应链的价值。其业务结构如图7-4所示。

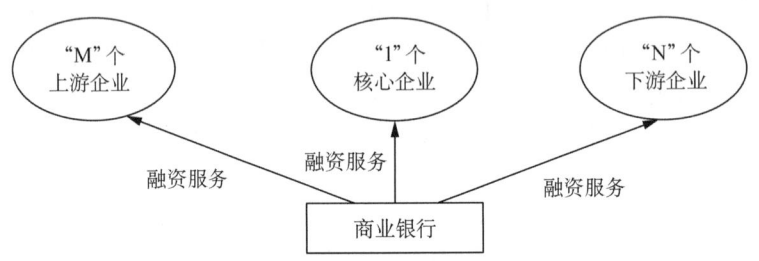

图7-4 供应链金融1.0阶段的业务结构

2. 供应链金融2.0阶段

在供应链金融的2.0阶段,供应链金融是基于供应链运行产生的综合性金融服务,对供应链成员间的相互协同程度有较高的要求。在该阶段,供应链网络中的焦点企业逐渐成为展开供应链金融业务的主导,并且由"链"发展到"网",第三方物流、监管机构等相关主体也都参与了进来。其业务结构如图7-5所示。

焦点企业与核心企业的区别在于,在一条供应链中议价能力最强、交易规模最大的企业通常为核心企业。但很多时候,供应链上节点企业的上下游企业往往有很多,加上物流、金融、商贸等相关服务主体,便形成了一个供应链网络,在这个网络中占据最多客户资源的企

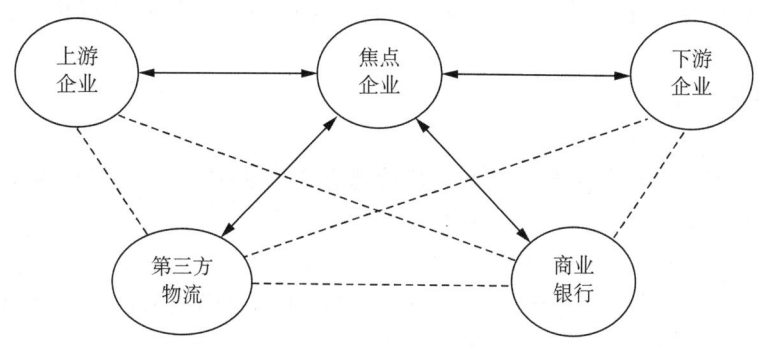

图 7-5 供应链金融 2.0 阶段的业务结构

业,往往被视为焦点企业。很多时候核心企业与焦点企业为一家企业,但也有很多时候二者并不一致,焦点企业可能是平台、商贸或第三方物流等服务机构。

在整个供应链协作体系中,焦点企业可以对供应链中的物流、商流、信息流、资金流进行最有效的掌控。上下游交易方、金融机构、第三方物流等主体,可以通过焦点企业形成网络。焦点企业开始取代银行,成为供应链金融业务中的主体,并成为平台提供方和风险管理方。

3. 供应链金融 3.0 阶段

供应链金融 3.0 阶段的特点是互联网化,焦点企业利用互联网技术打造一个商业生态圈,并通过互联网把这些主体整合起来,需要物联网、大数据、云计算以及区块链等提供技术支持。借助现代化的信息技术手段,焦点企业搭建起跨链条、跨部门、跨区域的综合性平台,与政府、行业协会等社会部门联盟,收集并整理各方信息数据,综合调配资源为有潜力的中小企业提供融资服务。焦点企业可以在更大范围内整合供应链生态圈,占据神经中枢的位置。

当下我国企业开展供应链金融业务,绝大多数处于 1.0 或 2.0 的阶段,极少数企业处于向 3.0 阶段发展的过程中。

三、应收账款融资模式

(一) 应收账款融资概述

应收账款是指因对外销售产品、材料、提供劳务等原因,向购货或接受劳务的单位及其他单位收取的款项,包括应收销售款、其他应收款、应收票据等。随着赊销成为最主要的销售方式,供应链上游的企业普遍承受着现金流紧张所带来的压力。2017 年中国人民银行、工业和信息化部、财政部、商务部、国务院国有资产监督管理委员会、中国银行业监督管理委员会(已撤销)、国家外汇管理局联合印发的《小微企业应收账款融资专项行动工作方案(2017—2019 年)》指出,应收账款是小微企业重要的流动资产。发展应收账款融资,对于有效盘活企业存量资产,提高小微企业融资效率具有重要意义。

在供应链金融的背景下,应收账款融资模式是指以卖方与买方签订的真实贸易合同产生的应收账款为基础,为卖方提供的,并以合同项下的应收账款作为还款来源的融资业务。

应收账款融资业务以核心企业及上游供应商之间的应收账款为核心风险缓释措施,就是要将中小微企业资产结构中占有重要比例的应收账款进行变现,变现的方式包括质押、转让,如果应收账款表现为商业票据的话,还可以进行贴现;此外,应收账款还可以作为资产证券化的基础资产。

拓展阅读 7-2:应收账款的概念辨析

案例阅读 7-2:虚构应收账款骗贷案

供应链金融的应收账款融资模式包括保理、反向保理、保理池、融资租赁保理以及票据池等几种具体模式。

(二) 应收账款质押

1. 概念

应收账款质押是指应收账款持有者以应收账款作为质物,向其他机构或个人申请借款,并把应收账款作为第一还款来源的一种短期融资业务。

拓展阅读7-3:质押与抵押辨析

2021年正式实施的《中华人民共和国民法典》(以下简称《民法典》)第四百二十五条规定:"为担保债务的履行,债务人或者第三人将其动产出质给债权人占有的,债务人不履行到期债务或者发生当事人约定的实现质权的情形,债权人有权就该动产优先受偿。前款规定的债务人或者第三人为出质人,债权人为质权人,交付的动产为质押财产。"可出质的范围包括:汇票、本票、支票;债券、存款单;仓单、提单;可以转让的基金份额、股权;可以转让的注册商标专用权、专利权、著作权等知识产权中的财产权;现有的以及将有的应收账款;法律、行政法规规定可以出质的其他财产权利。

应收账款质押是一种担保,作为融资的增信措施,用自己的应收账款给自身融资做担保。质押是一种从属法律关系,质押成立的前提必然是存在一个其所担保的应由债务人向债权人偿还的主债务。在质押设立后,出质人不能清偿对质权人所负的融资债务时,质权人才处分质押的应收账款实现质权。若未来应收账款无法收回,质权人有权向出质人追索。应收账款质押是表内业务,出质人获得的融资纳入资产负债表的负债科目,加大了企业的资产负债率。

2. 应收账款质押成立要件

《民法典》第四百四十五条规定,以应收账款出质的,质权自办理出质登记时设立。可见,登记是应收账款质权设立的生效条件,未经登记的,质权人将无法获得应收账款的质权。2022年实施的《动产和权利担保统一登记办法》第四条规定:中国人民银行征信中心是动产和权利担保的登记机构,征信中心建立基于互联网的动产融资统一登记公示系统为社会公众提供动产和权利担保登记和查询服务。

《民法典》或其他现行法律法规都没有规定,质权人或者出质人应当将应收账款设立质押担保的情况通知次债务人,是否将应收账款质押担保的情况通知次债务人,并不影响应收账款质权的设立及生效。但是,应收账款质权的实现有赖于次债务人的履行,从实践角度出发,应收账款质押权设立后,通知给次债务人是很有必要的。

(三) 保理融资

1. 概念

保理融资(factoring),全称为保付代理,又称托收保付,是指卖方将现在和将来的基于其与买方订立的货物销售或服务合同所产生的应收账款转让给保理商(提供保理服务的金融机构),由保理商向其提供资金融通、买方资信评估、销售账户管理、信用风险担保、账款催收等一系列服务的综合金融服务方式。保理融资的本质是债权的转让,是保理商从债权人手中买入对债务人的应收账款,同时提供与此相关的其他金融服务。

资金融通、销售分户账管理、应收账款催收和信用风险控制与坏账担保是保理融资的四大基本功能。

(1)资金融通。保理商可以根据卖方的资金需求,收到转让的应收账款后,立刻对卖方提供融资，协助卖方解决流动资金短缺的问题。

（2）销售分户账管理。保理商可以根据卖方的要求，定期向卖方提供应收账款的回收情况、逾期账款情况、账龄分析等，发送各类对账单，协助卖方进行销售管理。

（3）应收账款催收。保理商有专业人士从事催收，会根据应收账款逾期的时间采取有理有利有节的手段，协助卖方安全回收账款。

（4）信用风险控制与坏账担保。保理商可以根据卖方的需求为买方核定信用额度，对于卖方在信用额度内发货所产生的应收账款，保理商提供坏账担保。

2. 分类

（1）国内保理、国际保理。债权人和债务人均在境内的，称为国内保理。债权人和债务人中至少有一方在境外的，称为国际保理。

（2）有追索权保理、无追索权保理。有追索权保理又称回购型保理，是指在应收账款到期无法从债务人处收回时，保理商可以向债权人反转让应收账款，或要求债权人回购应收账款或归还融资。无追索权保理又称买断型保理，是指应收账款在无商业纠纷等情况下无法得到清偿的，由保理商承担应收账款的坏账风险。

（3）公开型保理、隐蔽型保理。按照是否将应收账款转让的事实通知债务人，保理可分为公开型保理和隐蔽型保理。公开型保理是指将应收账款转让的事实通知债务人，通知方式包括但不限于向债务人提交保理商规定格式的通知书，在发票上加注保理商规定格式的转让条款等。隐蔽型保理中应收账款转让的事实暂时不通知债务人，但保理商保留一定条件下通知的权利。

（4）单保理、双保理。按照参与保理服务的保理商个数，保理分为单保理和双保理。单保理是由一家保理商独自为买卖双方提供保理服务。双保理是双方共同向买卖双方提供保理服务。

（5）银行保理、商业保理。按照提供保理服务的主体，保理可分为银行保理和商业保理两类。

3. 流程

保理业务的一般流程如图 7-6 所示。

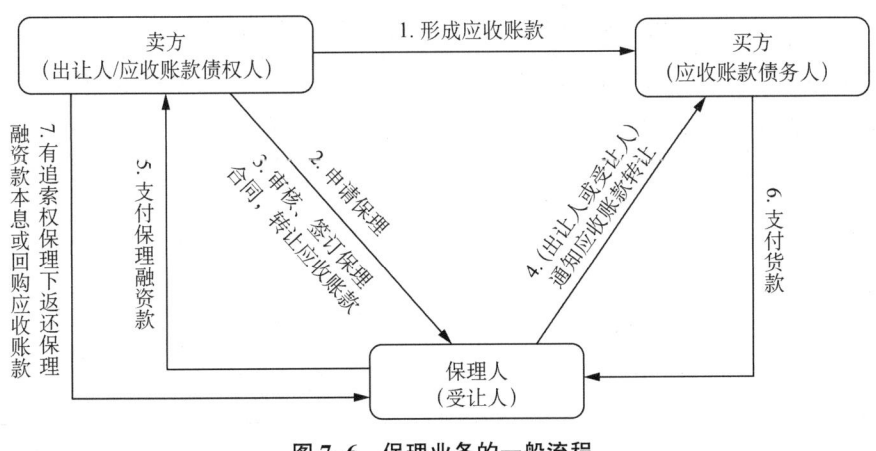

图 7-6 保理业务的一般流程

（四）保理池融资

保理池融资是指将一个或多个具有不同买方、不同期限、不同金额的应收账款全部一次性转让给保理商或银行,保理商或银行根据累计的应收账款给予融资。

对于供应商来说,保理池融资能够充分挖掘零散应收账款的融资能力,免去多次保理服务的手续,提高融资效率。同时,它还有利于降低客户授信风险,保理池融资通过集中多个买方的应收账款来降低单一买家还款风险。由于买家分散,不易同时发生不还款的情况,可以避免供应商在贸易流程中出现诚信风险。但保理池融资也对保理商或银行的风险控制能力提出了很高的要求。

(五) 反向保理融资

1. 概念

在实际的企业运营中,一些核心企业的实力较强,财务状况较好,随着核心企业供应链意识的不断增强,它们希望能够积极介入较弱的上游供应商的融资活动中,通过与金融机构的合作,对供应商加强金融支持,保证其能够持续稳定运行。因此,一种被称为"反向保理融资"的全新保理业务出现了。

反向保理融资又称逆保理融资,主要适用于与焦点企业有大量稳定贸易往来的小微企业以及客户评级比较高的小微企业。反向保理融资是银行(保理商)与焦点企业之间达成的,为焦点企业上游供应商提供的一揽子融资、结算解决方案,这些解决方案所针对的是焦点企业与其上游供应商之间贸易关系所产生的应收账款。焦点企业具有较强的资信实力及付款能力,其实质是银行对高质量买家的应收账款进行买断。

2. 与普通保理融资的区别

与一般保理融资或普通保理融资相比,二者的区别主要是:一方面,发起保理融资的主体或跟保理商打交道的主体,从上游的中小企业变成了下游的大企业,这个大企业可能是核心企业,也可能是供应链中的平台企业、商贸企业等,统称焦点企业,是在整个供应链协作体系中最具主导地位的成员。另一方面,保理商主要评估核心企业的信用风险,而不是仅仅评估供应商的信用等级;核心企业具有较强的资信等级,保理商选择核心企业同意支付的应收账款进行融资,降低了保理商的放贷风险,也降低了供应商的融资成本。二者的详细区别如表 7-3 所示。

表 7-3 反向保理融资与普通保理融资的区别

要素	反向保理融资	普通保理融资
申请主体	买方——核心企业	卖方——中小企业
交易关系	保理公司受托支付卖方货款	卖方向保理公司转让应收账款
资金用途	用于贸易合同支付货款	不限制卖方使用
欠款性质	直接借款	应付账款
风险控制	买方签署《应收账款转让通知确认函》;签署《保证合同》或者信用担保;追加追索权	基于财务报表、征信等材料进行授信审查"买方签署《应收账款转让通知确认函》"

3. 流程

反向保理融资的流程为:①焦点企业(买家)与供应商之间达成交易关系,供应商向买家发货,产生应收账款;②买家与银行签订合作协议,将供应商的应收账款交给保理商,保理商对应收账款进行验证;③保理商对供应商进行资质核查;④保理商按照一定比例对供应商放款;⑤应收账款到期,保理商和买家进行结算。

(六) 融资租赁保理融资

在涉及大型装备的行业中,融资租赁保理融资是较为常见的一种融资模式。在租赁业务中,由于出租方要在初期投入大量资金,而后才能从承租人处收取租金,出租方的资金压力较大,融资租赁保理业务正是为了解决这一问题而产生的。

其主要业务流程是:①租赁企业与供应商签订租赁物买卖合同。②租赁企业与承租人签订融资租赁合同,将该租赁物出租给承租人。③租赁企业向银行申请保理融资业务。④银行给租赁企业授信,双方签署保理合同。⑤租赁企业与银行书面通知承租人将应收租金债权转让给银行,承租人填具确认回执单并交给租赁企业。⑥银行受让租金收取权利,给租赁企业提供保理融资。⑦承租人按约定分期支付租金给银行,承租人仍然提供发票,租赁企业通过银行给承租人。⑧当承租人出现逾期或不能支付的情况时,如果是有追索权的保理,承租人到期未还租金时,租赁企业需根据约定向银行回购银行未收回的租赁款。如果供应商或"其他第三方"提供了资金余值回购保证或物权保证,由供应商或其他第三方回购银行未收回的租赁款。如果是无追索的保理,则银行不得向租赁企业追索而只能向承租人追偿。

(七) 票据池融资

1. 概念

供应链金融中的票据主要指的是商业汇票,如在赊销的情况下,下游客户承诺发货 3 个月付款,并开具了 3 个月后到银行取钱的凭证,即汇票。当客户较多时,就会产生很多汇票,这些票据开票人、金额、期限各异,但有相同的收款人,这些票据就构成了票据池。

案例阅读
7-3:Big Lots
公司的供应
链融资

票据池是指由一定规模的票据组成的票据资产池。根据深圳发展银行(现平安银行)与中欧国际工商学院"供应链金融"课题组(2009)给出的定义,票据池业务是银行或其他金融机构向企业提供的包括票据管理、托收、授信在内的一系列结算与融资服务。其中,票据池授信是指企业将收到的票据进行质押或直接转让后,纳入银行授信的资产支持池,银行以票据池为限向企业授信。票据池融资的本质是将大量应收账款放到一起作为质押,其与保理池融资的最大区别在于质押的票据不同。票据池融资质押的汇票,到期之后可以直接变现;而保理池里的资产是发票,作为一种交易凭证,到期不会自动变现。从具体的融资方式来说,保理融资为应收账款转让,转让的是债权;而票据池融资除质押外,贴现、背书转让都可以。此外,对于银行来说,票据池融资风险更小。

2. 益处

(1) 对企业的益处。票据供应商通过银行的票据池业务,减少了自身票据管理的工作量,并能够实现票据拆分、合并等效果,解决了票据收付过程中期限和金额不匹配的问题。持票企业可以在不占用自身授信额度的基础上,通过票据质押融资业务办理流动资金贷款、银行承兑汇票、保函等各种方式的授信业务,提高自身融资能力。

(2) 对银行的益处。银行利用票据池融资增加业务收入,并产生多项中间业务,同时还增加了重要客户的黏度,提升了重要客户的价值贡献度。

3. 业务模块

一般而言,票据池业务包括以下几个业务模块或功能模块:

(1) 托收。托收即委托收款,汇票到期后,因为票据在银行处,企业可以委托银行代替回收到期的货款。

(2) 管理。企业可以将手中持有的大量商业汇票以及相关文本委托给商业银行以更加高效的方式进行管理。例如,客户每一天都可以从银行获得前一日的票据池业务信息,并通过银行柜台或银企互联渠道查询与商业银行签订的票据池协议信息。银行会在票据到期日之前通过银企互联渠道向客户发送提醒信息。

(3) 授信。授信的方式包括:①票据质押。当银行认可客户提交的银行承兑汇票风险较低时,客户可以将票据加入票据池进行质押,形成可用质押额度,与票据池的保证金一起构成票据池可用担保额度。②票据贴现。客户对池内票据申请贴现,当票据出池后进行贴现。③票据转让。客户可以发起票据转让申请,当票据出池后背书转让给供应链下游企业。

4. 业务流程

保理池融资的业务流程,具体为:①供应商跟若干下游买方企业形成交易,下游买方企业分别给供应商开具汇票,附带相关文本,形成大量商业票据。②供应商把票据放到银行形成票据质押,银行处建立票据池。③供应商与银行通知下游客户,供应商将票据质押至银行。④下游客户分别与供应商和银行确认。⑤银行以票据总额为限,向供应商授信。⑥汇票到期后,下游客户分别直接向银行支付货款。

四、库存融资模式

(一) 库存融资的概念与重要性

库存是保证企业生产销售稳定、应对市场变化的重要工具,但是同时也占据了大量的企业资金。库存成本是供应链成本的重要组成部分,占整个供应链运营成本的30%以上。库存成本分为两个部分:资金占用成本与使用成本。资金占用成本是机会成本,资金被"锁定"在库存中,失去了该笔资金使用在其他选择上的本可以获得的收益。使用成本则来源于企业自身的融资成本,即企业通过债权融资和股权融资获得资金的综合资金成本。降低库存成本有两种方法:一是传统的方法,从加强供应链上下游之间的信息沟通的角度出发,试图通过减少供应链企业库存,达到减少库存商品占用的资金的目的;二是通过库存融资,帮助企业加快库存占用资金的周转速度,降低库存资金的占用成本。

由于产品生命周期的不断缩短、需求波动频繁,缺乏良好融资渠道的中小企业陷入了两难的境地:一方面,为了保证生产销售的稳定性,企业不得不保持大量库存以应对市场变化;另一方面,企业又希望尽快将库存转变为现金流,维持自身运营的持续性。在这样的背景下,库存融资对于中小企业来说意义十分重大,尤其是在大多数中小企业无法改善供应链管理能力的情况下,库存融资成为提高流动性的重要手段之一。

库存融资又称存货融资,与应收账款融资统称为 ARIF (accounts receivable and inventory financing),在欧美国家的银行实践中,ARIF 是"以资产可控为基础的商业贷款"的基础形式。简单而言,ARIF 就是借款人以企业自身应收账款和存货等流动资产的价值为融资担保,取得资金用于支持生产和销售活动,融资还款来源是存货销售或应收账款回收产生的现金流。

对于 ARIF,还款能力分析的重点是借款人来自应收账款和存货的现金流,而不是分析经营产生的现金流。监管者的分析应该更多关注应收账款和存货的质量和价值,关注银行控制权和监控系统,关注银行在扣押状态下变现抵押品的能力,而不是关注借款人的收入和资产负债表的信息。

在实践中,我国库存融资的基本形态分为如下几类:静态抵质押授信、动态抵质押授信、仓单质押授信。

(二) 静态抵质押授信

静态抵质押授信是指客户以自有或第三人合法拥有的动产为抵质押物的授信业务。银行委托第三方物流企业对客户提供的质押商品进行监管,不允许以货易货,客户必须打款赎货。静态抵质押授信适用于除存货以外没有其他合适抵质押物的客户,而且客户的购销模式为批量进货、分次销售。静态抵质押授信是货押业务中对客户要求较为严苛的一种,更适用于贸易型客户。利用该产品,客户得以将原本积压在存货上的资金盘活,扩大经营规模。同时,该产品的保证金派生效应最为明显,因为只允许保证金赎货,不允许以货易货,故赎货后其所释放的授信敞口可以被重新利用。在实务中,银行为了控制风险,防止企业借钱之后放弃存货,如有企业打着库存融资的旗号清理库存,会要求企业事前缴纳一定的保证金。静态抵质押授信业务流程如图7-7所示。

案例阅读7-4:静态质押融资的通俗解释

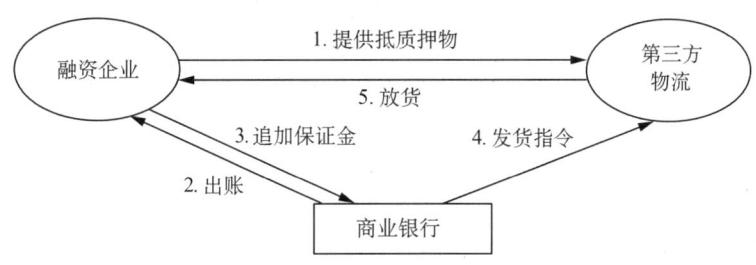

图7-7 静态抵质押授信业务流程

(三) 动态抵质押授信

相对于静态抵质押授信,动态抵质押授信中的"动"主要体现在融资企业需要质押货物的时候不必追加保证金来赎取库存,可以用新的货物换走旧的货物,即银行对客户抵质押的商品价值设定最低限额,允许在限额以上的商品出库,客户可以以货易货。

动态抵质押授信适用于库存稳定或物品类别较为一致、抵质押物的价值核定较为容易的客户。同时,对于一些进出频繁、难以采用静态抵质押授信的客户存货,其也可应用于该产品。

动态抵质押授信的作用体现在以下两个方面:

第一,对于客户而言,由于可以以货易货,动态抵质押设定对生产经营活动的影响相对较小。特别是对于库存稳定的客户而言,在合理设定抵质押价值底线的前提下,授信期间几乎无须启动追加保证金赎货的流程,因此对盘活存货的作用非常明显。

第二,对于银行而言,该产品的保证金效应相对小于静态抵质押授信,但是操作成本明显小于后者,因为以货易货的操作可以授权第三方物流企业进行。银行为了进一步降低风险,方便进行贷款融资业务,对企业抵质押物品做出了一定的限制。质押货物的品类最好一致,比如钢管、钢材等;或货物价值易于核定,比如有色金属、黑色金属、木材等。关于质押率,不同银行、不同质押物都会规定不同的质押率。一般而言,原材料比较容易变现,质押率较高;产成品尽管市场价值高,但是不容易变现,质押率就较低。

动态抵质押授信业务流程如图 7-8 所示。

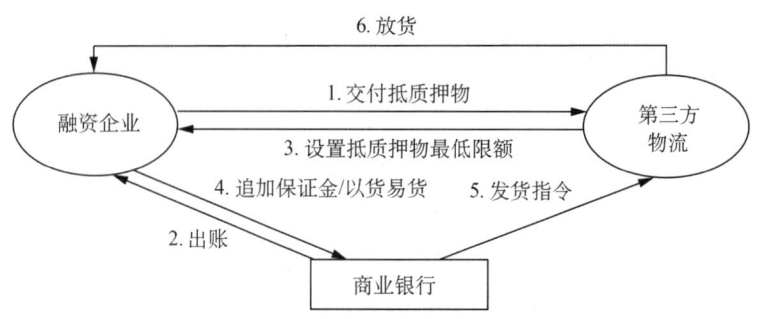

图 7-8　动态抵质押授信业务流程

（四）仓单质押授信

案例阅读
7-5：牛奶质
押模式

仓单是指仓储公司为货物存储人或者货物所有权人签发的，记载仓储货物所有权的合法物权凭证，持有仓单的人可以凭此向仓储方提取仓储货物。《民法典》第九百零八条规定，存货人交付仓储物的，保管人应当出具仓单、入库单等凭证。仓单是提取仓储物的凭证。存货人或者仓单持有人在仓单上背书并经保管人签名或者盖章的，可以转让提取仓储物的权利。仓单也可以出质。仓单属于有价证券，能够开具仓单的仓库或物流公司一般需要很高的资质。

仓单质押授信指的是银行与融资企业、仓储公司签订合作协议，仓储公司签发仓单，融资企业自持或者第三方持有仓单作为质押物，为融资企业贷款的业务。仓单质押授信业务的期限不得超过仓储物的存储期限，一般在一年以内。

仓单质押授信分为普通仓单质押授信和标准仓单质押授信。普通仓单是由商业银行评估认可的有资质的第三方物流方开具，以生产、物流领域有较强变现能力的通用产品为形式表现的权益凭证。标准仓单是由期货交易所统一制定，由期货交易所指定交割仓库完成入库商品的验收，确认合格后发给货主并在期货交易所注册生效的提权凭证。标准仓单适用于通过期货交易市场进行采购或销售的客户以及通过期货交易市场进行套期保值、规避经营风险的客户。能进行期货交易的，通常为区别不大且容易变现的商品，如粮食、石油、煤炭、烟酒之类。这类商品的市场需求量大，贷款违约后，银行将质押物变现的成本较低。而对于大多数商品，尤其是专业性较强的工业品来说，普通仓单可能比较适用。

（1）普通仓单质押授信。普通仓单质押授信是指客户将由仓库或其他第三方物流企业提供的非期货交割用仓单作为质押物，对仓单做出质背书并由银行提供融资的一种银行产品。

鉴于仓单的有价证券性质，出具仓单的仓库或第三方物流企业需要具有很高的资质。普通仓单质押授信业务流程如图 7-9 所示。

（2）标准仓单质押授信。标准仓单质押授信是指客户以自有或第三方合法拥有的标准仓单为质押物的授信业务。对于客户而言，相对于动产抵质押，标准仓单质押手续简便、成本较低。对于银行而言，标准仓单质押的成本和风险都较低。此外，由于标准仓单的流动性较强，这也有利于银行在客户违约的情况下对质押物的处置。

标准仓单质押授信业务流程如图 7-10 所示。

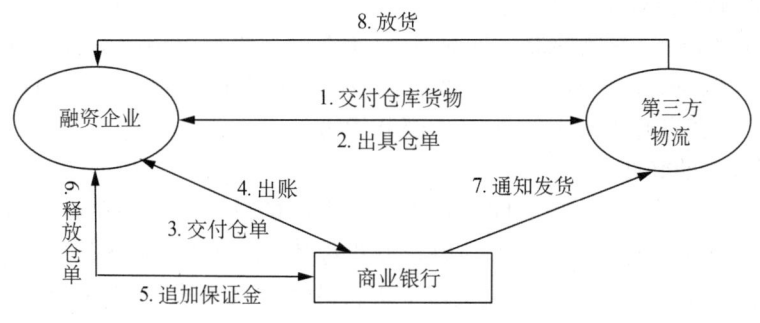

图 7-9　普通仓单质押授信业务流程

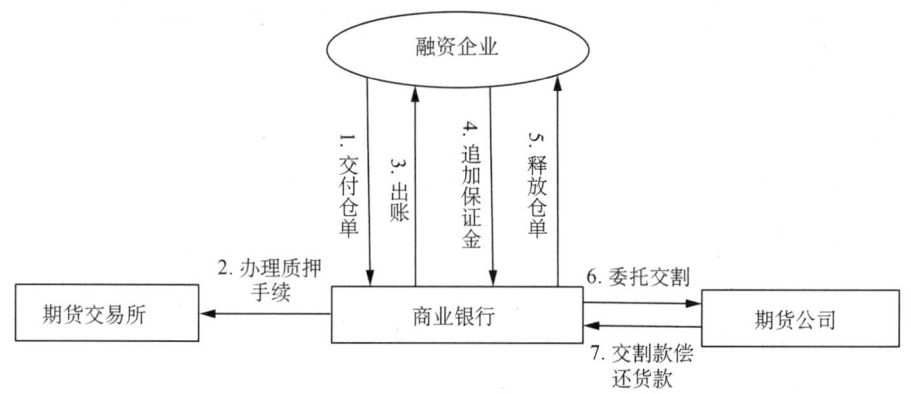

图 7-10　标准仓单质押授信业务流程

标准仓单质押操作的主要内容如下：①客户在符合银行要求的期货公司开立期货交易账户；②客户向银行提出融资申请，提交质押标准仓单相关证明材料、客户基本情况证明材料；③银行审核同意后，银行、客户、期货公司签署贷款合同、质押合同、合作协议等相关法律性文件，共同在期货交易所办理标准仓单质押登记手续，确保质押生效；④银行向客户发放信贷资金，用于企业正常的生产经营；⑤客户归还融资款项，赎回标准仓单，或与银行协商处置标准仓单，将处置资金用于归还融资款项。

五、预付账款融资模式

（一）预付款融资的内涵

预付款融资模式是指在上游企业承诺回购的前提下，由第三方物流企业提供信用担保，中小企业以金融机构指定仓库的既定仓单向银行等金融机构申请质押贷款来缓解预付货款的压力，同时由金融机构控制其提货权的融资业务。在此过程中，中小企业、焦点企业、物流企业以及银行共同签署预付账款融资业务合作协议书，银行向融资企业开出银行承兑汇票为其融资，作为银行还款来源的保障，最后购买方直接将货款支付给银行。这种融资多用于企业的采购阶段。预付款融资可以理解为"未来存货的融资"，预付款融资的担保基础是预付款项下的客户对供应商的提货权，或提货权实现后通过发货、运输等环节形成的在途存货和库存存货。当货物到达后，融资企业可以向银行申请将到达的货物进一步转化为存货融资，从而实现融资的"无缝链接"。

(二) 先票/款后货授信

先票/款后货是存货融资的进一步发展,是指客户从银行申请融资获得货款,在缴纳保证金的基础上向供应商议付全额货款,然后供应商按照合同约定发运货物,以银行为收货人。货物到达后,客户追加保证金,取走一部分货物。

这种融资方式的好处在于:

(1) 对客户而言:第一,授信时间不仅覆盖了上游的排产周期和在途时间,而且到货后预付款融资可以转为库存融资,因此,该融资方式对客户流动资金需求压力的缓解作用要大于存货融资;第二,因为是在银行资金支持下进行的大批量采购,所以客户可以从卖方处争取较高的商业折扣,进而提前锁定商品采购价格,防止涨价风险。

(2) 对于银行而言:第一,银行可以利用贸易链条的延伸,进一步开发上游企业业务资源;第二,通过争取订立卖方对其销售货物的回购或调剂销售条款,有利于化解客户违约情况下的变现风险;第三,由于货物直接从卖方处发给客户,货物的权属要比存货融资更为直观和清晰。

融资风险点体现在:第一,对上游卖家的发货、退款和回购等履约能力进行考察;第二,在途风险的防范、损失责任的认定;第三,货到后入库环节的控制。

先票/款后货授信业务流程如图7-11所示。

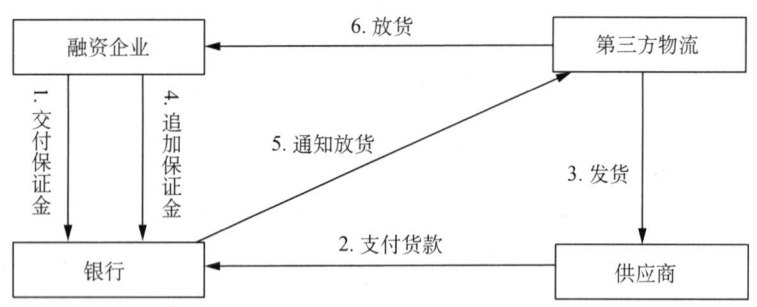

图7-11 先票/款后货授信业务流程

(三) 担保提货(保兑仓)授信

1. 概念

担保提货授信又称保兑仓授信,即在客户(买方)缴纳一定保证金的前提下,银行贷出全额货款供客户向焦点企业(卖方)采购用于授信的抵质押物。随后,客户分次向银行提交提货保证金,银行再分次通知卖方向客户发货。卖方就发货不足部分的价值向银行承担退款责任。该产品又被称为卖方担保买方信贷模式。

2. 适用情景

保兑仓授信模式主要针对商品采购阶段的资金短缺问题。例如,客户为了取得更大批量采购的折扣,采取一次性付款方式,而卖方因为排产问题无法一次性发货。又如,客户在淡季向上游打款,提供上游生产所需的流动资金,并锁定优惠价格,然后在旺季分次提货用于销售。

在酿酒行业中,大量的粮食采购一般都需要仓库来进行储存,而粮食经销商自身有仓库对粮食进行存储,且其与下游酿酒或粮食加工企业间的业务相对稳定,因此保兑仓业务在酿酒行业中较为常见。

3. 优点

（1）对于客户而言：大批量采购可以获得价格优惠，"淡季打款、旺季销售"的模式有利于锁定价格风险。此外，由于货物直接由上游监管，从而省去了监管费用的支出。

（2）对于卖方而言：大批量采购可以实现大笔预收款，缓解流动资金瓶颈，同时锁定未来的销售，增强销售的确定性。

（3）对于银行而言：大批量采购将卖方和物流监管合二为一，在简化了风险控制维度的同时，引入卖方发货不足的退款责任，实际上直接解决了抵质押物的变现问题。此外，该产品中的焦点企业介入较深，有利于银行对焦点企业自身资源的直接开发。

4. 业务流程

业务流程一般要经过如下几个阶段：①融资企业与供应商签订商品销售合同；②融资企业向商业银行申请开立以供应商为收款人的银行承兑汇票，并按照规定比例缴存初始保证金；③商业银行根据融资企业的授信额度，为其开立银行承兑汇票；④商业银行按照保证金余额的规定比例签发提货通知单，并将银行承兑汇票和提货通知单一同交给供应商授权的部门或人员；⑤供应商根据银行签发的提货通知单向融资企业发货；⑥融资企业销售产品后，在商业银行续存保证金；⑦商业银行收妥保证金后，再次向供应商签发与续存保证金金额相同的提货通知单，银行累计签发提货通知单的金额不得超过融资企业在银行缴存保证金的总余额；⑧供应商再次向融资企业发货，如此循环操作，直至融资企业的钱还完、供应商的货发完。商业银行承兑汇票到期前15天，如融资企业存入的保证金不足以兑付承兑汇票，银行要以书面形式通知融资企业和供应商组织资金兑付，如到期日融资企业仍未备足兑付资金，供应商必须无条件向银行支付已到期的银行承兑汇票与提货通知单之间的差额及相关利息和费用。

三方保兑仓业务流程如图7-12所示。

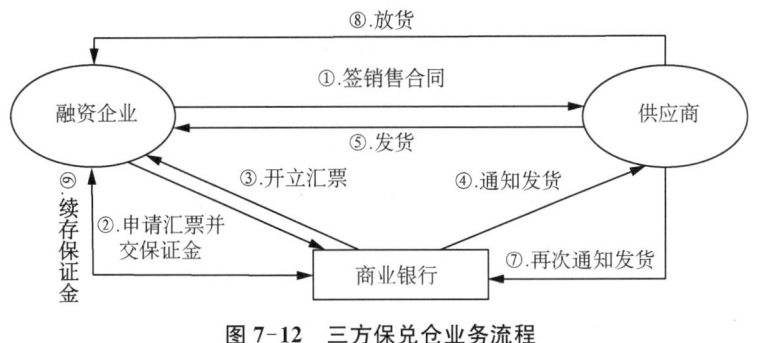

图7-12 三方保兑仓业务流程

六、三种融资模式比较

（一）共同点

（1）银行等金融机构拥有融资项下的资产或者对融资产生的收入有一定的控制权或全部控制权。

（2）三种融资模式都具有自偿性与封闭性，第一还款来源为融资项下的资产，其次才是其他还款来源。

（3）金融机构在考虑授信额度时不再主要考虑企业的规模与实力，而是重点关注企业之间的贸易背景和交易行为。

（4）金融机构在给予授信额度时，重点考察融资业务的自偿性与融资企业运用资金的能力。

(二) 区别

（1）应收账款融资主要针对供应链下游企业，因为赊销账期较长，供应商的资金流紧张，这一模式的主要目的在于盘活企业未来的现金流。

（2）库存融资的主要目的在于盘活在运物资以及产品储存在仓库占用的资金，最大化发挥资金效率。

（3）预付款融资最大限度地减轻了企业一次性付款带来的资金压力，尤其是大额订单，企业往往难以承担一次性大额付款。这种模式帮助企业拿到了超过自身资金能力的订单，也提升了上游企业的销售能力。

供应链金融三种模式的对比如表 7-4 所示。

表 7-4 供应链金融三种模式的对比

项目	应收账款融资	库存融资	预付款融资
标的	债权	存货	预付货款
融资用途	盘活现金流	盘活现金流	分批次付款/获得提货权
融资企业位置	上游供应商	任何节点的企业	下游采购商和分销商
所属阶段	销售阶段	运营阶段	采购阶段
参与方	融资方、债务方、金融机构	融资方、第三方物流和金融机构	融资方、债权方、仓储机构和金融机构
风险控制	监视债务企业	跟踪监视存货价格变化	控制提货权以及监视货物价格变化

参考资料：陈晓华，吴家富.供应链金融[M].北京：人民邮电出版社，2018：60.

第三节 资产证券化

一、资产证券化概述

(一) 概念

资产证券化是将一个或一组流动性较差但预计能产生稳定现金流的资产，通过一系列的结构安排和组合，对其风险和收益进行分割和重组，并实施一定的信用增级，从而将资产的预期现金流转换成流通性和信用等级较高的金融产品的过程。对应的资产支持证券（asset-backed securitization，ABS）就是由上述具有自动清偿能力的资产组成的资产池支持的证券。

资产证券化是一个将资产转换成证券的过程。资产可能是一个或一组资产或者只是这些资产产生的一部分现金流权益；证券则是以资产的现金流为支持的拥有各种不同风险和收益特点的证券；转换过程往往使用了金融工程技术来实现结果的最优化。资产证券化的本质,从发起人的角度来说是发起人放弃资产的现金流权益换取资金,所以本质上是一种融资行为或资产出售行为。

(二) 资产证券化与传统融资的区别

传统意义上的融资是企业证券化的过程。企业证券化是企业通过股权或债券的方式在资产负债表的负债和所有者权益类科目进行融资。企业证券化以企业整体为融资主体,企业是很多不同种类资产的组合,每一个资产都会影响企业业绩。不管是股权还是债权融资都会关注融资企业的整体信用、表现和发展潜力,所以企业会受到很多来自投资者的限制和自身整体条件的制约。对于投资者来说,企业作为由多个要素构成的永续经营实体,从事很多不同的经济活动,因此很难确定企业的寿命和发展边界。传统的企业融资会导致资产负债表的扩张、周转率和资产回报率的下降。

与传统融资不同,资产证券化是针对某一具体的企业资产,其重点在资产负债表的资产类科目。其好处包括:

首先,与企业相比,资产一般只与特定的经济行为相对应,有固定的使用寿命,价值相对来说较为容易确定。与预测一个企业将来的现金流相比,预测一个资产或一类资产的现金流就容易许多,结果也更为稳健。

其次,发起人在交易中不是发行主体,而是证券化的提供方,真正的发行主体为特殊目的载体(special purpose vehicle,SPV)。由于"破产隔离"机制的作用,发起人可以真正将证券化资产与发起人整体信用风险隔离开来。被证券化的资产不再与发起人存在收益风险关系,即使发起人被破产清算,证券化资产也不会被列为清算资产。由于破产的发起人及其债权人不能对证券化资产行使追索权,证券投资者就不必担心发起人的整体信用风险,而是可以集中关注基础资产本身的质量和风险。

最后,证券化资产的信用独立使资产证券化产品的信用分析和转化变得清晰明了,当基础资产的信用不足时,发行人可以利用定向的增信手段来保证证券的质量,从而获得高于发起人自身的信用等级。在一定条件下,资产证券化可以转移资产和融资出表,从而盘活存量资产,实现改善资产负债表的作用。

二、资产证券化的分类

(一) 国际市场——按照基础资产分类

目前,国际市场上的资产证券化产品一般分为两大类:①以房地产抵押贷款为基础资产的不动产抵押贷款证券(mortgage-backed securities,MBS);②以非房贷类资产为基础资产的资产支持证券。MBS一般可以进一步分为个人住房抵押贷款证券(residential mortgage-backed securities,RMBS)和商业地产抵押贷款证券(commercial mortagage-backed securities,CMBS)。ABS可以进一步分为狭义ABS和担保债务权证(collateralized debt obligation,CDO)两类,前者包括以汽车贷款、信用卡应收款、学生贷款、设备租赁、消费贷款等为基础资产的证券化产品,而后者是在20世纪80年代出现、在90年代中期发展起来并迅速蔓延的以银行贷款、证券或资产证券化产品为基础资产的证券化产品。

(二) 国内市场——按照发起机构类型和发行场所分类

资产证券化在我国的发展时间不长,却演变出了中国人民银行和银监会(已撤销)主管的信贷资产证券化、中国证监会主管的企业资产证券化(也称资产支持专项计划)、中国银行间市场交易商协会（National Association of Financial Market Institutional Investors，NAFMII，简称交易商协会）主管的资产支持票据（asset-backed note，ABN）和资产支持商业票据（ABCP）和中国保险监督管理委员会［以下简称保监会（已撤销）］主管的项目资产支持计划4种模式。根据2020年6月发布的《标准化债权类资产认定规则》，信贷ABS、ABN和企业ABS为标准化债权类资产，保险ABS为非标准化债权类资产。

1. 信贷ABS

信贷ABS由银行、汽车金融公司、消费金融公司、金融租赁公司等金融机构发起，中国银保监会（已撤销）进行资格审批，中国人民银行注册，在银行业信贷资产登记流转中心（以下简称银登中心）进行信息登记，面向银行间债券市场投资者发行，绝大部分信贷ABS产品在中央国债登记结算有限责任公司（以下简称中央结算公司）登记托管。

信贷资产证券化是我国资产证券化发展的先锋。从交易结构看，信贷资产证券化是我国证券化中最为接近欧美实践的产品，主要原因是其资产转移符合"真实出售"要求，可以实现风险隔离的目的。

2. ABN、ABCP

根据2023年发布的《银行间债券市场企业资产证券化业务规则》，资产支持票据（ABN）是指发起机构通过特定目的载体发行的，由基础资产所产生的现金流作为偿付支持的证券化融资工具。资产支持商业票据（ABCP）是指发起机构通过特定目的载体发行的，以基础资产为支持进行滚动发行的证券化融资工具。滚动发行情形下，当期资产支持商业票据到期时可以基础资产所产生的现金流、新发行资产支持商业票据的募集款项或外部流动性支持款项等作为偿付来源。

3. 企业ABS

企业资产证券化是指以非金融机构的企事业单位为委托人，将所有符合法律规定，权属明确，可以产生独立、可预测的现金流的可特定化的财产权利或财产信托给证券公司、基金管理公司子公司设立的特殊目的载体，其以基础资产所产生的现金流为补偿支持，通过结构化等方式进行信用增级，在此基础上发行资产支持证券的业务活动。

4. 保险ABS

保险ABS是指保险资产管理公司等专业管理机构作为受托人设立资产支持计划，以基础资产产生的现金流为偿付支持，面向保险机构等合格投资者发行受益凭证的业务活动。

三、参与主体与操作流程

（一）参与主体

资产证券化交易的金额一般较大，涉及金融、法律、会计和监管等方面，参与主体众多。

1. 主要参与主体

（1）发起人。发起人是资产出售方，既可以是资产的原始权益人，如企业、银行等，也可以是从原始权益人处购买资产汇集成资产池并再次出售的市场实体，如投资银行。发起人需要选择准备进行证券化的资产，并进行分离重组构建资产池，再将其出售给发行人。

（2）发行人。发行人是从发起人处购买打包资产并发行资产支持证券的市场实体。为了实现破产隔离，发行人通常专门为资产证券化运作而设立一个SPV，其业务限定于发行证券，一般不允许进行其他经营业务和融资业务。由于这种独立性，SPV可以是个"壳"，其实际经营可以委托其他机构,基本法律形态包括信托公司等。SPV 在资产证券化业务中与各类参与机构都存在法律关系,因此处于资产证券化流程的核心位置,起到中枢作用。

(3) 投资人。投资人是资产支持证券的购买者与持有人,主要是机构投资者,如商业银行、保险公司、基金公司等。

2. 辅助参与主体

(1) 资产服务机构。资产服务机构在资产证券化业务中负责提供代理服务。这包括:收取、保管基础资产产生的本金和利息;根据协议安排,对过期欠款进行催收;定期向委托人和证券投资人提供基础资产池情况的报告(如收支资金来源、应支付费用、纳税情况等)。由于发起人往往拥有基础资产、资产信息及相应的客户信息,该角色通常由发起人担任。

(2) 资产保管人/受托管理机构。资产保管人也称为受托管理机构,在资产证券化交易中担任了高级"出纳"的角色,承担账户的开设、资金的保管和证券的支付等工作。为了避免利益冲突,资产保管人往往由与发起人和服务商等交易主体没有关联关系的、信用比较好的第三方担任,是保护基础资产安全、避免基础资产回收款与发起人或 SPV 的资金相混同的重要保障。受托管理机构开设专门的账户保管回收款,根据 SPV 的指令进行资金划拨,并承担监督资产服务机构、对受托资金进行再投资的责任。在实践中,也可不设受托管理机构,其职责与资产服务机构合并。

(3) 信用增级机构。信用增级是指对资产证券化产品提供额外的信用支持来提高资产信用质量,增强定价能力,降低发行风险。为了获得更高的证券信用评级,资产证券化交易中可能还会使用第三方信用增级机构来对基础资产产生的现金流进行补充和加强。这类第三方信用机构一般与发行人签订合同(如担保、保险、互换、期权等),在一定情况下为 SPV 提供现金流支持。

(4) 承销商/财务顾问。承销商是资产证券化交易和市场之间的枢纽。承销商一般由投资银行、信托投资公司、证券公司等来担任,负责为资产支持证券的发行进行促销,以确保证券的发行成功。在证券化设计阶段,承销商往往还承担融资顾问的角色,通过设计、分析、论证融资方案并与各利益相关方协商谈判,最终形成既保护发起人利益又被投资人接受的方案。

(5) 信用评级机构。信用评级机构是对所发行证券进行信用等级评定的机构,包括初始评级和跟踪评级。在初始评级时,信用评级机构对基础资产和资产证券化产品进行风险评估;在证券发行后,要进行跟踪评级,确保证券信用保持不变,并在发现任何潜在风险时及时进行评级调整。

(6) 审计/法律服务机构。在资产证券化业务中需要对相关交易主体和基础资产进行全面尽职调查,可聘请具有从事证券期货相关业务资格的会计师事务所和律师事务所出具专业意见。会计师事务所主要负责对资产证券化业务中涉及的财务报告和清算报告进行审计;律师事务所主要负责根据委托进行尽职调查并出具专项尽职调查报告,以及针对特定事项出具法律意见。

(7) 登记结算机构。在资产证券化业务中,登记结算机构是至关重要的基础设施,是产品创新发展的基本保障。登记结算机构与 SPV 签订合同并据此执行资产支持证券的登记和结算。由于登记结算机构掌握证券的持有人信息,因而资产证券化产品本息支付是由

SPV 向受托管理机构发出划转指令,受托管理机构将资金转付给登记结算机构,再由登记结算机构支付给投资者。

(二) 资产证券化的操作流程

资产证券化流程如图 7-13 所示。

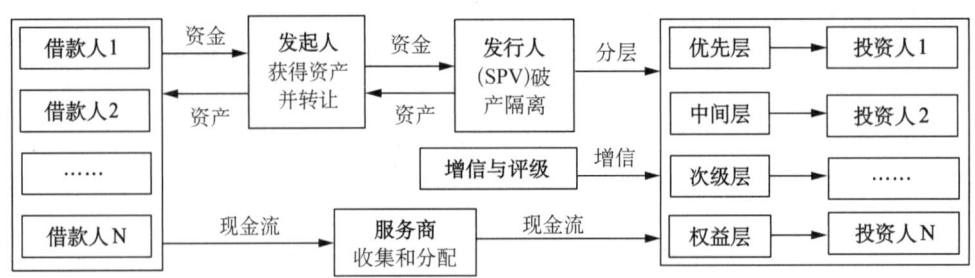

图 7-13 资产证券化流程

参考资料:郁冰峰,邓海清,郝延山.金融新格局:资产证券化的突破与创新[M].北京:中信出版社,2014:37.

一个完整的资产证券化交易通常分为三步(基本流程):

第一步,出售基础资产。发起人成立 SPV,并将需要证券化的资产转移给 SPV,该转移一般需要构成"真实出售"。

第二步,设计并发行资产支持证券。SPV 通过对资产池的现金流进行重组、分割和信用增级,并以此为基础发行有价证券,出售证券所得作为 SPV 从发起人处购买资产的资金。

第三步,后期服务与管理。服务机构负责资产池资金的回收和分配,主要用以归还投资者的本金和利息,剩余部分作为发起人的收益。

详细操作流程包括资产池的组建、交易结构的安排、证券的发行以及发行后的管理等环节。

(1) 组建资产池。发起人根据自身的融资要求、资产情况和市场条件(包括证券需求、定价和其他融资选择等),对资产证券化的目标资产和规模进行规划。根据一定的资产池条件,发起人要对已有的资产进行分析和评估,将符合条件的资产纳入资产池,有时发起人还会根据需要向第三方购买资产来补充和完善资产池。必要时,发起人还会雇用第三方机构对资产池进行审核。

(2) 设立 SPV。SPV 是资产证券化运作的关键主体,其目的是实现发行人和入池资产之间的风险隔离(破产隔离)。SPV 的经济行为明确简单,资本化程度很低,在整个资产证券化交易中扮演着通道(conduit)角色。SPV 通过发行证券获得资金,并以此来购买基础资产,组建资产池。

(3) 构架和信用增级。根据市场条件和信用评级机构的意见,对资产池及其现金流进行预测分析和结构重组,以实现最优化的分割和证券设计。在这个过程中很重要的一步是利用信用增级措施来强化目标证券的现金流和信用保障,实现证券的目标评级和发行的最大经济效益。

(4) 信用评级。信用评级机构对交易发行的证券进行分析和评级,为投资者提供证券选择和定价的依据。这一步与第三步之间往往是一个互动的过程,信用评级机构一般会从交易一开始或计划阶段就参与进来,在资产证券化的整个设计和发行过程中提供意见和反馈,而且一般会在证券发行后一直跟踪观察交易的表现。发起人有时还会聘用会计师事务所对交易的资产信息、建模结果和交易文件的披露进行审核,以保证交易信息的质量。

(5) 证券发售。承销商通过公开发售或私募的形式向投资者销售证券。SPV 从承销商处获得证券发行收入后,按约定的价格向发起人偿付购买基础资产的资金。

(6) 后期管理。上述步骤一般在几个月或几个星期内完成,但资产证券化的具体工作并没有因为证券的出售而全部完成。SPV 会聘请专门的服务商或管理人对资产进行管理,很多情况下,发起人一般有偿作为资产服务人对资产池资产进行服务。这些管理工作包括资产现金流的收集、账户的管理、债务的偿付、交易的监督和报告。当全部证券被偿付完毕或资产池的全部资产被处理后,资产证券化的交易过程才真正结束。

四、资产证券化的基本原理

(一) 资产重组原理

资产证券化的逻辑起点是构建证券化的基础资产池,但每一笔资产的风险收益情况都有所不同。因此,为了形成未来稳定的现金流,需要对证券化资产进行重新配置和组合,使以此为基础发行的证券收益达到最佳水平。资产重组是资产的所有者或支配者为实现发行证券的目的,根据资产重组原理,运用一定的手段,对其资产进行重新配置与组合的行为。资产的原始受益人对自己所拥有的能够产生未来现金流的资产进行组合,形成资产池。资产重组原理的一个重要内容就是资产的选择。

资产证券化融资所需要的资产是特定的,是从原始权益人的全部资产中"剥离"出来的部分特定资产。该基础资产的范围可能不仅限于一家企业的资产,可以将许多不同领域、不同企业的资产组合为一个证券化资产池。

(二) 风险隔离原理

风险隔离是资产证券化的基本特征,在此前提下,发行人可以突破发起人的信用和融资条件限制,以高于发行人的信用评级获得低成本的融资。资产证券化的实质是将基础资产的现金流分割包装成易于出售的证券,其中有两个核心要素:一是有可预期的未来现金流;二是风险隔离。

风险隔离有两层含义:①资产的卖方对已出售的资产没有追索权,即使卖方破产,卖方及其债权人也不可能对证券化的资产进行追索;②当资产池出现损失时,资产支持证券的投资者的追索权也只限于资产本身,而不能追索至资产的卖方或原始所有人。资产证券化过程必须设计合理的风险隔离机制,才能确保证券化产品的风险与卖方或原始所有人无关,而只与基础资产本身有关,即资产的"真实出售"。在实现真实出售的前提下,证券化产品本身可能获得比发起人更高的信用评级,从而降低融资成本。

"真实出售"是发起人将拟证券化的资产有关权益或控制权全部转移给 SPV,SPV 由此获得资产收益权。真实出售可以从 4 个方面进行认定:一是资产转移的形式和交易双方的真实意思为真实出售;二是基础资产风险和收益权完全转移给 SPV;三是资产转移不可撤销;四是资产转让价格是合理的。

发起人要将能产生现金流的资产出售给 SPV,然后再由 SPV 发行以该现金流为支持的证券化产品。SPV 的主要功能在于隔离资产的出售人和被出售资产之间的权利关系,它是资产证券化交易中的核心主体，也是资产证券化最重要的设计。SPV 实现了所有权的转移和风险的隔离，是实质上的"真实出售"。SPV 的作用主要有：破产隔离、作为资产支持证券的发行人和基础资产的拥有人、实现税收中性。

（三）信用增级原理

信用增级是资产证券化设计中的另一个重要设计。虽然资产通过"真实出售"转入 SPV，但是本身并不代表资产一定能够达到证券化的要求。SPV 中的资产虽然实现了风险隔离，但同时也实现了收益隔离，即资产得不到卖方或其他第三方的支持。在独立资产自身条件有限的情况下，要以此发行高级别的证券，特别是信用级别比资产本身高的证券就需要用到信用增级。由于资产本身已经被隔离出来，目标明确，预测相对稳定，需要增补的范围可以定向，这些都使有效或低成本的信用增级成为可能。资产证券化在发行之前都需要一定的信用增级，用以提升证券的信用质量和现金流稳定性，从而更好地满足投资者的需要。

信用增级的方式按照来源可以分为内部信用增级和外部信用增级两类。

（1）内部信用增级。内部信用增级是指通过资产池的构建设计及其现金流的结构化安排，来提高证券现金流质量和信用评级的措施。其优点是成本较低，所需的资金来源于资产池本身及其产生的现金流。

第一，风险分散。除了通过 SPV 来隔离基础资产的破产风险，发起人还可以利用对资产的过滤、选择和组合，来分散或降低基础资产池的整体风险。在建立资产证券化的资产池时，设计者可以把大量的资产组合在一起，通过规模来减少单个资产的影响，实现资产池的风险分散。同时，设计者还可以在资产的种类、地区、期限、信用级别或经济关联性等方面进行筛选组合，减少整体资产池在某些特定风险上的集中度或对特定经济条件的敏感度，从而加强总体现金流的稳定性。

第二，超额抵押。超额抵押是指资产池的规模超过证券发行规模的部分。当基础资产发生损失时，超额抵押往往承担"第一损失"，用于吸收资产池规模的变动，是对证券的支持与保护。

第三，优先与次级结构。优先与次级结构是资产证券化内部信用增级中最常见的方式。优先与次级结构是指把基础资产的现金流分割成不同层次的子现金流，并以此发行不同级别的证券。现金流的分配和损失的承担一般按照证券级别的高低来顺序进行，高级别证券一般先得到偿付，而低级别证券一般首先吸收损失。

第四，利差和利差账户。利差是指基础资产的利息减去资产支持证券的利息支付和各种交易费用（如服务费、管理费和托管费等）之后的净收入。利差收入一般归属发起人，但往往处于现金流分配的最低级别，是对交易中所有证券的信用支持。有时还会设立利差账户，在资产池表现不佳时用于支付，弥补证券损失，从而提高证券的信用支持。

第五，偿付加速机制。偿付加速机制是指在交易出现特殊情况或资产表现恶化的情况下，基础资产现金流的配置会从一般的次序转为指定的特殊次序的设计。其目的是在交易表现恶化、市场条件不利或相关参与方违约或违规的情况下，对高级别证券进行保护。加速偿付的特殊次序一般按照级别高低依次偿付，高级别的证券一般会优先得到较高比例或全部的现金流，所以其偿付得到了"加速"。高级别的证券全部得到偿付后，下一级别的证券才能得到偿付。

（2）外部信用增级。外部信用增级主要利用基础资产之外的资源对资产证券化交易进行信用增级。这些外部资源包括发起人、第三方担保人或保险公司等，主要包括：第一，保险，主要是通过购买保险公司的保单为资产支持证券的损失作保。第二，资产担保，由第三方（如保险公司、财务公司或发起人关联方）对资产证券化交易中的资产质量进行担保，如果资产池发生损失，担保人会偿付损失额或按面值购买违约资产。第三，信用证。由第三方金融机构（一般为银行）提供信用证支持，在交易出现现金流短缺时提供流动资金支持。第四，现金储备账户。这是目前资产证券化使用最多的一种外部增信方式。现金储备账户一般是一个独立的信托账户，其中的资金由发起人或第三方在证券发行时存入，有些交易还会为现金储备账户设立目标余额，并利用超额利差逐渐充实。现金储备账户中的资金一般会投资于高质量、高流动性的短期产品，如商业票据，可随时变现，只在资产现金流不够支付证券的利息或本金时才会被动用弥补不足。账户中的资金随着证券的偿付逐渐地释放给所有者（发起人或第三方）。账户中的资金从提供者角度来看是抵押给了证券投资人，也称为现金抵押账户。

五、资产证券化融资的收益

对于发起人来说，资产证券化融资的收益表现为以下几个方面：

（1）融资渠道。资产证券化的使用为发起人提供了一条传统融资方式之外的融资渠道。由于风险隔离和信用增级的使用，资产证券化在融资上可以摆脱企业甚至资产本身的信用条件限制，从而降低企业融资的门槛。资产证券化设计比传统融资方式更加灵活，设计出满足投资人需求的产品，融资的基础更厚、渠道更广。特别是在企业整体信用不佳或融资条件苛刻的情况下，资产证券化可以作为一种创新型的融资方式，帮助企业挖掘资产优势，拓宽融资渠道。理论上，在资产证券化下，以相同质量的资产做交易的不同企业在融资时是平等的，不管发起人的规模、财力、信用或行业如何，这给弱势的发起人和强势的发起人在同一起点上进行融资竞争提供了机会。

（2）融资成本。资产证券化可以帮助信用级别较低的发起人取得高信用级别的融资成本。通过资产证券化，非投资级别的企业也有可能发行 AAA 级的证券。

（3）流动性。增强流动性是资产证券化的自然结果，资产证券化本身就是一个把流动性差的资产转化为流动性高的证券和现金的过程。资产证券化可以从时间和空间两个方面实现"变现"的目的，把将来的现金转变为现在的现金，把现在不流动的资产转化为可流通的资产。

（4）融资自由度。在传统股权和债务融资下，企业的管理和财务会受到投资方和债权人的严格监督，在经济行为与决策中受到诸多限制。这类限制对投资人（股权或债权）来讲是必要的，但这种干涉有时会限制企业管理者在管理与战略实施中的自由度和弹性，增加企业运营中的成本与障碍。而资产证券化融资是独立于企业之外的融资，由于风险隔离机制，投资人无权对发起人本身的经济行为进行干涉，留给企业的自由度增加。

（5）企业信息披露。与传统融资相比，资产证券化融资对发起人的信息披露要求不高。传统的股权与债权融资是以企业的整体资产、表现或信用为基础的，投资者要求企业提供或披露大量相关的信息，包括财务状况、经营成果、现金流量以及企业管理和重要项目、客户、投资方等。这些信息的披露可能会造成专有或商业机密信息的泄露，对企业造成损失。而资产证券化融资的信息披露主要针对证券化资产，而不是交易的发起人。信息披露有限，降低了信息披露带来的风险、成本和可能的损失。

(6) 表外融资。资产证券化在满足"真实出售"等一系列条件下,可以实现"出表",即不在企业的财务报表上体现交易的资产和发行的证券。这种处理改善了报表,使企业的资产负债表更加紧凑,杠杆率更低,资产回报率更高,进而给企业带来很多间接的经济利益,如更方便的传统融资或声誉的提升等。

(7) 锁定利润和提高财务表现。资产证券化除了融资,还可以作为一种资产的销售渠道,而且以这种方式进行的资产销售可能获得比其他渠道更好的回报。从时间上讲,有些资产虽然已经内含利润,但利润的实现可能需要长期的过程,或者利润的实现不确定性较高。在这种情况下,企业可以利用资产证券化提前锁定资产的利润,从而提高当期的收益率。对于一些资产被低估或者不被认可,或者缺乏短期工具来实现资产价值的企业来讲(如企业账上有一个现金流很有潜力但被低估的资产),这些企业可能受到会计政策或监管的限制,没有办法在报表上体现资产的价值。

关键概念

商业信用融资;类金融模式;供应链金融;资产证券化

本章小结

1. 商业信用是指在商品买卖交易过程中,交易双方通过延期付款或延期交货形成的债权债务关系,其实质是企业间的一种信用关系。商业信用融资包括应付账款、应付票据、预收账款三种形式。

2. 供应链金融是指"以核心客户企业为依托,以真实贸易背景为前提,运用自偿性贸易融资的方式,通过应收账款质押登记、第三方监管等手段封闭资金流或控制物权,对供应链上下游企业提供综合性金融产品和服务"。供应链金融形成了三种最具代表性的模式:应收账款融资、预付款融资和库存融资。

3. 资产证券化是将一个或一组流动性较差但预计能产生稳定现金流的资产,通过一系列的结构安排和组合,对其风险和收益进行分割和重组,并实施一定的信用增级,从而将资产的预期现金流转换成流通性和信用等级较高的金融产品的过程。其基本原理包括资产重组原理、风险隔离原理与信用增级原理。在我国特殊的制度背景下,演变出了信贷资产证券化、企业资产证券化(也称资产支持专项计划)、资产支持票据(ABN)和项目资产支持计划4类。

思考习题

1. 什么是类金融模式?如何评价与规范类金融模式的应用?
2. 讨论为什么供应链金融是解决中小企业融资难的有效方式。
3. 简述供应链金融的业务模式有哪些。
4. 资产证券化融资与传统发行股票或债券的融资方式有什么区别?

5. 资产证券化对企业有哪些好处？
6. 思考资产证券化如何克服中小微企业的融资困境？

案例与实训

案例分析

案例分析 7-1：昆山某企业的应收账款质押融资

扫描二维码阅读案例，然后分析与讨论：
(1) 该企业面临什么样的融资困境？为什么选择应收账款质押融资这种方式？
(2) 应收账款质押融资的具体操作过程是什么？
(3) 分析该企业使用应收账款质押融资获得的效果。
(4) 讨论应收账款质押融资对中小企业的适用性。

案例分析 7-1：昆山某企业的应收账款质押融资

实训练习

请为以下企业经营过程中的业务情景设计融资方案：

(1) 企业 A 是著名的酿酒企业，B 为该酒的下游经销商，由于 A 的产品为全国著名品牌，销量不愁，一般要求经销商现金交易。经销商 B 由于实力有限，没有足够的资金一次性大批量采购。而采购量过小不仅满足不了市场的需要，也很难获得足够的进货折扣。请为经销商 B 设计一个可行的融资方案。

(2) 某生产企业由于技术性质特殊，生产必须保持一定程度的连续性；然而，产品的销售却具有周期性，企业必须在淡季积累一定的产成品存货，以满足旺季的销售需要。库存占用了大量资金，降低了资金周转速度，而企业却苦于没钱对设备进行升级改造。请为该企业设计一个可行的融资方案。

(3) 企业 A 是著名的酿酒企业，产品供不应求。B 为该酒的下游经销商，经常出现脱销的情况，就希望多进货满足销售。但酿酒企业的产能有限，而且还有很多经销商也有同样的需求。酒企 A 希望经销商能提前付款，一来用于扩大产能，二来也可以此为依据确定发货顺序。但经销商 B 却没有足够的资金用于预付。请为经销商 B 设计一个可行的融资方案。

第八章
中小企业银行信贷融资

 相关法律法规

《中华人民共和国中小企业促进法》

第十七条 国家推进和支持普惠金融体系建设,推动中小银行、非存款类放贷机构和互联网金融有序健康发展,引导银行业金融机构向县域和乡镇等小型微型企业金融服务薄弱地区延伸网点和业务。

国有大型商业银行应当设立普惠金融机构,为小型微型企业提供金融服务。国家推动其他银行业金融机构设立小型微型企业金融服务专营机构。

地区性中小银行应当积极为其所在地的小型微型企业提供金融服务,促进实体经济发展。

 本章学习目标

微课视频8-1:思维导图

◇ 了解银行信贷的种类;理解中小企业商业银行信贷融资难的原因与解决思路,以及促进商业银行中小企业信贷的外部因素。
◇ 理解商业银行中小企业信贷的主要模式。
◇ 掌握中小企业银行信贷融资的主要流程、信用评级的基本要点与方法;学会不同还款方式的本息计算。

第一节 银行信贷融资概述

一、银行信贷种类

(一) 按贷款用途分类

1. 流动资金贷款

流动资金贷款,是指为解决企业短期流动资金需要而发放的贷款,是企业流动资金来源的重要组成部分。其按照期限主要分为以下几类:

(1) 临时流动资金贷款。临时流动资金贷款是为满足借款人在生产经营过程中因季节性或临时性的物资采购资金需求,以对应的产品销售收入和其他合法收入等,作为还款来源而发放的短期贷款。其期限一般在3个月以内。

(2) 短期流动资金贷款。短期流动资金贷款为1年以内的流动性贷款,是为满足客户临时性、季节性需要,保证生产经营活动的正常进行而发放的贷款。这是银行的主要授信品种之一,笔数多、期限短、利率低、周转频繁。其结息方式为按季结息或按月结息,可双方约定。

(3) 中期流动资金贷款。其期限为1~5年,用于解决企业内部营运资本、设备改造,是企业取得固定资产的重要途径。

按照贷款的主要发放形式可以分为:

(1) 流动资金循环贷款。流动资金循环贷款是银行为有日常流动资金周转需求的客户设计的一种贷款产品。银行按照企业经营规模核定给予企业流动资金贷款额度,一般一年签订一次合同,约定最高借款额,企业分次申请使用资金,以填写借据方式上账,在约定期间内,企业可以随借随还。

管理原则为:总量控制、分次发放、逐笔归还和良性循环。

使用规则为:利率按每次提款期限同档次流动资金贷款利率执行,会计部门按照每次提款的借款天数,按天、月或季度结息。在流动资金循环贷款合同有效期内,贷款人可一次性或分次向借款人收取循环贷款承诺费。年费一般按0.1%~0.5%确定。在合同有效期内,借款人主动向贷款人提出缩减循环贷款额度的,可办理相关手续,一次性向借款人收取缩减贷款额度0.1%~0.5%的违约金。

(2) 流动资金整贷零偿贷款。流动资金整贷零偿贷款是指借款人与银行在借款合同中明确约定贷款的期限、金额、发放时间及分期还贷款本息的时间和金额,可一次提款、分期偿还的流动资金贷款。借款人可灵活安排还贷资金,控制现金流出,减轻财务压力。其适用于一次性采购量大,但销售回款逐步收回的小微企业和个体工商户。

(3) 法人账户透支。法人账户透支是指在获得银行授信额度后,银行为企业在约定的账户、约定的限额内以透支的形式提供的短期融资和结算便利业务。

企业在生产经营过程中,会遇到资金周转不畅的情况,对于对外支出频繁,又有稳定回款的企业来说,出现季节性、临时性融资需求原属平常,在回款稳定的情况下,资金紧缺只是暂时的。阶段性的资金周转不灵,很容易影响企业整体经营,资金空缺需要及时弥补。而银行的正常贷款程序一般手续复杂,可能无法满足企业资金周转的需求,法人账户透支业务则让企业付出较少的代价快速获得资金,缓解临时性的资金压力。

与一般的流动资金贷款相比,法人账户透支业务的最大特点是简化了客户获得银行短期融资的手续,满足了客户临时性的资金周转要求,加强了企业财务管理水平,减少了企业资金的无效闲置,提高了资金使用效率。

案例阅读8-1:养殖企业的法人账户透支贷款

2. 固定资产贷款

固定资产贷款是指对企业基本建设、技术改造等固定资金需要所发的贷款,补充企业固定资金不足,有利于企业再生产的顺利进行。固定资产贷款包括技术改造贷款、基建投资贷款和其他贷款。

3. 专项贷款

专项贷款通常是国家为了鼓励和照顾特定地区有特定用途的贷款,利率一般较为优惠。

例如,为农村中有劳动能力的贫苦农民提供的扶贫贷款;为高新技术企业、"专精特新"中小企业、国家技术创新示范企业、制造业单项冠军企业等科技企业提供的科技创新专项贷款;为道路货物运输企业、物流配送企业,以及道路普通货物运输个体工商户、个体普通货运车辆车主提供的交通物流专项贷款等。

(二) 按贷款期限分类

银行信贷按贷款期限可分为:短期贷款、中期贷款、长期贷款。短期贷款是指期限在1年以内(含1年)的贷款;中期贷款是指期限在1年以上5年以下(含5年)的贷款;长期贷款是指期限在5年以上的贷款。

在我国,短期贷款主要分为3个月、6个月、9个月与1年等类型,主要是流动资金贷款,是商业银行根据社会生产流通领域的短期资金需求发放的贷款。中期和长期贷款一般合称为中长期贷款,主要是商业银行针对借款人在构建固定资产时资金不足或满足基本建设和更新改造的资金需要而发放的贷款。

(三) 按贷款担保方式分类

银行信贷按有无担保可分为:信用贷款、担保贷款和票据贴现贷款。

1. 信用贷款

信用贷款是指企业依靠自身的信誉而无须抵押品或法人担保向银行取得的贷款。这种贷款的手续简便,但贷款数额受公司经营、财务状况的限制。基于中小企业的高风险,当前国内银行提供的信用贷款较少,对企业信用等级有严格的要求,信用贷款仅向信誉显著的借款人发放。信用卡透支属于信用贷款的特例。

2. 担保贷款

(1) 担保贷款或保证贷款。担保贷款或保证贷款是指借款人按照《民法典》规定的保证方式,由第三人承诺在其不偿还贷款时,按约定承担一般责任或连带责任而取得的贷款,即当借款人不能按期偿还本息时,保证人负有代为偿还的经济责任。

(2) 抵押贷款。抵押贷款是以借款人提供的抵押品或以第三人提供的抵押品为还款保证从而取得的贷款,如借款人不能按期归还本息,银行可按照贷款合同的约定变卖抵押品,以所得款项收回本息。

(3) 质押贷款。质押贷款是指按照《民法典》规定的质押方式,以及借款人或第三人的动产或权利作为质物发放的贷款。

3. 票据贴现贷款

票据贴现贷款指的是公司将未到期的商业票据(包括银行承兑汇票、商业承兑汇票、银行本票)转让给银行从而取得贷款的行为,或者是贷款人以购买借款人的合格但尚未到期的商业票据的方式发放贷款。票据贴现贷款是贷款的一种特殊方式,是银行应客户的要求,以现款或活期存款买进客户持有的未到期的商业票据方式发放贷款。票据贴现实行利息预扣,票据到期后,银行可向所持票据载明的付款人收取票款。

二、商业银行中小企业信贷基本情况

2018年,在中小微企业金融服务体系中,银行业金融机构共提供了33.5万亿元的资金规模,是整个社会为中小微企业提供融资的主体,远超过融资租赁业的6 650亿元、小贷公司的7 640亿元、典当行业的789亿元,以及创投机构的2 260亿元、股市的1 224亿元和债市的 386 亿元。

在各类银行业金融机构提供的小微企业贷款余额中,六大商业银行(中农工建交邮)占比为 23.8%,远超过第二名股份制商业银行的 13.6%。从发放小微贷款余额占全部贷款余额的比例来说,农村商业银行以 51.5% 的比例位居第一,而六大商业银行小微企业贷款仅占其全部贷款余额的 13.5%。对于各类银行网均小微贷款余额来说,民营银行以 46 亿元位居第一,远超六大行的 0.7 亿元。[①]

由此,我们可以得出这样的结论:第一,银行业是为小微企业提供融资的绝对主力,表明了我国的金融结构是以银行为主的间接融资占主导的;第二,在银行业金融机构中,六大商业银行提供了小微贷款的主要份额,表明即使在为中小微企业提供融资上,六大商业银行也是主力,这也是我国银行业中主要国有商业银行垄断地位在小微企业融资上的表现;第三,六大商业银行由于其规模远超其他类型银行,导致其小微企业贷款总额较高,但对于小微企业贷款占总贷款余额比例来说,农村商业银行、城市商业银行占有绝对优势。不同类型银行小微贷款情况如表 8-1 所示。

表 8-1 不同类型银行小微贷款情况(2018 年)　　　　单位:亿元

项目	六大商业银行(中农工建交邮)	股份制商业银行	城市商业银行	农村商业银行	外资银行	民营银行
小微企业贷款余额(占比)	8.0万(23.8%)	4.6万(13.6%)	6.3万(18.7%)	7.0万(20.8%)		
小微企业贷款余额占全部贷款比例	13.5%	17.8%	42.1%	51.5%	19.6%	22.9%
网均贷款余额	0.7	3.2	3.8	1.2	2.6	46

参考资料:史建平.中小微企业金融服务发展报告(2019)[M].北京:中国金融出版社,2020:47.

三、中小企业商业银行贷款难分析

中小企业商业银行信贷融资难可以从信息不对称、规模不经济、发展不确定三个方面进行分析。从总体上来说,在商业银行的中小微企业贷款业务中,银行授信的人力与资金成本都较高,但收益却很低,商业银行没有动力从事中小微企业的信贷业务。因此,要改善中小微企业的银行信贷资金获取困难的问题,其思路无非就是从改善商业银行中小微企业授信的收益成本结构入手,提高收益,降低成本。

对于提高收益来说,核心就是提高商业银行中小微企业信贷的利率水平,为中小微企业授信的高风险提供足够的风险贴水,覆盖中小微企业信贷高风险。中国作为发展中国家,传统上是一个金融抑制的国家,存贷款的利率都受到非常严格的限制。但随着金融市场化的进程,利率市场化的改革,贷款利率上限也逐渐提高,通过提高利率进行风险补偿的方法也有了更大的操作空间。但是这种方式也存在一定的限制。

首先,最高人民法院《关于审理民间借贷案件适用法律若干问题的规定》第二十六条规定:"出借人请求借款人按照合同约定利率支付利息的,人民法院应予支持,但是双方约定的

---

① 参考资料:史建平.中小微企业金融服务发展报告(2019)[M].北京:中国金融出版社,2020.

利率超过合同成立时一年期贷款市场报价利率四倍的除外。前款所称'一年期贷款市场报价利率',是指中国人民银行授权全国银行间同业拆借中心自2019年8月20日起每月发布的一年期贷款市场报价利率。"这意味着通过高利率进行风险补贴的方式会受到一定的限制。

其次,中小微企业融资难、融资贵的问题一直受到全社会的关注,提高利率的方式固然可以激励银行更多地向中小微企业发放信贷,但也变相提高了企业的融资成本,进而影响企业的长期可持续发展,违背了通过信贷支持中小微企业发展的初衷。

拓展阅读 8-1:信贷配给的理论解释

最后,提高利率的方式在信息不对称的情况下,可能会受到逆向选择问题的困扰,即选择通过高利率从银行贷款的客户都是高风险客户,低风险的优质客户退出市场,从而提高了银行的信贷风险。即使在金融市场化较高的发达国家,银行等金融机构也很少一味地通过提高利率的方式来解决问题,而是将贷款利率限制在一定范围内,实行信贷配给。

解决商业银行中小微企业信贷激励问题的核心应该放在如何降低银行授信的成本上。这些措施和做法主要包含了创新业务模式、利用最新技术手段降低信息不对称程度等多个方面。

四、促进商业银行中小企业信贷的外部因素

从外部因素的角度看,还应该从银行业的竞争与市场结构以及国家政策方面为商业银行的中小微企业授信提供良好的外部环境。

(一)银行业的竞争与市场结构

1. 银行业竞争

理论界对于银行业的竞争是否有利于企业融资持有两种不同的观点,即市场势力假说和信息假说。

市场势力假说又称市场力量假说,其认为银行业竞争有利于缓解中小企业的融资约束,因为银行业竞争能够增加银行资金配置效率,减轻银行约束、降低融资成本、增加信贷可获得性,促使银行加大业务创新,这在某种程度上会扩大企业的信贷可获得性。银行业垄断则会导致贷款供给不足和较高的贷款利率,从而不利于资本积累和经济增长。此外,在竞争的环境下,银行为了扩大业务也会更有意愿借款给风险较大的中小企业客户,从而使更多的中小企业获得银行的贷款。

信息假说认为银行业竞争不利于缓解中小企业的融资约束,因为信息不对称和委托-代理问题的存在,具有较强市场垄断势力的银行更容易与借款者形成长期银企关系,有更多的契约工具对借款者进行甄别并降低其道德风险,从而可能使更多的投资项目得到银行贷款;而竞争性的银行业市场结构则会阻碍这种长期银企关系的形成并造成借贷决策的低效。银行业竞争程度的加剧使银行更难将建立信贷关系的投入成本进行内部化,尤其是对于那些信息比较模糊的客户,这样就会减少企业的信贷可获得性。

2. 银行业市场结构

与大银行相比,中小银行在向中小企业发放贷款方面更有优势。其原因在于:从银行的角度来看,较多的层级使"软信息"在大银行中很难得到有效传递,进而使大银行更多地依赖"硬信息"进行决策;相较而言,中小银行层级少,"软信息"能够在中小银行内部有效传递,且中小银行多为地方性金融机构,能够在和中小企业的长期合作中获取较多的软信息。所谓"硬信息"是那些容易被观察或验证的信息,比如财务报表信息、抵押资产价值等;而"软信息"是指那些不能被除信息生产者以外的其他任何人直接验证的信息,比如企业主的个人品

德、员工的工作满意度等。从企业角度来看，中小企业资本实力弱、缺乏有效的抵押品、财务信息透明度低，主要依靠与银行长期合作所产生的各种"软信息"来弥补其在"硬信息"上的不足。

可以看到，中小银行与中小企业具有天然的匹配性。很多研究发现，那些规模较大的银行一般不愿意与小企业建立信贷关系；大银行通常不愿意向那些信息透明度低、财务记录不健全的企业发放贷款，且大银行与中小企业之间的距离一般比较远，交流也会比较少。

（二）国家政策

近年来，政府、人民银行和监管部门着力引导，采取了多项措施鼓励商业银行发展中小微企业授信业务，如表8-2所示。例如，将商业银行小微企业授信业务纳入对银行业金融机构的考核，下调符合条件的小微企业贷款的风险权重。国务院及有关职能部门、中央银行、银保监会（已撤销）陆续出台的政策，涉及小微企业授信的管理框架、制度流程、组织架构、定价等方面，对小微企业授信业务发挥了很大的推动作用。从商业银行的角度来看，这些政策不仅是商业银行开展小微企业授信业务的合规要求，而且对小微企业授信业务成本、收益、风险具有很强的影响力。

表8-2 促进中小微企业商业银行融资的相关文件

发文时间	发文单位	文件名称
2020年6月	中国银保监会	《商业银行小微企业金融服务监管评价办法（试行）》
2020年5月	中国人民银行、中国银保监会等	《关于进一步强化中小微企业金融服务的指导意见》（银发〔2020〕120号）
2019年9月	国家发展和改革委员会、中国银保监会	《关于深入开展"信易贷"支持中小微企业融资的通知》（发改财金〔2019〕1491号）
2019年1月	国务院办公厅	《关于有效发挥政府性融资担保基金作用切实支持小微企业和"三农"发展的指导意见》（国办发〔2019〕6号）
2018年6月	中国人民银行、中国银保监会等	《关于进一步深化小微企业金融服务的意见》（银发〔2018〕162号）
2014年10月	国务院	《关于扶持小型微型企业健康发展的意见》（国发〔2014〕52号）
2013年8月	国务院办公厅	《关于金融支持小微企业发展的实施意见》（国办发〔2013〕87号）
2012年4月	国务院	《关于进一步支持小型微型企业健康发展的意见》（国发〔2012〕14号）

第二节 商业银行中小企业信贷的创新模式

一、信贷工厂模式

（一）基本原理

传统的银行业务分为客户导向营销、精细风险管理的公司业务，以及产品导向、批量风险管理的个人业务。中小企业处于二者的交叉区域。信贷工厂理论认为,商业银行不愿意贷款给中小企业的重要原因是无法在成本和风险之间找到平衡的业务模式。例如,如果采用公司业务模式做中小企业业务,精细化风险管理会使中小企业贷款的不良率处于较低的水平,但客户量很难扩大,单个客户的营销成本居高不下,收益难以覆盖成本,不可持续。如果采用个人业务模式做中小企业业务,即靠产品主打,批量化做客户,短期内可以迅速扩大客户数量,占领市场份额,但同时伴随而来的是风险管理难以跟上,产生较高的不良率等问题。因此,中小企业的授信需要结合两种模式,寻找中间模式。

信贷工厂模式嫁接公司业务的客户导向营销模式和个人业务的批量风险管理模式,在业务流程上实行客户经理负责与信贷工厂流水线作业相结合的方式,每一个部门都负责各自专业分工的环节,从而加强对整个流程的风险及品质控制。具体来说,信贷工厂模式要求商业银行针对中小企业的经营特征和融资需求,设计标准化特色产品,以工序细分、专业化分工为重点,搭建独立运作平台,实现从前期接触客户到贷前调查、授信审查、审批,再到贷款的发放、贷后管理、客户维护、贷款回收、不良贷款处置等环节,均采用流水线作业,标准化管理,在此基础上配以有别于传统模式的管理政策、评价指标和特色产品。

(二) 概念与特征

1. 概念

信贷工厂(credit factory)模式起源于新加坡淡马锡控股公司(Temasek Holding)研发的一种标准化的、以工厂流水线形式进行的、针对中小微企业的贷款发放形式。淡马锡控股的子公司富登金融控股有限公司(Fullerton Financial Holding)通过旗下的子公司不断实践和完善了这种方式,实现了信贷工厂模式在新加坡的成功运用,并在世界范围内输出。信贷工厂模式在马来西亚、印尼、印度都有成功的运作经验。我国中国银行、建设银行、民生银行引入淡马锡控股公司作为战略投资者开始信贷工厂模式在中国的实践。

信贷工厂模式又称淡马锡模式,是指银行进行中小企业授信业务管理时,设计标准化产品,对不同产品的信贷作业过程就好像工厂的"流水线",从前期接触客户开始,到授信的调查、审查、审批,贷款的发放,贷后维护、管理以及贷款的回收等工作,均采取流水线作业、标准化管理。

案例阅读8-2:中银信贷工厂

2. 特征与作用

信贷工厂模式具有"六化"的特点:产品标准化、作业流程化、生产批量化、队伍专业化、管理集约化、风险分散化。

由此做到在既定的风险容忍水平内,提高效率,扩大规模,降低成本,既满足了中小企业客户信贷融资的"短、小、频、急"的需求,又能使银行实现中小企业业务的战略发展目标。

3. 与传统信贷模式的比较

信贷工厂模式与传统信贷融资模式的比较如表8-3所示。

表8-3 信贷工厂模式与传统信贷融资模式比较

项目	传统信贷融资模式	信贷工厂模式
优点	基于资产负债表进行评级授信,易于操作 基于担保放贷,有第二还款源和风险补偿 客户准入严格,优中选优	基于企业实际信用状况评估授信,关注第一还款源 对企业信息掌握全面,便于贷后管理和控制 无需担保,放贷门槛低,提高银行盈利 促进小微企业信用增级,建立与银行长期合作关系

(续表)

项目	传统信贷融资模式	信贷工厂模式
缺点	将有价值的贷款客户拒之门外 对第一还款源考察不严,易违约 获利少,风险高	信息获取量大,信息获取成本高 依赖于良好的信用环境,以及特征单一的小微企业 需要政府支持 金融创新的风险

(三)批量授信模式

党中央、国务院高度重视普惠金融服务,2017年中国银监会(已撤销)等部门联合下发了《大中型商业银行设立普惠金融事业部实施方案》(银监发〔2017〕25号),要求银行业金融机构建立健全普惠金融服务体制机制,大力发展普惠金融,提高普惠金融服务能力。面对普惠金融主体——小微企业小而分散、面广量大的特征,商业银行创造了批量经营模式。

批量授信业务模式或小微企业批量授信业务模式就是借助IT系统与数据处理,实现小微企业授信的快速受理、快速与批量审批、快速与批量全面流程管理的业务。批量授信模式将传统的针对单一客户的非标准化授信,转变为基于行业分类、企业经营共性特征的标准化批量模板授信模式。

批量授信模式通过行业归类和企业经营周期、实际运营状况分析,归纳总结形成多种具备不同行业特征的授信模板,由开发单一客户升级为开发共性客群。同时,利用标准化的授信模板进行企业资质审核,排除了以往传统授信审查过程中的不确定性,综合提高了授信审查速度和审批效率。

案例阅读8-3:商业银行的批量授信模式

在实务中,具体的实现形式包括信贷工厂模式,基于产业集群、商圈、协会等的批量授信模式,以及供应链融资模式等。

二、信贷员模式

(一)信贷员模式的概念

国际项目咨询公司(International Project Consulting,IPC)是德国一家专门为以微小企业贷款业务为主的银行提供一体化咨询服务的公司,该公司在小企业贷款技术上形成了一套特色鲜明、行之有效的办法,这被称为信贷员模式。

信贷员模式是以调查第一还款源为目的,以线下实地调查客户经营数据、交叉检验数据的真实性、三表的财务分析为风险把控核心,以贷款审核委员会决策模式进行发放的信贷模式。其主要针对中小微企业。

(二)信贷员模式的特征

信贷员模式有以下特征:

1. 以缺乏信息的小微企业为主要授信对象

信贷员模式针对的企业或客户类型为无规范化财务管理制度,甚至无银行流水、无信用记录等关键信息的客户,获取信息的方式强调信贷员的实地调研,通过各种渠道获取企业各种"软硬信息"。

2. 注重信贷员的核心作用

信贷员的核心作用体现在:

第一,信贷员的实地调研是客户信息的主要来源。注重客户经理个人通过眼见为实、客户交流以及逐步还原的方式,重塑客户真实情况,印证客户的还款能力。

客户信息主要包括基本信息、经营信息、财务信息、还款意愿的信息,如征信。除此之外,信贷员跟客户聊天的时候,可以看出客户本人的品质;信贷员跟客户的生意伙伴和员工聊天,也可以从中获取客户的诚信与商誉的相关信息。信贷员收集完信息之后通过报表来还原,加工数据最终得到调查报告。

第二,全流程参与信贷过程。信贷员需要参与从受理客户申请,到信用审核、实地征信、风险评估,再到撮合借贷、款项回收、逾期催缴等全流程服务。在该模式下,信贷员既做业务又看风险,提供全方位一条龙的服务,对人员素质要求较高。因此,信贷员模式对人员培训也有极高要求,设立的专职培训师岗位专门针对入职新员工进行实操培训及培训评价,并设置 20% 的退出比例。

3. 信贷员模式的技术核心是"交叉验证"

信贷员模式的交叉验证技术体现为信贷员通过客户口述信息、主要合同信息、银行流水信息、进销存单据核实信息、现场盘点库存及样品信息等信息中的 2～3 种信息相结合,来判断借款人的营业额、毛利及净利润数据。还可体现为信贷员通过多年经营累计的利润(所有者权益),同借款人所拥有的家庭资产、企业资产的情况相验证。

通过交叉验证技术实现"报表纠正""报表加工"或"报表还原",依赖经过培训的信贷人员的调查,将小微企业不准确的报表调整为较为准确的报表。然后对调整后的报表进行分类评级的财务分析及数据判断,以确定风险级别,由贷款审核委员会对贷款进行审批。这主要包括考察借款人偿还贷款的能力、衡量借款人偿还贷款的意愿以及内部操作风险的控制。

4. 强调"第一还款来源",注重对客户还款能力与还款意愿的综合评估

一般来说,第一还款来源是借款人生产经营活动或其他活动产生的直接用于归还借款的现金流量的总称,是借款人的预期偿债能力。因此,现金流分析是第一还款来源分析的核心,其通过预判贷款期间的现金流情况来判断客户是否有足够的还款能力。第一还款来源既可能是借款人经营活动产生的现金流,也可能是借款人投资活动或筹资活动产生的现金流,关键点包括未来收入状况、资产规模及结构和再融资能力,归根结底取决于借款人的经营能力。

对企业经营能力的分析是一项专门的分析技术,对于借款人第一还款来源的分析,主要侧重于以下几个方面:财务分析(企业经营的起点,历史经营能力的体现)、经营者能力与企业经营能力(包含企业融资能力)、外部因素(宏观经济、政治、行业等)。

银行对于客户的传统评估方式是基于第二还款来源,指借款人无法偿还贷款时,融资人通过处理贷款担保,即处置抵押物、质押物或者对担保人进行追索所得到的款项。

除了对小微企业还款能力的评估,IPC 技术还注重对还款意愿的评估。还款意愿分析的重点则是企业经营者的道德品质,分析的内容包括个人声誉、信用历史、贷款申请总体情况、客户所处社会环境等。

(三) 实施效果

信贷员模式为商业银行拓展了客户,实现了长尾效应,使小微企业信贷成为可能。

在 IPC 技术引入之前,无论是国际上的银行金融机构,还是国内的银行,都是基于对抵押物的评估来判断借款人是否具备可贷的能力。在国内,2007 年 IPC 技术引入之前,金融机构基本只发放抵押贷款,而且热衷于发放金额较大(千万元以上)的贷款。小微企业往往因为缺少抵押物,所以失去了向银行等正规金融机构融资的手段。金融机构做惯了笔均几

千万元的大业务,不愿意去做笔均只有十多万元的小业务;此外金融机构不知道没有了抵押物如何去贷前评估客户的贷后风险。IPC技术的引进给国内银行打开了一扇向小微客群提供融资服务的门。

2007年至2010年,IPC技术开始引入国内,经过试点推广得到了广大金融机构的认同。由于IPC技术不是基于抵押物来判断借款人是否具备可贷的能力,客户可以认可更高的利率结构,一般的IPC贷款都会定到年化10%～15%,扣除融资成本、运营成本和不良后,利润很高。小微企业是更为广泛的客户群体,本身的成长性也很高。个别成长型的企业,从小微企业成长到了中小企业甚至更大的企业,规模增大后更需要银行的服务和信贷的支持,从而形成持续而牢固的合作关系,成为银行最青睐的优质客户。小微客户贷款成为银行等金融机构新的业务增长点和利润"蓝海"。

三、商业银行互联网贷款

(一)传统商业银行的互联网贷款

1. 概念

银行网络贷款或银行互联网贷款是银行通过各自的网络渠道为个人或企业客户办理贷款业务的一种新方法。2020年7月公布并实施的《商业银行互联网贷款管理暂行办法》(2021年修订)将商业银行互联网贷款界定为:"商业银行运用互联网和移动通信等信息通信技术,基于风险数据和风险模型进行交叉验证和风险管理,线上自动受理贷款申请及开展风险评估,并完成授信审批、合同签订、贷款支付、贷后管理等核心业务环节操作,为符合条件的借款人提供的用于消费、日常生产经营周转等的个人贷款和流动资金贷款。"

案例阅读8-4:建行的"e贷款"系列产品

2. 对象

不管是在实际操作中,还是基于银行互联网贷款实践制定的各种规章制度,都将银行互联网贷款界定为服务于个人或中小微企业的贷款品种,主要着眼于中小企业、小微网商的融资需求。

3. 用途与原则

《商业银行互联网贷款管理暂行办法》明确规定,商业银行互联网贷款主要用于消费、日常生产经营周转等的个人贷款和流动资金贷款。

商业银行应当与借款人约定明确、合法的贷款用途。贷款资金不得用于以下事项:购房及偿还住房抵押贷款;股票、债券、期货、金融衍生产品和资产管理产品等投资;固定资产、股本权益性投资;法律法规禁止的其他用途。

互联网贷款应当遵循小额、短期、高效和风险可控的原则。

4. 额度

单户用于消费的个人信用贷款授信额度应当不超过人民币20万元,到期一次性还本的,授信期限不超过1年。

商业银行应根据自身风险管理能力,按照互联网贷款的区域、行业、品种等,确定单户用于生产经营的个人贷款和流动资金贷款授信额度上限。

5. 优点

相较于传统的银行贷款,网络贷款突破了地域限制,方便快捷,门槛更低,在信息获取、信用评价和风险控制模式等多方面进行了创新。我国多家商业银行纷纷进入网络贷款市场,利用便捷的网络渠道和有价值的网络信息,推出低成本、个性化、高效率的线上信贷服务,满足小微企业的信贷融资需求。

6. 商业银行互联网贷款的模式

目前银行开展的网络贷款服务,多数业务集中于中小微企业融资,如招商银行、建设银行、中国工商银行、民生银行、浦发银行等,主要以电子商务平台合作方式为主。国内中资银行的互联网贷款主要以三种形式开展。商业银行互联网贷款模式如表 8-4 所示。

表 8-4 商业银行互联网贷款模式

模式	典型银行	业务特点
网银分页面	中国工商银行、招商银行、浦发银行、民生银行	注册用户直接在网上银行页面申请
网络贷款专属平台	交通银行	注册后,用户可进行在线预评估,提交贷款
与第三方平台合作	建设银行	借助电子商务平台企业资源,提供局域范围内融资

参考资料:邱立军,胡茵.商业银行信贷实务[M].北京:化学工业出版社,2018:239.

(1) 依托网银渠道。以网银用户为基础的网络贷款服务主要针对本行的业务群体。中国银行的"理想之家"、中国工商银行的"网络金融"、兴业银行的"个人自助质押贷款"等都是采用该种模式。

(2) 建立网络贷款专属平台。网络贷款专属平台与直接页面申请两种业务模式较为近似,主要依托在线提交信息后,进入常规传统贷款流程。采用该模式最典型的是交通银行的"e 贷在线"。"e 贷在线"是交通银行专为个人用户及各类合作中介设计开发的综合性贷款服务申请平台。

(3) 与第三方电子商务平台合作。与第三方电子商务平台合作是借助电子商务平台的现有资源及诚信控制机制,为中小微企业提供融资,典型如建行的"e 贷款"系列,与阿里巴巴等平台合作展开。

(二) 互联网银行

1. 背景

改革开放以来,我国银行业改革发展取得了巨大成绩,已基本建立起层次多样、功能互补、竞争发展的银行业服务体系,基本能够适应我国经济社会发展的总体需求。随着我国产业结构调整和经济转型升级的深入推进,中小微企业融资难、融资贵问题日益突出。为有效解决这一问题,银行业改革的重点从对银行进行股份制改造转变为更加重视提高金融普惠度、有效支持中小微企业和创新创业的机制构建。同时,通过促进民营银行发展,进一步优化银行业结构,激发金融市场活力,提升微观金融效率和服务水平。

2013 年 11 月,党的十八届三中全会通过的《中共中央关于全面深化改革若干重大问题的决定》提出,"在加强监管前提下,允许具备条件的民间资本依法发起设立中小型银行等金融机构"。2015 年,中国银监会(已撤销)颁布了《关于促进民营银行发展的指导意见》。2015 年,首批 5 家试点民营银行营业,即深圳前海微众银行、上海华瑞银行、天津金城银行、温州民商银行、浙江网商银行,其中深圳前海微众银行、浙江网商银行定位为互联网银行。

2. 概念

互联网银行(internet bank)是指借助现代数字通信、互联网、移动通信及物联网技术,通过云计算、大数据等方式在线实现为客户提供存款、贷款、支付、结算、汇转、电子票证、电子信用、账户管理、货币互换、P2P金融、投资理财、金融信息等全方位无缝、快捷、安全和高效的互联网金融服务机构。

3. 定位

在"市场定位"方面:开展存、贷、汇等基本业务,为实体经济特别是中小微企业、"三农"和社区,以及大众创业、万众创新提供更有针对性、更加便利的金融服务。

在"技术运用"方面:从现有的微众银行与网商银行的情况看,互联网银行没有线下物理经营网点,依托社交与电商等互联网数据,利用大数据、云计算、移动互联等新一代信息技术,开展产品、服务、管理和技术创新,为个人与小微企业提供普惠金融服务,为银行业持续发展、创新发展注入新动力。

四、投贷联动模式

(一) 概念

投贷联动是响应国务院"大众创业、万众创新"的号召,针对科技创新型中小微企业信贷风险与收益不对称的矛盾,实行信贷投放与股权投资相结合的一种融资方式。

根据《关于支持银行业金融机构加大创新力度 开展科创企业投贷联动试点的指导意见》(银监发〔2016〕14号),投贷联动是指银行业金融机构以"信贷投放"与本集团设立的具有投资功能的子公司"股权投资"相结合的方式,通过相关制度安排,由投资收益抵补信贷风险,实现科创企业信贷风险和收益的匹配,为科创企业提供持续资金支持的融资模式。

案例阅读 8-5:美国硅谷银行的投贷联动模式

(二) 作用

《关于支持银行业金融机构加大创新力度 开展科创企业投贷联动试点的指导意见》(银监发〔2016〕14号)指出,通过开展投贷联动,推动银行业金融机构基于科创企业成长周期前移金融服务,为种子期、初创期、成长期的科创企业提供资金支持,有效增加科创企业金融供给总量,优化金融供给结构,探索推动银行业金融机构业务创新发展。

具体作用包括以下两个方面:

(1) 满足科技创新创业型中小企业的融资需求。在中国经济面临结构升级、新旧动能转换的背景下,大量科技创新创业型中小企业蓬勃兴起,融资需求旺盛。但由于初创期科技创新创业型企业往往具有轻资产、高风险的特征,缺乏抵押资产,较难获得银行贷款。而投贷联动的推进有助于放松银行的风险容忍度,提升银行参与初创期科技创新创业企业融资的热情,不仅可以通过股权融资满足科技型中小微企业发展需要的长期资金,而且通过贷款解决了日常营运资金的缺口,可以缓解初创型企业的融资压力。

(2) 资金供给端银行的转型发展。利率市场化改革的推进使商业银行的传统信贷业务盈利空间被逐渐压缩,商业银行有转型发展和谋求更高投资收益的内生动力。受《中华人民共和国商业银行法》第四十三条"商业银行在中华人民共和国境内不得从事信托投资和证券经营业务,不得向非自用不动产投资或者向非银行金融机构和企业投资,但国家另有规定的除外"的规定限制,商业银行自有资金不能直接进行股权投资,但投贷联动为商业银行涉足股权投资提供了可能,有助于推动银行业向混业经营、全能型银行转变,丰富收入来源,获取更多的综合收益。

(三) 模式

投贷联动是指"信贷投放"与"股权投资"相结合的一种融资方式,信贷投放主要由商业银行来完成,股权投资的主体则根据不同的投贷联动运作模式会有不同,外部投贷联动的投资主体为外部风险投资机构(VC/PE),内部投贷联动的投资主体是商业银行集团内部具备投资资格的子公司、产业投资基金等。

(1)"银行+子公司"模式。商业银行在境外设立股权投资机构后,向其推荐优质客户开展股权投资,根据客户不同发展阶段提供相应贷款和其他服务产品支持,提升银行的综合化金融服务水平。在这种模式下,由于子公司属于银行集团内部机构,决策链条缩短,沟通成本降低,集团化综合经营优势明显。

(2)"银行+VC/PE"模式。银行根据自己的风险偏好,与部分股权投资机构签订战略合作协议,并跟踪和适度介入合作机构推荐的企业,建立与股权投资机构信息共享、风险共担机制,对于股权投资机构已投资进入的企业,给予一定比例的贷款及相关金融产品的支持,同时锁定被投资企业包括顾问服务、未来配套业务及资金结算等全面业务,实现股权与债权的结合。

在上述投贷联动的基础上,银行为了分享股权投资背景下债权介入带来的超额回报,与合作的风险投资机构建立一种选择权(期权),即在贷款协议签订时,约定可以把贷款作价转换为对应比例的股权期权,当融资企业通过 IPO、股权转让或者被并购等方式实现股权溢价后,可由风险投资机构抛售所持的这部分股权,将收益分给银行,从而实现收益共享和分成。通过这样的方式,银行一方面分享了企业的股权回报,另一方面通过与创投机构合作一定程度上缓释了风险。相比于银行,创投机构在对创业阶段企业的筛选上具有更强的专业能力,从而保证获得融资企业的质量。

第三节 中小企业银行信贷融资实务

一、贷款业务的基本流程

企业向银行贷款的基本操作流程包括:建立信贷关系、贷款的申请与调查、银行贷款的审查与审批、签订借款合同、贷款发放、贷后检查、贷款的收回与延期等环节(如图 8-1 所示)。需要说明的是,本部分论述的是企业到商业银行贷款的一般程序,对于不同类型的贷款产品或不同类型的借款人来说,在流程上都会略有不同。

图 8-1 企业向银行贷款的基本操作流程

(一)建立信贷关系

企业客户首次向银行申请贷款时,应先向银行申请建立信贷关系,填写建立信贷关系申请书,并提供相关资料。

银行接到企业客户提交的建立信贷关系申请书及有关资料后,会及时安排贷款调查人员对客户情况进行核实,对照银行贷款条件,判断企业是否具备建立信贷关系的条件。调查内容主要包括:

(1) 企业经营的合法性。企业是否具有法人资格所必需的有关条件。银行对具有法人资格的企业应检查营业执照批准的营业范围与实际经营范围是否相符。

(2) 企业经营的独立性。企业是否实行独立经济核算,单独计算盈亏,有独立的财务计划、会计报表。

(3) 企业及其生产的主要产品是否属于国家产业政策发展序列。

(4) 企业经营的效益性。企业会计决算是否准确、符合有关规定;财务成果的现状及趋势。

(5) 企业资金使用的合理性。企业流动资金、固定资金是否分口管理;流动资金占用水平及结构是否合理,有无被挤占、挪用。

(6) 新建扩建企业。企业用于扩大能力部分所需流动资金的30%是否已筹足。如暂时不足,是否已制订在短期内补足的计划。

信贷员对上述情况调查了解后,要写出书面报告,并签署是否建立信贷关系的意见,提交科(股)长、行长(主任)逐级审查批准。经行长(主任)同意与企业建立信贷关系后,银企双方应签订建立信贷关系契约。

按照信用等级评定办法,对已经建立信贷关系的客户进行信用等级评定,结果作为贷款决策的依据。然后,银行会按照授信审批制度,对客户的最高综合授信额度进行测算。测算结果作为银行授信额度限额内部掌握,以控制风险。在授信额度内,企业可根据需要向银行提出借款申请。

(二) 贷款的申请与调查

1. 贷款的申请

企业向银行贷款首先要向银行提出信贷业务申请,填写包括企业基本情况、生产经营情况、财务状况及相关主要会计科目说明,企业发展前景,申请借款金额、期限、用途,借款方式、还款来源及还款方式等为主要内容的借款申请书,并提供以下资料:①借款人及保证人的基本情况;②企业法人营业执照、法定代表人身份有效证明或法定代表人授权的委托书;③经会计或审计部门核准的上年度财务报告及申请借款前一期的财务报告;④原有不合理占用贷款的纠正情况;⑤抵押、质押物清单,有处分权人同意抵押、质押的证明及保证或者拟同意保证的有关证明文件;⑥银行认为需要提供的其他资料。此外,固定资产贷款在申请时,还要附可行性研究报告、技术改造方案或经批准的计划任务书、初步设计和总概算等。

2. 贷款的调查

银行贷款调查部门负责接受贷款申请,并对借款人基本经营情况及项目可行性进行初步调查。贷款调查部门根据借款人提供的资料,及时对借款的合理性、安全性、盈利性等情况进行调查认定,核实抵押物、质押物及保证人的情况,认定借款人的信用等级,并测算贷款风险度。

(三) 银行贷款的审查与审批

1. 贷款审查

贷款审查部门根据移交的资料,审查核准贷款调查部门提出的调查认定意见的准确性、完整性与合理性,复测贷款风险度,审核授信额度,并提出贷与不贷的建议。

2. 贷款审批

银行的审批包括以下阶段：

（1）立项。立项的主要工作是确认审查目的、选定主要考察事项、制订并开始实施审查计划。

（2）对借款人进行贷前调查和信用等级评估。贷前调查分析是银行贷款决策的基本组成部分，包括对企业信用、经营管理状况、发展战略等方面的调查以及对企业财务报表相关数据及其指标的验证分析。

（3）综合调查。综合调查是指银行对借款人的合法性、财务状况的真实性、借款用途等进行调查，了解借款人在本行业的相关数据，核实借款人提供的担保形式是否可靠，预测借款人按时还本付息的能力，以及判断是否发放该笔贷款。

（4）贷款审批。在贷款审查的基础上，在对有关抵押物进行合法有效的抵押登记后，一般由银行各级贷款审批委员会按照审贷分离、层级审批的原则进行审批。

（四）签订借款合同

银行同意贷款后，与借款人签订借款合同。在借款合同中约定借款种类、借款用途、金额、利率、期限、还款方式，借贷双方的权利、义务，违约责任和双方认为需要约定的其他事项。

办理登记与财产保险。抵押人或出质人按照合同依法向有关部门办理抵押物、质押物登记和财产保险，向银行贷款调查部门出具、移交合法的抵质押物所有权或使用权证书、抵质押物登记凭证、保险单等凭据。出质人在合同约定的期限内向贷款调查部门移交抵质押物。贷款调查部门在确认借款合同内容、印章、签名等无误后，登记借款合同登记簿，并将借款合同及有关凭据归档。

（五）贷款发放与支付

银行按照贷款合同约定的日期办理贷款的发放。借款人可以根据借款合同办理提款手续，按合同计划一次或多次提款。提款时，由借款人填写银行统一制定的提款凭证，然后到银行办理提款手续。银行贷款从提取之日起开始计息。借款人取得借款后，必须严格遵守借款合同，按合同约定的用途、方式使用贷款。

（六）贷后检查

贷款检查部门负责对贷款使用情况进行检查。在贷款发放15天内，银行会对贷款提取情况及有关生产经营情况、财务活动等进行监督和跟踪调查。

（七）贷款的收回与延期

贷款到期后，借款人应根据借款合同及时足额归还本息。通常银行会在短期贷款到期前一个星期、中长期贷款到期前一个月，向借款人发送还本付息通知单。借款人应及时筹备资金，在贷款到期前主动开出结算凭证，交银行办理还款手续。对于贷款到期前未主动归还的，银行可采取主动扣款的办法，从借款人存款账户中收回贷款本息。

借款人因客观原因未能归还的，应按照规定提前向银行申请展期，填写展期金额及展期日期，交银行审核办理。

二、企业信用调查与分析

（一）信用调查

1. 信用调查的定义与方式

银行的贷前调查（信用调查）是指银行信贷员或客户经理等调查人员对相关组织和个人

的信用进行搜集、分类、分析的工作。企业的信用调查既为银行的贷款决策提供了重要依据,又为其他投资者提供了重要的参考,而且有利于企业提供信誉,规范市场经济秩序。

信用调查包括对企业所提供的相关资料和记录进行验证、分析,更重要的是到被调查对象所在企业、地区、行业进行现场调查,以及对企业的利益相关者(包括客户、供货商、社区、消费者、银行、投资者)进行调查访谈。

2. 小微企业的信用调查

由于小微企业在固定资产、组织管理、销售模式、人力资源、财务会计等方面有着与大中型企业不同的特征,一般针对大中型企业的传统信用调查方式可能不适合用于小微企业。银行对小微企业的调查着重从经营现场调查、审查实际控制人、审核相关资料三个方面入手,这样才能客观反映小微企业的真实情况。

(1) 经营现场调查。客户经理亲自到现场进行调查,近距离观察企业的生产经营状况,判断企业生产是否正常,管理是否规范,发展是否可持续。现场调查还包括对产品进行考察,如产品的科技含量,是否有市场竞争力等。

(2) 审查实际控制人。小微企业多为家族式管理,对实际控制人的还款意愿和能力的调查有时更重要。调查包括:①实际控制人的基本情况,如学历、综合素质等方面;②与实际控制人面对面交谈,了解其创业经历、从业经历、管理经验与风格、贷款的目的等情况;③通过业界口碑,综合征信调查报告对实际控制人还款意愿进行综合判断。

(3) 审核相关资料。由于小微企业的财务管理制度不健全,无法通过财务报表有效地了解企业,因此银行要从多方面、多渠道了解企业,主要包括"三表"即水表、电表、纳税申报表等方面。

(二) 信用分析

企业信用分析是指银行在对企业的授信过程中,对企业生产经营活动、管理及控制水平、盈利及偿债能力、外部经营环境、总体风险等进行的分析与评价。信用分析就是对借款人偿债能力与偿债意愿的分析,目的并不只是向没有风险的借款人提供贷款,而是通过信用分析预测贷款可能遭受损失的程度,即评价借款人未来偿还贷款的意愿与能力,从而采取有效措施,防范和控制信用风险。

商业银行对借款人的信用分析,重点考察其偿债能力与意愿,判断贷款按期足额偿还的可能性。由于借款人所具有的道德水准、资本实力、经营水平、担保及环境条件等各不相同,不同借款人的偿债能力和贷款风险也不尽相同。

(1) "6C"原则。"6C",即品德(character)、能力(capacity)、资本(capital)、担保(collateral)、经营环境(condition)、事业的连续性(continuity)。

(2) "5W"。who,即借款人是谁,银行着重要求了解借款人(包括企业和个人)本身情况如何,包括了解借款人的信用状况、还款能力、企业经营状况(或个人财富状况等);why,即借款人为何要借款,银行要求弄清借款人借款的用途和目的;what,即借款人以何物作为抵押;when,即借款人何时能归还所借款项,银行要求确定放款期限的长短;where,即借款人如何归还借款,银行要求了解借款人是一次性偿还,还是分期偿还借款。

(3) "5P"。借款户(people),责任感、经营成效、与银行往来的情形;资金用途(purpose),资金启用计划是否合法、合理、合情及合乎政策;还款来源(payment),还款来源是确保授信债权本利回收的前提条件,分析借款人偿还授信的资金来源,是银行评估信用的核心;债权保证(protection),包括内部保证和外部保证,前者指银行与借款人之间的直接关系,后者指由第三者以保证书形式对银行承担借款人的信用责任;授信展望(perspective),指对借款人行业的前途及借款人本身将来的发展及风险与利益的衡量作出分析与决定。

(三) 信用等级评估

各银行对企业信用等级评定结果所用符号有所不同,一般来讲,借款企业信用等级分为三等九级,即 AAA 级、AA 级、A 级、BBB 级、BB 级、B 级、CCC 级、CC 级、C 级。其具体含义如下:

AAA 级:短期债务的支付能力与长期债务的偿还能力具有最大保障;企业经营处于良性循环状态,不确定因素对经营和发展的影响最小。

AA 级:短期债务的支付能力和长期债务的偿还能力很强;企业经营处于良性循环状态,不确定因素对经营与发展的影响很小。

A 级:短期债务的支付能力和长期债务的偿还能力较强;企业经营处于良性循环状态,未来经营与发展易受企业内外部不确定性因素的影响,盈利能力与偿债能力会产生波动。

BBB 级:短期债务的支付能力和长期债务的偿还能力一般,目前对本息的保障尚属适当;企业经营处于良性循环状态,未来经营与发展受企业内外部不确定性因素的影响,盈利能力与偿债能力会有较大的波动,约定的条件可能不足以保障本息的安全。

BB 级:短期债务的支付能力和长期债务的偿还能力较弱;企业经营与发展状况不佳,支付能力不稳定,有一定风险。

B 级:短期债务的支付能力和长期债务的偿还能力较差;受内外部不确定因素的影响,企业经营较困难,支付能力具有较大的不确定性,风险较大。

CCC 级:短期债务的支付能力和长期债务的偿还能力很差;受内外部不确定性因素的影响,企业经营困难,支付能力很差,风险很大。

CC 级:短期债务的支付能力和长期债务的偿还能力严重不足;企业经营状况差,促使企业经营与发展走向良性循环状态的内外部因素很少,风险极大。

C 级:短期债务的支付能力和长期债务的偿还能力极差;企业经营状况一直不好,基本处于恶性循环状态,促使企业经营及发展走向良性循环的内外部因素极少,企业濒临破产。

每一个信用等级可用"+""-"符号进行微调,表示略高或略低于本等级,但不包括 AAA+。

三、贷款还款方式

(一) 一次性还本付息

到期一次性支付所有贷款本息,利随本清,一般以单利计息,多适用于短期贷款。其计算公式为:

$$本息和 = 本金 + 本金 \times 利率 \times 期限$$

(二) 等额本金还款法

等额本金还款法又称等本不等息还款法,是指贷款人将本金分摊到每期内,同时付清上一交易日至本次还款日之间的利息。这种还款方式相对于等额本息而言,总的利息支出较低,但前期支付的本金和利息较多,还款负担逐期递减。

等额本金还款法的计算公式为：

每季度还款额＝贷款本金/贷款期季度数＋(本金－已归还本金累计额)×季度利率

[例 8-1]：以贷款 20 万元，年利率为 5.58%，贷款期 10 年为例，用等额本金还款法计算每季度偿还的本金与利息。

每季度偿还的本金：200 000/(10×4)＝5 000(元)
第一个季度利息：200 000×(5.58%/4)＝2 790(元)
第一个季度还款额：5 000＋2 790＝7 790(元)
第二个季度利息：(200 000－5 000×1)×(5.58%/4)＝2 720.25(元)
第二个季度还款额：5 000＋2 720.25＝7 720.25(元)
……
第四十个季度利息：(200 000－5 000×39)×(5.58%/4)＝69.75(元)
第四十个季度还款额：5 000＋69.75＝5 069.75(元)

可见，随着本金的不断偿还，后期归还的本金利息逐渐减少，每季度的还款额也降低。

(三) 等额本息还款法

借款人每月按照相等的还款本息，在已知期初借款额、期数、利率的情况下，这就是一个资金回收问题，可参考以下公式进行计算：

$$A = P\frac{i\times(1+i)^n}{(1+i)^n-1}$$

其中，A 为年金，每期还款额，P 是本金，i 为利率，n 是期数。

可将上述公式简写为：$A=P(A/P,i,n)$，其中，$(A/P,i,n)$ 为资金回收系数。

关 键 概 念

信贷工厂模式；信贷员模式；银行网络贷款；投贷联动；企业信用调查与分析

本 章 小 结

1. 银行信贷按用途可分为流动资金贷款、固定资产贷款和专项贷款；按期限可分为短期贷款、中期贷款和长期贷款；按担保方式可分为信用贷款、担保贷款和票据贴现贷款。在中小微企业金融服务体系中，银行业金融机构是融资提供的主体；在银行业金融机构中，国有六大行的小微企业贷款超过股份制商业银行等其他银行类型；但从发放小微贷款余额占全部贷款余额的比例来说，农村商业银行、民营银行超过国有六大行。

2. 商业银行的中小企业信贷创新模式包括信贷工厂模式、信贷员模式、银行网络贷款以及投贷联动模式等。

3. 企业向银行贷款的基本操作流程包括：建立信贷关系、贷款的申请与调查、银行审批、签订借款合同、贷款发放、贷后检查、贷款的收回与延期等环节。

思考习题

1. 商业银行向中小微企业授信的难题在什么地方？解决的思路是什么？
2. 如何理解银行业的竞争与结构对中小微企业信贷融资的影响？
3. 简述商业银行创新中小企业信贷的主要模式有哪些。
4. 简述信贷员模式的技术特征。
5. 什么是商业银行的投贷联动模式？其主要的实现模式有哪些？

案例与实训

 案例分析

案例分析 8-1：泰隆银行"三品、三表、三三制"特色信贷技术

案例分析 8-1：泰隆银行"三品、三表、三三制"特色信贷技术

扫描二维码阅读案例资料，讨论以下问题：

（1）介绍泰隆银行的特色信贷技术是什么。

（2）联系教材所讲，分析泰隆银行的信贷技术与商业银行中小企业信贷创新模式之间有什么关系。

（3）讨论泰隆银行的特色信贷技术如何解决中小企业的融资难问题。

 实训练习

请自行到商业银行网站寻找资料或营业网点实地调研，调查不同银行的中小企业信贷产品，完成以下任务：

（1）完成调研报告，介绍该银行的中小企业信贷产品，分析该产品是否属于教材所讲的几种模式，讨论该产品如何解决中小企业的融资难。

（2）制作 PPT，并在课上展示自己的调研结果。

第九章
区域性股权市场与新三板

相关法律法规

《中华人民共和国中小企业促进法》

第十八条 国家健全多层次资本市场体系,多渠道推动股权融资,发展并规范债券市场,促进中小企业利用多种方式直接融资。

本章学习目标

◇ 了解产权交易、股权出让、增资扩股等股权融资方式的基本含义。
◇ 理解区域性股权市场的内涵与定位、中小企业进入区域性股权市场挂牌的好处,以及区域股权市场与新三板的关系;掌握区域性股权市场挂牌企业的融资工具。
◇ 理解新三板的内涵与定位,以及新三板挂牌的利弊;了解新三板挂牌的基本流程;掌握新三板挂牌企业的融资工具,能够根据企业实际选择合适的融资方式。

微课视频
9-1:思维导图

第一节 股权融资概述

一、产权交易融资

(一) 产权交易的概念

产权交易是企业财产所有者将其拥有的财产所有权或经营权进行有偿转让的一种经济活动。这可以是企业资产与资产的交换、股份与股份的交换,也可以是用货币购买企业资产或是用货币购买企业股份,还可以是几种形式的综合。按交易主体之间的组织形式,产权交易可划分为6种形式:兼并、承包、租赁、拍卖、股份转让、资产转让。产权转让更多是指实实在在的资产转让(不是股权的转让),如公司转让大型的机械设备、转让土地、转让一批存货等。

产权交易融资就是中小企业通过出让部分或全部产权,来获取收益和资金。通俗地说,产权交易融资就是把(出资人)个人产权和企业产权作为交易对象变成现金。

产权交易市场是为各类非上市企业进行产权交易、并购及融资等活动提供综合服务的

案例阅读 9-1：常老板的股权融资

（二）产权交易与中小企业融资

2002年全国人民代表大会常务委员会通过的《中华人民共和国中小企业促进法》首次提到了"产权交易"的概念。其第四十条规定："国家鼓励各类社会中介机构为中小企业提供创业辅导……产权交易……等服务。"产权交易成为帮助我国各类高新技术企业和民营中小企业破解发展过程中"融资难、融资贵"问题的重要途径。

相较于证券市场，产权交易市场能够为企业融资量身定制提供灵活多样的深度服务，更好地契合企业的自身优势和发展特点，同时交易佣金收费比率比证券市场更低，这对弥补我国证券市场现有的规模化、标准化、统一格式化证券发行及交易业务的不足，有效解决众多专业技术强、行业属性千差万别且短期内不具备上市条件的有限责任公司、股份公司的股权流转问题具有非常重要的意义。通过股权托管登记、股权质押融资、导入战略投资方、风险投资等方式获得所需发展资金，可以有效盘活高新技术企业和民营中小企业拥有的其他资产，如各类非上市股权资产、实物资产、知识产权、各类债权等，帮助广大企业特别是高新技术企业和民营中小企业通过资产处置或产权交易融资获得宝贵的发展资金。对于处于初创起步阶段，缺乏资产抵押、信用担保而难以获得银行资金的高新技术企业和民营中小企业具有重要意义。

（三）股权出让融资

股权出让融资是产权交易融资的一种类型，指的是中小企业出让企业部分股权，以筹集企业所需资金的行为。企业进行股权出让融资是引入新投资者的过程，将对企业的股权结构、管理权、发展战略、收益方式等方面产生重大影响。股权出让融资在我国已经成为中小企业重要的融资方式。

二、增资扩股

（一）定义

公司的一个最大的特点，就是其权利设计和制度安排是以资本为中心而展开的。公司设立后，可能会因经营业务发展的需要而增加公司的资本，也即俗称的"增资扩股"。增资扩股是指企业向社会募集股份、发行股票，新股东投资入股或原股东增加投资扩大股权，从而增加企业的资本金。对于有限责任公司来说，增资扩股一般指企业增加注册资本，增加的部分由新股东认购或由新股东与老股东共同认购。

增资扩股是企业常见的筹集资金方式，可以为企业注入新的资本，帮助企业渡过"低谷期"，充实后备资金，实现新发展。

增资扩股融资适合所有企业，如果是上市公司，增资扩股就是指面向全社会公开发行新股，包括向原股东配售股票（配股）和向社会公众发售股票（增发）。对于绝大多数非上市公司的中小微企业来说，同样可以通过增资扩股方式融资。

（二）增资扩股的方式

1. 原股东增资

《公司法》第二百二十七条规定，有限责任公司增加注册资本时，股东在同等条件下有权优先按照实缴的出资比例认缴出资。但是，全体股东约定不按照出资比例优先认缴出资的除外。股份有限公司为增加注册资本发行新股时，股东不享有优先认购权，公司章程另有规定或者股东会决议决定股东享有优先认购权的除外。

原股东增资时出资的形式依据《公司法》第四十八条的规定,股东可以用货币出资,也可以用实物、知识产权、土地使用权、股权、债权等可以用货币估价并可以依法转让的非货币财产作价出资;但是,法律、行政法规规定不得作为出资的财产除外。

2. 引入新股东

新股东投资入股后往往会导致公司原股东的股权遭到稀释,如公司有两位创始股东,分别持有70%和30%的股权,公司增资100万元,让出公司10%的股权,那么原股东的股权都要等比稀释为原先持有股权的90%(100%－10%),即融资后两位原股东的股权就分别变成了63%和27%,剩余10%是新股东的股权。

3. 未分配利润、法定公积金、任意公积金转增注册资本

公司在分配当年税后利润时,应当提取利润的10%列入法定公积金。法定公积金累计额达到公司注册资本的50%以上的,可以不再提取。公司从税后利润中提取法定公积金后,经股东会或者股东大会决议,还可以从税后利润中提取任意公积金。

《公司法》第二百一十四条规定,公司的公积金用于弥补公司的亏损、扩大公司生产经营或者转为增加公司注册资本。法定公积金转为增加注册资本时,所留存的该项公积金不得少于转增前公司注册资本的25%。《公司法》对于任意公积金转为资本则没有规定留存的比例。

(三) 优缺点

1. 优点

一方面,如果增资扩股的资金属于自有资本,不需要还本付息,即使分配红利,也需要根据企业经营状况来决定,基本上没有财务风险。另一方面,增资扩股的资金既可以是现金,也可以是实物,还可以是场地使用权、无形资产和专利权作价。非现金出资,往往会比单纯的筹集现金更能尽快形成生产经营能力,提高技术开发能力和管理水平,对企业的发展潜力影响更大。

2. 缺点

一方面,增资扩股的资金成本比较高;另一方面,增资扩股融资容易分散股权,甚至会因此丧失控股权。

(四) 意义

1. 筹集经营资金,扩大生产规模

对于绝大部分公司而言,在公司发展过程中需要不断扩大生产规模,这就需要不断筹集生产经营资金,也就是融资。增资扩股几乎可以无限期地使用。

2. 引进战略投资者

战略投资者不但可以给公司带来发展资金,还可能给公司带来先进的技术、产品、管理经验和购销网络等,从而在短时间内大幅提升公司的核心竞争力。一家公司在不同的发展阶段,需要引进不同的战略投资者,而增资扩股是引进战略投资者的两种主要手段之一(另外一种是股权转让)。

3. 调整股权结构和持股比例

企业发展过程中需要根据公司实际情况和外部形势,不断调整公司的股权结构和股东之间的持股比例,达到完善公司法人治理结构、增强公司核心竞争力的目的。增资扩股是公

司调整股权结构和股东持股比例的重要手段。

4. 提高公司信用,获得法定资质

增资扩股是通过扩大公司规模,进而提高公司信用的重要手段之一。

第二节 区域性股权市场

一、区域性股权市场概述

(一) 内涵与定位

区域性股权市场,俗称"四板市场",与新三板、券商柜台交易市场一起构成我国场外股权交易市场,是我国多层次资本市场的重要基础和组成部分。根据2017年中国证监会颁布的《区域性股权市场监督管理试行办法》,区域性股权市场是为其所在省级行政区域内中小微企业证券非公开发行、转让及相关活动提供设施与服务的场所。除区域性股权市场外,地方其他各类交易场所不得组织证券发行和转让活动。

区域性股权市场由区域性股权市场运营机构负责组织,并对市场参与者进行自律管理。各省、自治区、直辖市、计划单列市行政区域内设立的运营机构不得超过一家。区域性股权市场运营机构要立足本省级行政区域开展业务,不得跨省级行政区域经营,不得在省外设立分支机构。

区域性股权市场是主要服务于所在省级行政区域内中小微企业的私募股权市场,是多层次资本市场体系的重要组成部分,是地方人民政府扶持中小微企业政策措施的综合运用平台。其有助于打造区域金融服务中心,有助于整合、优化各类资源,使资源向有利于地方经济建设的方向合理集聚与配置。因此,地方政府对企业在区域股权市场挂牌都给予了一定的政策支持或财政补贴。

规范发展区域性股权市场是完善多层次资本市场体系的重要举措,有利于充分发挥区域性股权市场的功能作用,弥补现有场内市场的不足,有利于区域性股权市场与沪深交易所、新三板形成错位发展、有序衔接、功能互补的多层次资本市场体系。

其具体的功能定位包括:①小微企业培育和规范的园地;②小微企业的融资中心;③地方政府扶持小微企业各种政策和资金综合运用的平台;④资本市场中介服务功能的延伸。

(二) 区域性股权市场格局

根据2022年中国证监会公示的全国区域性股权市场运营机构备案名单,全国共建有区域性股权市场34家。区域股权交易中心(所)概况如表9-1所示。

表9-1 区域性股权交易中心(所)概况

序号	地区	区域性股权市场运营机构名称
1	北京	北京股权交易中心有限公司
2	天津	天津滨海柜台交易市场股份公司
3	河北	河北股权交易所股份有限公司

(续表)

序号	地区	区域性股权市场运营机构名称
4	山西	山西股权交易中心有限公司
5	内蒙古	内蒙古股权交易中心股份有限公司
6	辽宁	辽宁股权交易中心股份有限公司
7	吉林	吉林股权交易所股份有限公司
8	黑龙江	哈尔滨股权交易中心有限责任公司
9	上海	上海股权托管交易中心股份有限公司
10	江苏	江苏股权交易中心有限责任公司
11	浙江	浙江省股权交易中心有限公司
12	安徽	安徽省股权托管交易中心有限责任公司
13	福建	海峡股权交易中心(福建)有限公司
14	江西	江西联合股权交易中心股份有限公司
15	山东	齐鲁股权交易中心有限公司
16	河南	中原股权交易中心股份有限公司
17	湖北	武汉股权托管交易中心有限公司
18	湖南	湖南股权交易所有限公司
19	广东	广东股权交易中心股份有限公司
20	广西	广西北部湾股权交易所股份有限公司
21	海南	海南股权交易中心有限责任公司
22	重庆	重庆股份转让中心有限责任公司
23	四川	天府(四川)联合股权交易中心股份有限公司
24	贵州	贵州股权交易中心有限公司
25	陕西	陕西股权交易中心股份有限公司
26	甘肃	甘肃股权交易中心有限公司
27	青海	青海股权交易中心有限公司
28	宁夏	宁夏股权托管交易中心(有限公司)
29	新疆	新疆股权交易中心有限公司
30	大连	大连股权交易中心股份有限公司
31	宁波	宁波股权交易中心有限公司
32	厦门	厦门两岸股权交易中心有限公司
33	青岛	青岛蓝海股权交易中心有限责任公司
34	深圳	深圳前海股权交易中心有限公司

区域性股权市场不断发展,效率不断提高,为中小企业的融资开辟了新的空间。2018年区域性股权市场累计为企业实现各类融资9 063亿元,挂牌、展示企业数量超过10万家,助推800多家企业成功转入新三板、沪深股市等更高层次的资本市场[①]。

(三) 政策推进历程

区域性股权市场的蓬勃发展得益于不断完善的资本市场政策环境,我国区域性股权市场政策推进历程如表9-2所示。

表9-2 我国区域性股权市场政策推进历程

时间	机构	文件名称	内容
1998年3月	国务院办公厅	《国务院办公厅转发证监会关于清理整顿场外非法股票交易方案的通知》(国办发〔1998〕10号)	大量地方产权交易所被关闭,少部分经整改后,在遵循"不拆细、不连续、不标准化"规定的前提下得以存续
2011年11月、2012年7月	国务院、国务院办公厅	《关于清理整顿各类交易场所切实防范金融风险的决定》(国发〔2011〕38号)、《关于清理整顿各类交易场所的实施意见》(国发办〔2012〕37号)	再次对地方交易场所进行清理整顿
2012年8月	中国证监会	《关于规范证券公司参与区域性股权交易市场的指导意见(试行)》(中国证券监督管理委员会公告〔2012〕20号)	以省为单位,推进建设区域性股权交易市场
2013年8月	国务院办公厅	《关于金融支持小微企业发展的实施意见》(国办发〔2013〕87号)	将区域性股权市场纳入多层次资本市场体系
2014年5月	国务院	《关于进一步促进资本市场健康发展的若干意见》(国发〔2014〕17号)(新"国九条")	明确区域性股权市场纳入多层次资本市场体系,推动场内外、公私募的协调发展
2015年3月	国务院办公厅	《关于发展众创空间推进大众创新创业的指导意见》(国办发〔2015〕9号)	规范和发展服务小微企业的区域性股权市场
2015年3月	中共中央、国务院	《关于深化体制机制改革加快实施创新驱动发展战略的若干意见》(中发〔2015〕8号)	发展区域性股权市场,利用区域性股权市场,加快实施创新驱动发展战略
2017年7月	中国证监会	《区域性股权市场监督管理试行办法》	对区域性股权市场定位、证券发行与转让、账户管理与登记结算、中介服务、市场自律、监督管理等方面进行详细规定
2017年1月	国务院办公厅	《关于规范发展区域性股权市场的通知》(国办发〔2017〕11号)	区域性股权市场主要服务于所在省级行政区域内中小微企业的私募股权市场,是多层次资本市场体系的重要组成部分。由所在地省级人民政府按规定实施监管

---

① 参考资料:史建平.中国中小微企业金融服务发展报告(2019)[M].北京:中国金融出版社,2020:243.

(四) 市场参与主体

区域性股权市场的建设离不开地方政府及其金融主管部门、行业监管部门、企业、中介机构、投资者及其他利益相关者等市场主体的共同努力,他们之间既有服务关系,也有监管关系,是相互制约、相互促进的关系。区域性股权市场主体关系如图9-1所示。

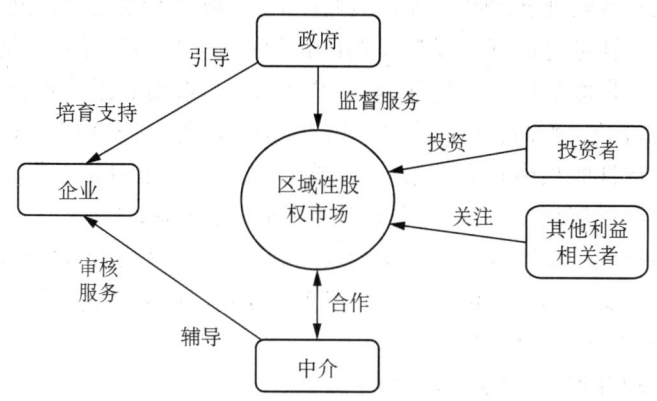

图 9-1 区域性股权市场主体关系

(五) 适合区域性股权市场挂牌的企业类型

适合区域性股权市场挂牌的企业如下:

(1) 有上市意愿,但暂不符合在主板、科创板、创业板、北交所、新三板上市或挂牌条件的,或虽符合条件但不愿等待,希望加快上市进度的企业。

(2) 已有一定的业务规模,但资金紧张制约业务规模的扩大,希望寻找合适投资者进行股权融资的企业。

(3) 具有创新业务模式,需要借助股权中心公开市场平台宣传的企业。

(4) 希望股份公开流通,获得市场定价,但不愿过多披露信息的企业。

(5) 希望借助资本市场力量寻求多方资源,扩大规模,做大做强,规范经营,为长远发展铺路的企业。

(六) 中小微企业进入区域性股权市场挂牌的好处

中小微企业进入区域性股权市场挂牌有以下好处:

第一,按照挂牌的要求企业需要完善自身的管理制度,建立更健全的公司治理机制与财务制度。

第二,挂牌的过程也是企业对外公布信息的过程,可以让外部投资者更详细地了解企业的状况,降低了信息不对称的程度。

第三,企业在区域性股权市场挂牌本身具有品牌效应,提升了企业形象,增强了企业的信誉和企业市场竞争力。

第四,为企业建立了外部融资体制,为挂牌企业直接融资开辟了新的渠道。

第五,为企业寻找战略合作者、增资扩股创造了机会。

第六,可以获得政府的奖励或补助。为鼓励当地企业积极到区域性股权市场进行挂牌融资,很多地方政府都对企业挂牌进行了奖励。

案例阅读9-2:无锡市惠山区对企业赴场外交易市场挂牌的扶持政策

二、区域性股权市场的主要业务

(一)股权登记托管

区域性股权市场的业务主要有以下4个方面:登记托管业务;非上市非公众公司的股份挂牌、转让交易业务、融资业务;理财产品、信托产品、金融产品的交易;并购重组业务等。

股权的登记托管业务是区域性股权市场的传统业务,登记托管业务是股权得以转让交易的基础性业务。所谓股权的登记托管,就是办理未上市股份有限公司、有限责任公司等企业股权的托管登记、挂失、查询、分红、质押、登记咨询等服务,以及债券、投资凭证、过渡性股权的托管业务。区域性股权中心作为第三方,能够客观公正地对未上市企业提供具有公示力和公信力的股东名册记载,可以弥补企业股东名册的管理缺位。

区域性股权市场既是投资者持有企业股权的确认者,也是投资者股权资产的保管者,还是股权流转交易以及交易达成后清算交收的组织者,从客观上创造了股权有序流动的基础条件,是企业股权挂牌交易的前提。

股权登记托管的客观需求包括以下两个方面:

一是非发起人股东、持有股份但离职的高管,需要套现的股东,以及看好公司发展前景或基于各种动机需要购买股权的投资者,都需要有序、合法、安全的流动途径。

二是非上市公司股权一般都在私下进行转让,政府部门难以监督,交易纠纷时有发生。特别是国有股权转让过程中,极易出现"暗箱操作",导致国有资产的流失,损害了国有股东和其他投资者的合法权益。

区域性股权市场股权登记托管的作用和意义如下:

第一,对于地方政府来说,区域性股权市场股权登记托管能够有效监管股权交易行为,规范股权管理,有利于加强对国有资产的管理,防止国有资产的流失;有利于构筑多层次资本市场,促进高成长性企业快速健康发展;有利于促进产业和金融资本融合。

第二,对于企业来说,区域性股权市场股权登记托管有利于企业规范运作,提高经营管理水平;有利于节省财务成本;有利于拓宽投融资渠道;有利于扩大企业知名度,为其股票公开发行上市创造条件。

第三,对于股东来说,股权托管机构为股东所持股份的有效权属证明,通过股权证明和查询股权信息,减少信息不对称;可以规范股权变更,防范欺诈行为;有效杜绝私下交易、黑市交易等不规范行为;增加股东股权的流动性,拓宽股东的融资渠道。

(二)股份挂牌转让及交易业务

1. 挂牌、挂牌展示和展示的相关概念辨析

自2013年5月30日前海股权交易中心正式运营,推出挂牌展示板以来,上海股权托管交易中心股份有限公司、山西股权交易中心有限公司、齐鲁股权交易中心有限公司、北京股权交易中心有限公司等区域股权市场先后开始借鉴。目前,对挂牌、挂牌展示和展示这三个概念,市场没有定论。

现在绝大多数的区域性股权市场都对内部进行了分层,少则2层,多则4层,由于挂牌条件本身很低,分层过后,最低层次的进入门槛几乎成了"零门槛"。一些区域性股权市场为吸引企业,只需要企业提供"合法存在"这一基本证明条件,不需要缴纳费用,更不需要中介、推荐商规范或督导,便可以入驻市场,并在其官网上挂上名字做宣传,这样的企业在一些地

区(如西北等地)的区域性股权市场也对外宣传成"挂牌"或"挂牌展示"。实际上,上述所谓的"挂牌"或"挂牌展示"或许称为会员企业"注册"更为合适和准确,也有区域性股权市场在市场中分出一个明确称谓为"展示板"层次的。

虽然对外都称为"挂牌展示",但是市场不同,准入要求的差距还是很大的,比如前海股权交易中心,"挂牌展示"的企业入驻的初始费用是10 000元;山西股权交易中心的挂牌展示不收取费用;上海股权托管交易中心的Q板(近乎挂牌展示)企业入驻的初始费用是10 000元,另外还需要中介机构推荐及督导费用,共计需要10万元。

天津滨海柜台交易市场股份有限公司、上海股权托管交易中心股份有限公司、齐鲁股权交易中心股份有限公司、重庆股份转让中心有限责任公司等老牌区域股权市场所称的"挂牌"含金量很高,几乎与新三板挂牌要求相当。例如,在上海股权托管交易中心E板挂牌的企业,其挂牌条件、程序、收费等情况和新三板几乎一样,要求企业的最低注册资本为500万元,挂牌费用为150万至200万元(包括交易中心收费、推荐机构、中介机构等各类费用)。由于地方政府的财政补贴冲减,费用会降低很多。

2. 挂牌交易的方式

区域性股权市场的股权交易一般采用定价申报与协议转让两种交易制度。投资者进行协议转让的,投资者之间就交易价格与数量达成一致后,由双方约定通过交易系统进行申报交易。定价申报转让是指投资者按照其指定的价格申报其指定数量股份的买卖指令,等待有交易意向的投资者点选成交。交易系统对投资者的交易指令不实行自动撮合,意向投资者需根据定价申报方的申报价格与数量输入确认指令成交。

一般情况下,区域性股权市场的股权交易施行现款现货交易,不得采用信用方式。交易保证金实行第三方存管制度。交易时间一般为每周一至周五的上午9:30至11:30,下午1:30至3:00。国家法定节假日和市场公告的休市日,市场休市。

3. 挂牌企业的规范性要求

各区域性股权市场对挂牌企业规范性要求虽有不同,但核心内容基本相同,主要有:

(1) 公司治理机制健全。企业的"三会"健全,股东大会、董事会、监事会制度健全,符合自身特点和公司治理机制的基本要求,职责明晰和议事规范。避免董事会形同虚设、监事会受制于董事长或总经理的情形。

(2) 企业资产权属关系清晰、完整,不存在争议或限制。企业资产应取得合法合规的相应权证,如药品食品注册证、商标权证、专利权证、土地使用权证、采矿权证、特许经营许可证等。完整性要求如企业主要产品或经营业务在改制时纳入股份公司,则相应的商标权必须随同进入等。若资产存在抵押、质押等担保权利限制,企业应披露相关进展情况及可能存在的风险隐患;若资产涉及被行政处罚,企业应披露处罚的事由、处罚进展,并分析其对企业的影响。

(3) 企业组织机构及其经营合法、规范。企业合法并真实取得注册资本载明的资产;生产经营符合法律、行政法规和公司章程的规定,同时符合国家产业政策方向和相关环保要求;企业应具备健全且运行良好的组织机构。

(4) 内部控制制度独立且完善。内部控制制度健全、资产安全、财务报告及相关信息真实完整,同时能够提高经营效率、促进企业实现发展战略。其具体表现为:内部经营管理机构健全独立,控股股东、实际控制人及其控制的其他企业不得与公司混设交叉机构;建立了独立的财务核算体系,不得与控股股东或实际控制人及其控制的其他企业共用银行账号;完善的内部管理机制,确保企业财务报告及相关信息的真实完整性。

三、区域性股权市场挂牌企业的融资

《关于规范发展区域性股权市场的通知》(国办发〔2017〕11 号)第四条规定,在区域性股权市场发行或转让证券的,限于股票、可转换为股票的公司债券以及国务院有关部门按程序认可的其他证券,不得违规发行或转让私募债券。

(一)融资方式

1. 股票

《区域性股权市场监督管理试行办法》第十条规定,企业可在区域性股权市场发行股票,应当符合下列条件:①有符合《公司法》规定的治理结构;②最近一个会计年度的财务会计报告无虚假记载;③没有处于持续状态的重大违法行为;④法律、行政法规和中国证监会规定的其他条件。

2. 可转换为股票的公司债券

《区域性股权市场监督管理试行办法》第十一条规定,企业在区域性股权市场发行可转换为股票的公司债券,应当符合下列条件:①满足发行股票的条件;②债券募集说明书中有具体的公司债券转换为股票的办法;③本公司已发行的公司债券或者其他债券没有处于持续状态的违约或者延迟支付本息的情形;④法律、行政法规和中国证监会规定的其他条件。

除了股票和可转换为股票的公司债券以外,不能在区域性股权市场发行其他证券。

3. 银行信贷

企业在区域性股权市场挂牌有许多好处:如制度的完善、信息不对称程度的降低、企业信誉的增强等方面,都有利于挂牌企业获得银行信贷。

此外,部分区域性股权中心与银行合作,针对挂牌企业进行授信。

案例阅读 9-3:江苏股权交易中心的"中银苏股贷"

4. 定向增资

定向增资的概念类似于上市公司的定向增发,是指非公开地向特定投资者发行股份的行为。

5. 股权质押

股权质押是指出质人以其所拥有的股权这一无形资产作为质押标的物,为自己或他人的债务提供担保的行为。把股权质押作为向企业提供信贷服务的保证条件,增加了中小企业的融资机会。

对于中小企业来说,以往债权融资的主要渠道是通过不动产抵押获取银行信贷。由于大多数中小企业没有过多的实物资产进行抵押,利用企业股权质押进行融资成为一种有效方式。

(二)发行对象

《区域性股权市场监督管理试行办法》第十三条规定,在区域性股权市场发行证券,应当向合格投资者发行。单只证券持有人数量累计不得超过 200 人,法律、行政法规另有规定的除外。

《关于规范发展区域性股权市场的通知》(国办发〔2017〕11 号)规定,合格投资者应是依法设立且具备一定条件的法人机构、合伙企业,金融机构依法管理的投资性计划,以及具备

较强风险承受能力且金融资产不低于50万元人民币的自然人。不得通过拆分、代持等方式变相突破合格投资者标准或单只私募证券持有人数量上限。鼓励支持区域性股权市场采取措施，吸引所在省级行政区域内的合格投资者参与。

（三）发行方式

区域性股权市场是主要服务于所在省级行政区域内中小微企业的私募股权市场，是为其所在省级行政区域内中小微企业证券非公开发行、转让及相关活动提供设施与服务的场所。

除发行对象为"合格投资者"外，在区域性股权市场发行证券，不得采用广告、公开劝诱等公开或者变相公开方式。

第三节　新　三　板

一、新三板概述

（一）内涵与定位

我国的三板市场是指"全国中小企业股份转让系统"，其又被称为"新三板"，是经国务院批准设立的全国性证券交易场所，全国中小企业股份转让系统有限责任公司为其运营管理机构。

1992年7月和1993年4月，中国证券市场研究中心和中国证券交易系统有限公司先后分别设立了全国证券交易自动报价系统（securities trading automatic quotations system，STAQ系统）和全国电子交易系统（national electronic trading system，NET系统），从事场外股票交易。在这两个市场倒闭后，中国证券业协会于2001年7月为解决原STAQ系统和NET系统挂牌公司的股份流通问题，开发了"代办股份转让系统"。该系统主要交易上述两个系统挂牌公司和从沪深交易所退市的公司，也被称为"老三板"。

2006年，中关村科技园区非上市股份公司进入代办转让系统进行股份报价转让，被称为"新三板"。2012年，新三板从中关村扩大试点至上海、武汉、天津的高新技术产业园区。2013年，新三板突破试点限制，扩大至全国。之后，历经扩容，新三板正式成为经国务院批准的全国性证券交易场所，成为我国多层次资本市场的第三层次。2014年1月24日，新三板迎来了全国扩容后的首批近300家企业的集体挂牌仪式。2016年，新三板挂牌企业达到10 163家，新三板成为全世界交易数量最大的证券交易场所。

新三板市场主要为创新型、创业型、成长型中小微企业提供股份转让及融资服务，服务的企业主要有4类：①有进入资本市场的意愿但不符合A股首次公开发行上市条件的，或虽然符合条件但不愿意经历申报后漫长排队审核期的公司；②已有一定的业绩规模，遇到资金紧张制约业务规模扩张，且其他融资渠道无法充分满足资金需求的公司；③希望借助资本市场力量扩大规模、做大做强、规范经营实现跨越式发展的公司；④具有创新业务模式，需要提升企业品牌知名度、提高公司估值水平的公司。

作为我国多层次资本市场体系的重要组成部分，作为继沪深交易所后的第三家全国性公开证券市场，新三板起到承上启下的作用。我国多层次资本市场基本情况如表9-3所示。

表 9-3 我国多层次资本市场基本情况

交易所	上市/挂牌公司性质	监管者
上交所主板	上市公司	中国证监会
深交所主板		
深交所创业板、上交所科创板		
北交所		
新三板	非上市公众公司	
区域性股权交易市场	非公众公司	省级人民政府

在向上层次的资本市场输送优质企业方面,根据国务院《关于全国中小企业股份转让系统有关问题的决定》(国发〔2013〕49号),在全国股份转让系统挂牌的公司,达到股票上市条件的,可以直接向证券交易所申请上市交易。在向下层次资本市场引流优质企业方面,对于符合国务院《关于清理整顿各类交易场所切实防范金融风险的决定》(国发〔2011〕38号)要求的区域性股权转让市场进行股权非公开转让的公司,符合挂牌条件的,可以申请在全国股份转让系统挂牌公开转让股份。在符合条件的基础上,为区域性股权市场挂牌公司到新三板挂牌转让提供便利。

(二)新三板挂牌的利弊

1. 企业新三板挂牌的好处

(1) 完善公司治理,促进企业后续发展。中小企业在创业初期往往容易存在一些财务、法律、税务等方面的不规范问题,有效的公司治理机制尚未建立,经常存在一些诸如公司账户与股东个人账户混同使用的情形,给企业后续可持续发展带来隐患。在新三板挂牌过程中,企业可以在主办券商、律师事务所及会计师事务所等中介服务机构的帮助下,对企业发展历程中存在的不规范问题进行整改,建立起有效的内部控制制度,完善以股东大会、董事会、监事会为基础的现代企业法人治理结构,提升企业经营决策的有效性和风险防范能力。企业通过规范治理并成功申请在新三板挂牌成为一家公众公司后,在现行的终身制持续督导制度下,其经营运作将始终处于主办券商的监督指导下。因此,新三板挂牌意味着企业开始走上了规范经营的道路。

(2) 获得成本较低、效率较高的融资支持。全国股份转让系统致力于为中小企业提供"小额、便捷、灵活、多元"的直接融资支持,与 A 股市场首发上市动辄上千万的中介费用相比,新三板主办券商、律师事务所和会计师事务所等证券服务机构承做一家挂牌企业合计一般不超过 200 万元。同时,为了鼓励企业在新三板挂牌,地方政府或高新技术园区一般都有一系列的政策扶持和补贴,分股改阶段、挂牌阶段给予几万元到几十万元不等的奖励或财政税收支持。因此,中小企业通过新三板取得直接融资的总体成本较低。

相对于 A 股首发上市长达数年的排队审核等待期,新三板审查时间较短、挂牌程序便捷也是其一大突出优势。一般而言,从企业改制到成为股份有限公司直至完成新三板挂牌的时间为 4~6 个月,其中,主办券商向中国证券业协会报送推荐挂牌备案文件,协会对推荐挂牌备案文件无异议的,出具确认函的时间在 50 个工作日内。

新三板挂牌后,挂牌公司可以根据自身需要,通过定向增发股票、发行可转债、发行优先股等多元化的产品进行后续融资。

（3）便于通过并购重组，整合优质资源。企业在新三板挂牌成为公众公司后，可以便捷地通过发行股份购买资产、发行股份募集现金后以现金购买资产等多种方式进行资产重组，以整合优质产业资源，快速做大做强。一方面，A股上市公司在新三板挂牌企业中寻找优质标的；另一方面，自中国证监会2014年6月23日发布《非上市公众公司收购管理办法》及《非上市公众公司重大资产重组管理办法》以来，新三板挂牌公司以未挂牌企业资产为并购标的的并购重组也在逐渐展开。

（4）通过市场化机制发现企业价值。2014年8月25日，新三板启动了做市商制度，通过做市商的连续报价、撮合成交，新三板的成交量和成交金额稳步增长。流动性的增强为企业价值的确定提供了有效的价格发现机制和平台，新三板挂牌后，尤其是采用了做市交易、竞价交易等交易方式后，公司价值将得到有效挖掘。

通过新三板挂牌，外部投资者和借款人可以更直观地对非上市公众公司的价值做出评估，有助于企业获得更高的信用评价，方便挂牌公司寻求债务融资。

（5）通过股权激励机制，更有效地增强企业凝聚力。新三板为挂牌公司提供了可交易流动的场所，在发现企业价值的同时，也使挂牌公司通过员工持股计划、股权激励计划等方式，让核心员工分享企业发展成果，成为帮助企业实现人员稳定的重要举措之一。

（6）塑造良好的公司公众形象有助于提升企业知名度。挂牌企业属于公众公司，公司信息在全国中小企业股份转让系统进行定期或不定期的信息披露，使投资者可以及时了解企业的经营状况。同时，相较于其他中小企业而言，挂牌企业可以获得更多新闻媒体的关注，曝光率更高，从而能够将企业信息更广泛地散播到公众之中。这无形中起到了推广宣传的作用，增加了企业知名度，提升了企业形象，有利于企业持续发展，也使企业在未来的商务往来、市场拓展、获取客户资源或政府支持等方面更为顺畅。挂牌新三板对企业具有无形的广告和背书效应。

2. 新三板挂牌的弊端

（1）企业需要付出一定的规范成本。为解决企业历史遗留的一些财务、法律、税务等方面的不规范等问题，满足新三板挂牌的准入条件，各中小企业普遍需要补交一定的税款、员工社保等。除此之外，根据企业实际情况，有些企业在规范过程中还可能需要付出一定数额的隐性成本。

（2）增加企业信息披露义务。新三板挂牌公司作为公众公司，需要遵照全国中小企业股份转让系统信息披露义务规则，披露季报、半年报、年报及诸如"三会"决议、关联交易等临时性公告，向市场公布更多更详细的经营数据，这一方面使企业信息对外更为透明，另一方面也要求企业设置专人专岗负责信息披露事务。

（3）加大企业违规成本。企业新三板挂牌成为公众公司后，受中国证监会统一监管，同时受到来自新闻媒体的舆论监督，在提升企业知名度的同时，也预示着企业的经营运作更为审慎合规。一旦被发现违规，新三板挂牌企业所受到的惩处更为严苛，影响也更为深远。

（4）新三板的融资功能无法与沪深交易所相提并论。虽然在引入做市商交易机制后，新三板的交易活跃度有了一定程度的飞跃，但与在沪深两市交易的A股市场相比，成交量依然相去甚远。同样，虽然在新三板挂牌后，进行再融资及并购重组的产品品种已经较为丰富全面，但受到挂牌企业自身体量的限制及市场交易活跃度的影响，新三板的融资功能无法与

(三) 新三板分层制度

1. 分层制度概况

自全国股转系统扩大试点至全国以来,新三板挂牌公司数量快速上升。随着挂牌企业数量的增加,挂牌公司不仅在发展阶段、经营水平、股本规模、股东结构、融资需求等方面差异很大,在交易频率、价格连续性、市值等方面差异也越来越大。面对海量挂牌公司,投资者在信息搜集、标的遴选、研究决策等方面的难度也越来越大。2023年修订的《全国中小企业股份转让系统分层管理办法》第二条规定,全国股转系统设置创新层和基础层,全国中小企业股份转让系统责任有限公司对挂牌公司实行分层管理。

2. 新三板分层的好处

通过分层管理,一方面,以差异化的制度安排,对挂牌公司实现分类服务、分层管理,满足中小微企业不同发展阶段差异化需求,合理分配监管资源;另一方面,从盈利能力、成长性和市场认可三个维度进行分层,对进入创新层的企业提出更高的信息披露及规范性要求,对挂牌公司形成引导效应,为投资人遴选标的及投资决策提供更为充分的信息和便利。

(四) 区域性股权市场与新三板的比较

1. 优势比较

区域性股权市场的优点在于挂牌条件少、挂牌费用低,在地域上更接近挂牌企业等。新三板的优势在于公开转让、股东人数可超过200人、混合交易方式、被中国证监会纳入统一监管等方面。二者的优势对拟挂牌企业形成了一个选择难题,在新三板挂牌意味着将接受更严格的监管,在区域性股权市场可以获得更直接的后续服务,新三板并非对所有企业都有吸引力。

2. 相似之处

挂牌条件上都体现宽松的要求,新三板更为严格一些,挂牌流程一般都在6个月左右,交易制度上都包含了协议转让;此外,新三板还有更多的交易方式,融资方式上还有很多交集,信息披露上都体现了适度信息披露原则。

新三板与区域性股权市场及交易所的比较如表9-4所示。

表9-4 新三板与区域性股权市场及交易所的比较

项目	区域性股权市场	新三板	交易所
功能地位	解决企业股份转让难的问题和解决部分融资问题	企业价值发现、投资、整合、转让的综合平台	融资与股票交易平台
挂牌条件	宽松,无实质性要求	宽松,存续满两年且业务明确,无财务要求	严格
成本	比较低	比较低	较高
监管机构	地方政府	全国中小企业股份转让系统及中国证监会	中国证监会
审核制度	接近备案	形式审查	严格审查,等待时间长
公司定位	非上市非公众公司	非上市公众公司	上市公司

(续表)

项目	区域性股权市场	新三板	交易所
流程	6个月	6个月	至少2年
交易制度	协议转让	协议、竞价、做市商	竞价
融资方式	私募	自行选择融资对象及时点	上市即稀释股权,再融资严格
服务内容	中小微企业与产业资本的服务媒介,为企业发展、资本投入与退出服务	中小微企业与产业资本的服务媒介,为企业发展、资本投入与退出服务	企业融资、投资股票交易,分红等回报
投资群体	投资者适当性制度,以机构投资者为主	投资者适当性制度,以机构投资者为主	以中小投资者为主
涨跌幅	各地区规定不同	不设限	10%
信息披露	适度信息披露	适度信息披露,不要求报纸披露	强制信息披露
权益持有人要求	200人以内	可超过200人	可超过200人
权益交易	权益不能标准化,不能持续交易	权益能够标准化,以1 000股为单位持续交易	权益标准化

参考资料:王骥.四板掘金600问[M].北京:中国经济出版社,2014:149.

二、新三板挂牌标准与流程

(一)挂牌标准

《全国中小企业股份转让系统业务规则(试行)》(2013年2月8日发布,12月30日修改)对企业在新三板挂牌设置了6项基本条件。《全国中小企业股份转让系统业务规则(试行)》规定,股份有限公司申请股票在全国股份转让系统挂牌,不受股东所有制性质的限制,不限于高新技术企业,应当符合下列条件:①依法设立且存续满两年。有限责任公司按原账面净资产值折股整体变更为股份有限公司的,存续时间可以从有限责任公司成立之日起计算;②业务明确,具有持续经营能力;③公司治理机制健全,合法规范经营;④股权明晰,股票发行和转让行为合法合规;⑤主办券商推荐并持续督导;⑥全国股份转让系统公司要求的其他条件。

具体的挂牌条件由《全国中小企业股份转让系统股票挂牌规则》《全国中小企业股份转让系统分层管理办法》《全国中小企业股份转让系统股票挂牌审核业务规则适用指引第1号》等文件详细规定。

(二)挂牌流程

1. 设立股份公司

设立股份公司通常也被称为股份制改造。根据新三板挂牌需要存续两个完整会计年度、有限责任整体变更可以连续的要求,挂牌企业通常都是由有限公司整体变更为股份公司。根据股转公司要求,整体变更不应改变历史成本计价原则,不应根据资产评估结果进行账务调整,应以改制基准日经审计的净资产额为依据折合为股份有限公司股本。申报财务报表最近一期截止日不得早于改制截止日。

有限公司变更为股份公司的程序按照《公司法》《中华人民共和国市场主体登记管理条例》等规范性文件的要求，与拟申请首次公开发行股票的股份公司程序一致。

2. 推荐挂牌

证券公司经向中国证券业协会申请并取得证券公司从事代办股份转让主办券商业务资格后，可以作为主办券商从事代办股份转让业务。根据 2018 年发布的《全国中小企业股份转让系统主办券商挂牌推荐业务规定》的规定，主办券商应对申请挂牌公司进行尽职调查和内核。同意推荐的，主办券商向股转系统提交推荐报告及其他有关文件。

（1）尽职调查。主办券商应针对每家申请挂牌公司设立专门项目小组，负责尽职调查、起草尽职调查报告、制作推荐文件等。

（2）主办券商内核。主办券商设立内核机构，负责推荐文件和挂牌申请文件的审核，并发表审核意见。主办券商应根据内核意见，决定是否向全国股份转让系统公司推荐申请挂牌公司股票挂牌。决定推荐的，应出具推荐报告。

3. 挂牌审核

根据国务院《关于全国中小企业股份转让系统有关问题的决定》（国发〔2013〕49 号）与《非上市公众公司监督管理办法》，挂牌公司依法纳入非上市公众公司监管，股东人数可以超过 200 人。

股东人数未超过 200 人的股份公司申请在全国股份转让系统挂牌，中国证监会豁免核准。挂牌公司向特定对象发行证券，且发行后证券持有人累计不超过 200 人的，中国证监会豁免核准。股东人数大于 200 人的挂牌公司，由主办券商向中国证监会递交挂牌申请文件，审查后出具核准文件。因此，根据申请挂牌公司股东人数的不同，分为股转系统审核与中国证监会审核。

4. 挂牌交易

根据《全国中小企业股份转让系统股票挂牌业务操作指南》的相关规定，挂牌公司与主办券商需要履行申请证券简称和代码、办理信息披露、股份初始登记、办理股票挂牌等程序完成挂牌操作。

（三）挂牌的主要参与者

企业申请在全国股份转让系统挂牌是一项系统性工作，需要多方参与者通力协作、共同努力推动挂牌申请工作有序顺利进行。企业作为申请挂牌的主体，上至决策层，下至财务、业务等部门的普通员工都需要被积极调动起来参与到企业新三板挂牌中去。由企业聘任的主办券商、律师事务所、会计师事务所及资产评估机构的专业人士组成的证券服务工作团队，也是企业申请新三板不可或缺的参与主体。全国股份转让系统公司新三板的运营管理机构，在拟挂牌企业申请新三板过程中作为大多数情况下的申请审查机构参与其中。

（四）挂牌费用

全国股转公司收费项目和收费标准如表 9-5 所示。

表 9-5 全国股转公司收费项目和收费标准

收费对象	收费项目	收费标准
投资者	转让经手费	按股票转让成交额的 0.5‰ 双边收取

(续表)

收费对象	收费项目	收费标准
挂牌公司	挂牌初费	总股份 2 000 万股(含)以下,收费 3 万元 总股份 2 000 万~5 000 万股(含),收费 5 万元 总股份 5 000 万~1 亿股(含),收费 8 万元 总股份 1 亿股以上,收费 10 万元
	挂牌年费	总股份 2 000 万股(含)以下,收费 2 万元 总股份 2 000 万~5 000 万股(含),收费 3 万元 总股份 5 000 万~1 亿股(含),收费 4 万元 总股份 1 亿股以上,收费 5 万元

三、新三板挂牌企业的融资

(一) 定向增发

定向增发是增发的一种,向有限数目的机构(或个人)投资者发行债券或股票等投资产品,有时也称"定向募集"或"私募"。发行价格由参与增发的投资者竞价决定。发行程序与公开增发相比较为灵活。一般认为,该融资方式比较适合融资规模不大、信息不对称程度较高的企业。

新三板定向增发又称新三板定向发行,是申请挂牌公司或已挂牌公司向特定对象发行股票的行为。为规范股票定向发行行为,保护投资者合法权益,全国中小企业股份转让系统有限责任公司于 2023 年修订并发布了《全国中小企业股份转让系统股票定向发行规则》《全国中小企业股份转让系统股票定向发行业务指南》。

(二) 优先股

1. 优先股的概念

2013 年 11 月,国务院出台《关于开展优先股试点的指导意见》(国发〔2013〕46 号),成为优先股的源头。文件中对优先股的定义为:"优先股是指依照公司法,在一般规定的普通股类股份之外,另行规定的其他种类股份,其股份持有人优先于普通股股东分配公司利润和剩余财产,但参与公司决策管理等权利受到限制。"

中国证监会于 2014 年 3 月 21 日公布并施行了《优先股试点管理办法》,全国中小企业股份转让系统有限责任公司制定了《全国中小企业股份转让系统优先股业务指引》(2023 年修订)。

2. 优先股的特征

在企业融资谱系中,优先股被称为混合型资本工具,既有债务工具的特征,又有权益工具的特征。具体来说,其特征包括:

(1) 优先股比普通股优先分配和优先受偿,优先分配股利或者优先分配剩余。

(2) 优先股股东权利受到限制。普通股股东有参与公司决策管理的权利,参与方式就是参加股东大会,可以投票、提交提案,但优先股的权利受到限制。

3. 适合发行优先股的企业类型

(1) 银行类金融机构,发行优先股补充资本。银行是受到资本管制的行业,《巴塞尔协议Ⅲ》对银行资本充足率有明确的规定和要求,资本金限制了企业放贷规模。因此,银行通过发行优先股既可以降低资产负债率,补充资本,又不稀释原有股东的权利。

（2）资金需求量较大，但现金流比较稳定的公司。有些公司需要调整降低资产负债率，补充长期资金，这可以通过发行优先股实现。

（3）初创企业。创业类企业在创业初期或成长期，由于股票的估值较低，如果发行普通股的话，估值较低，对外普通股融资导致股权稀释严重。

（4）并购重组企业。并购时可以通过现金支付，也可以通过股票支付，相较于使用普通股，使用优先股更为合适。

总结起来，发行优先股的公司有4类：一是金融类，用于补充资本；二是大型成熟型企业，防止股份稀释；三是创业企业，估值较低，避免股权稀释；四是并购重组的企业，发行优先股用于并购重组的工具。

4. 新三板挂牌公司优先股与普通股发行的差异

（1）发行对象。新三板挂牌企业发行普通股的对象有三类，包括股东、董事、监事、高级管理人员、核心人员，以及符合适当性规定的投资者。发行优先股，没有前两类人员，只有合格投资者。如果股东、董事、监事、高级管理人员、核心员工符合合格投资者的条件，也可以作为优先股的发行对象。

（2）表决权受到限制。优先股股东没有表决权，只有在特定情况下才有权出席股东会参与分类表决的权利：修改公司章程中与优先股相关的内容，一次或累次减少公司注册资本超过10%，公司合并、分立解散或变更公司形式，发行优先股以及公司章程规定的其他情形。

在特定情况下，优先股股东可以恢复表决权。比如，公司累计三个会计年度或连续两个会计年度未按约定支付优先股股息，股东大会批准当年不按约定分配利润的方案次日起，优先股股东有权出席股东大会与普通股股东共同表决。

（三）债券融资

目前，中国证监会及全国股转系统暂未出台债券融资的相关细则。根据中国证监会2023年发布的《公司债券发行与交易管理办法》，挂牌公司可以公开发行或非公开发行公司债券，并根据发行方式选择在证券交易所、全国中小企业股份转让系统、证券公司柜台转让等场所转让。

对于可转换债券来说，为贯彻落实党中央、国务院关于支持民营企业发行私募可转债的部署要求，充分发挥债券市场服务实体经济的积极作用，根据中国证监会的统一部署，全国中小企业股份转让系统有限责任公司联合沪深交易所、中国证券登记结算有限责任公司共同制定并发布实施《非上市公司非公开发行可转换公司债券业务实施办法》。

可转债投资人在中小微企业利润尚未释放的发展初期可享受债券本息收益，在业绩快速增长的阶段可选择转股分享企业成长收益，与中小微企业的风险特点和融资需求相匹配。非公开可转债制度的完善，是多层次资本市场服务实体经济的新举措，有利于拓宽民营企业、中小微企业融资渠道，降低融资成本，丰富资本形成机制。新三板是我国资本市场服务中小微企业、服务民营企业主阵地，非公开发行可转债的推出把新三板市场的各层次挂牌公司纳入发行主体范畴，将进一步强化新三板市场融资功能。

关 键 概 念

产权交易；股权出让；增资扩股；区域性股权市场；新三板

本章小结

1. 产权交易是指企业财产所有者将其拥有的财产所有权或经营权进行有偿转让的一种经济活动。股权出让融资是产权交易融资的一种类型。增资扩股是指企业向社会募集股份、发行股票,新股东投资入股或原股东增加投资扩大股权,从而增加企业的资本金。

2. 区域性股权市场,俗称"四板市场",是为其所在省级行政区域内中小微企业证券非公开发行、转让及相关活动提供设施与服务的场所。区域性股权市场挂牌企业可以采用的融资方式包括股票、可转换债券、银行信贷、定向增资、股权质押等。

3. 三板市场是指"全国中小企业股份转让系统",又被称为"新三板",是经国务院批准设立的全国性证券交易场所,全国中小企业股份转让系统有限责任公司为其运营管理机构。进入新三板挂牌可以方便企业融资,新的融资方式包括定向增发、优先股、债券融资(公司债、可转债)等。

思考习题

1. 在区域股权市场挂牌企业有哪些融资工具可供选择?在区域股权市场挂牌对银行信贷融资有什么作用?
2. 简述什么是新三板及其定位。
3. 比较区域性股权市场与新三板的关系。
4. 新三板挂牌企业的融资方式有哪些?

案例与实训

案例分析

案例分析 9-1:亚融科技的新三板挂牌融资

扫描二维码阅读案例资料,讨论以下问题:
(1) 新三板挂牌企业有哪些融资方式?
(2) 该企业挂牌后选择了哪种融资方式?其原因是什么?
(3) 详述企业选择特定方式的融资过程及风险。
(4) 通过该案例比较不同的新三板挂牌企业融资方式。

案例分析 9-1:亚融科技的新三板挂牌融资

实训练习

1. 请任选建立了区域性股权市场的省份,登录其网站,查找相关资料,撰写调研报告,总结该四板市场如何服务于挂牌(中小微)企业的融资。
2. 撰写课程论文,对比分析不同省份四板市场在服务挂牌企业融资上的差别。

第十章
私募股权投资

 相关法律法规

《中华人民共和国中小企业促进法》

第十八条 国家健全多层次资本市场体系,多渠道推动股权融资,发展并规范债券市场,促进中小企业利用多种方式直接融资。

 本章学习目标

微课视频 10-1:思维导图

◇ 了解私募股权投资的概念、商业模式与组织形式。
◇ 理解企业生命周期不同阶段的私募股权投资形式。
◇ 掌握成长资本的概念、特点与投资理念。
◇ 了解政府投资基金、并购基金的含义。

第一节 私募股权投资概述

一、私募股权投资的概念

(一) 定义

私募股权投资(PE)是指以非公开的方式向少数机构投资者或者个人募集资金,主要向未上市企业进行权益性投资,最终通过被投资企业上市、并购或管理层回购等方式退出而获利的一类投资。私募股权基金在我国也被称为股权投资基金或者产业投资基金,我国官方文件中所称的"股权投资企业"或"创业投资企业"指的也是私募股权基金或创业投资基金。

广义的私募股权投资涵盖了企业生命周期各阶段的权益投资,即对处于种子期、初创期、成长期、成熟期等各个时期企业所进行的投资,按照被投资企业生命周期发展阶段可划分为:天使投资与创业投资、发展(成长)资本、Pre-IPO 资本、PIPE 投资、并购基金等。

狭义上,一般将创业投资(也称风险投资,包括了早期投资的天使投资)单列为一类,而对创业投资后期的私募股权投资部分,主要指的是对形成一定规模并产生稳定现金流的创业晚期或成熟期企业的私募股权投资部分,或主体为私募股权投资中成长资本的部分称为私募股权投资。中国私募股权基金主要指狭义的私募股权投资基金。

（二）内涵

私募股权投资可以从私募、股权投资、基金和商业模式几个方面来解读。

（1）私募。根据《私募投资基金监督管理暂行办法》的规定，私募投资基金是指在中华人民共和国境内，以非公开方式向投资者募集资金设立的投资基金。"私募"，即采取非公开方式向特定合格投资者募集资金。

合格投资者是指达到规定的资产规模或者收入水平，并且具备相应的风险识别能力和风险承担能力，其认购金额不低于规定限额的单位和个人。

《私募投资基金监督管理暂行办法》规定了具体标准，即投资于单只私募基金的金额不低于100万元且符合相关标准的单位和个人：①净资产不低于1 000万元的单位；②金融资产不低于300万元或者最近三年个人年均收入不低于50万元的个人。

"私募"是相对于"公募"而言的，私募基金和公募基金在基本制度上有5点不同之处。私募基金与公募基金的对比如表10-1所示。

表10-1 私募基金与公募基金的对比

项目	私募基金	公募基金
募集对象	少数特定的合格投资者，包括机构和个人	广大社会公众，即社会不特定的投资者
募集方式	通过非公开发售的方式募集	通过公开发售的方式进行
信息披露要求	对信息披露的要求很低，具有较强的保密性	对信息披露有非常严格的要求，其投资目标、投资组合等信息都要严格披露
投资限制	投资限制完全有协议约定	在投资品种、投资比例、投资与基金类型的匹配上有严格的限制
业绩报酬	业绩是报酬的基础，因此收取业绩报酬，一般不收取管理费	业绩仅仅是排名时的荣誉，因此不提取业绩报酬，只收取管理费

参考资料：卢明明. 一本书读懂私募股权投资[M]. 北京：人民邮电出版社，2016：3.

除了资金来源于非公开募集的"私募"性质，投资端也具有"私募"属性，即投资于非上市企业股权。因此，私募股权基金具有"双重私募"的性质。

（2）股权投资。股权属性是从底层资产的角度看，私募股权投资的对象是非公开交易的企业股权，包括普通股以及权益属性的其他形式投资，具有投资大、周期长、风险大，但是收益高等特点。

（3）基金。从运作形式角度看，私募股权投资一般以私募股权基金的形式正式组织起来，专业化开展股权投资活动。基金是一种由专家管理的集合投资制度，其实质是汇集资金交由专家管理运作，并为投资者赚取投资收益。私募股权投资作为集合理财投资工具——基金的一种形式，与共同基金、对冲基金一起构成基金中的三种最重要的形式。

（4）商业模式。私募股权投资是一种商业模式。基金管理人通过向养老基金、保险公司、银行、慈善基金及富人等合格投资者筹集资金，将之投资于企业的股权或债权，并寻求一定期限内将投资变现，将资金返还给投资者。采用这一商业模式的投资实体，不管其名称中是否有"基金"，通常都被称为私募股权基金。

二、私募股权投资与风险投资

私募股权投资和风险投资一样，主要通过私募而不是向公众公开募集的形式获得资金，对非上市企业进行权益投资，即将每一单位的投资额最终兑换成被投资对象的股权，并提供经营管理、财务管理等增值服务使被投资企业快速成长，实现股权的快速增值，然后通过各种方式转让股权获得回报。私募股权投资与风险投资本质上相差不大，只是所投资阶段侧重点有所不同。广义上，私募股权投资包括风险投资，指的是对处于种子期、初创期、成长期、成熟期的各个发展阶段的企业进行股权投资的资本。按照企业投资阶段的不同，可分为：风险投资——主要投资于种子期和初创期的资本；成长资本——主要针对产业化成功后的企业扩张阶段的投资；并购基金——主要专注于对标的企业进行并购的基金等。狭义上，私募股权投资主要指风险投资后期的私募股权投资部分，以成长资本、并购基金和夹层资本为主导。国外的一些教科书对私募股权投资和风险投资已经不做区分，统一将风险投资划入私募股权投资的范畴内。

由于投资阶段的差异，二者在投资规模、投资理念和投资特点等方面有很大不同。很多传统上的风险投资机构现在也介入私募股权投资业务，而许多传统上被认为专做私募股权投资业务的机构也参与风险投资项目。也就是说，私募股权投资与风险投资只是概念上的一个区分，在实际业务中二者界限越来越模糊。

私募股权投资与风险投资的具体区别包括：

第一，投资阶段不同。风险投资一般投资于企业的创业早期，这时企业的技术、产品、管理、市场等各方面都还没有成熟。私募股权投资的企业一般是已经形成了一定规模并产生稳定现金流的企业，或是商业模式、技术、管理各方面都已经成熟，处于大规模占领市场的成长后期阶段的企业，甚至有些私募热衷于投资 Pre-IPO（公司上市前的比较短的时间段）。

第二，封闭期限不同。风险投资的许多企业多处于创业期，因此从投资到退出有一个较长的阶段。相对而言，私募股权投资的封闭期限要短一些。

第三，投资理念不同。风险投资强调高风险、高收益，既可以长期进行股权投资并协助管理，也可以短期进行股权投资寻找机会将股权出售。而私募股权投资一般是协助投资对象完成上市后套现退出。

第四，投资特点不同。风险投资基金的投资对象通常是高新技术企业，这类企业具有高风险、高回报的特点，但私募股权投资的投资对象则没有这样的限定和偏好。此外，由于早期投资的风险较大，单个项目的成功概率低，为了分散风险，创业投资和天使投资的整体投资额相对较小而投资的项目会很多。尽管如此，个别项目成功后的高收益能够贡献绝大部分收益。

三、私募股权基金的分类

（一）按照企业生命周期阶段分类

企业从起步到成长再到成熟的不同阶段有不同的融资需求，私募股权投资的不同形式为企业提供了全生命周期的服务，在企业各个阶段，都会有对应的、类别不同的私募股权投资提供资本及商业服务。私募股权对企业各阶段的贡献如表10-2所示。

表 10-2 （广义）私募股权对企业各阶段的贡献

阶段	基金类型	贡献
种子初创阶段	天使投资、创业投资（风险投资）	在企业尚未创立之前，为初始创业想法的研究、开发和评估提供资助。为产品研发和起步阶段的营销提供资金支持，此时企业可能尚未开始商业化运作，可能没有盈利
成长阶段	创业投资、成长资本（狭义私募股权投资）	为已经达到盈亏平衡或正在盈利的企业扩张提供资金支持，可能用于提高产能，产品或市场开发，或者增加流动性资金
成熟阶段	PIPE、二级市场基金	从其他投资者处购入股份或者通过增发来降低企业的杠杆率
衰退阶段	并购基金、破产投资	以较高杠杆率买断企业，对经理层进行更换或重组，未来将企业以更高的价格出售

参考资料：欧阳良宜.私募股权投资管理[M].北京：北京大学出版社，2013：11.

1. 创业投资及天使投资

创业投资也称风险投资，主要的投资对象是初创阶段的高成长企业，初创早期或种子期的风险投资主要是天使投资，继而是一般意义的风险投资。

2. 成长资本（基金）

成长资本（基金），有时也被称为扩张资本（expansion capital），是中国私募股权业主流投资模式，也就是狭义上我们常说的私募股权投资（PE）的主要组成部分。

3. Pre-IPO 投资

Pre-IPO 投资是指企业即将上市时进行的股权投资，主要投资于企业上市前的阶段，或者预期近期上市的、企业规模与盈利已经达到上市水平的企业。

与初创期、成长期的股权投资不同，Pre-IPO 投资的时点为企业规模与营收已达到上市标准并已有上市计划。Pre-IPO 投资所得股权有望迅速变成流通股票，退出方式一般为上市后从公开资本市场出售股票。因此，其具有风险小、回收快的特点，同时竞争也比较激烈。其收益来源一般不是被投资企业的价值增值，而是一级市场与二级市场间的估值差异。

一般而言，Pre-IPO 投资主要有投行型投资基金和战略型投资基金两种。

投行型投资基金，如高盛、摩根士丹利等投资基金，具有双重身份，既是私募股权投资者，又是投资银行家。作为投资银行家，他们能够为企业的 IPO 提供直接的帮助；作为私募股权投资者，他们为企业的股票进行"价值"背书，有助于提升公开市场上投资者对企业股票的信心。因此，投行型投资基金的引入往往有助于企业股票的成功发行。

战略型投资基金则致力于为企业提供管理、客户、技术等资源，协助企业在上市之前建立起规范的法人治理结构，或者为企业提供专业的财务咨询。

4. PIPE 投资

PIPE 投资是指投资于已上市公司股份的私募股权投资，以市场价格的一定折价率购买上市公司股份以扩大公司资本的一种投资方式。区别于从二级市场直接购买上市公司股票，PIPE 投资具有三个方面的特征：

一是协商定价。PIPE 投资的股票价格一般与二级市场存在差异，由上市公司及其股东与投资者协商决定。

二是规模较大。PIPE 投资可以是投资者在相对确定的价格或价格区间内获得大规模的上市公司股票。

三是监管严格。为保护中小投资者的利益,对交易价格和规模等都有严格限制。在我国,PIPE 投资的主要形式是上市公司非公开发行股票,即定向增发,发行价格的折扣率受到严格限制。

PIPE 投资分为传统型和结构型两种。传统型 PIPE 投资由发行人以设定的价格向 PIPE 投资者发行优先股或普通股;结构型 PIPE 投资可转换为普通股或优先股的可转换债券。相对于二次发行等传统的融资手段,PIPE 融资成本和融资效率相对较高,监管机构的审查较少,而且不需要昂贵的路演成本,使获得资本的成本和时间大大降低。PIPE 投资比较适合一些不希望应对传统股权融资复杂程序的快速成长的中型上市公司。

5. 并购基金

并购基金专注于并购目标企业,通过收购目标企业股权,获得对目标企业的控制权,然后对其进行一定的重组改造,提升企业价值,必要时可更换企业管理层,成功持有一定时期后通过上市、股权转让或管理层收购等方式出让所持股份退出。

并购基金主要投资成熟行业,通常寻求目标公司的控制权。这类基金通常会以被投资企业的资产为抵押大规模举债,因此也被称为杠杆收购(leveraged buyouts,LBO)。由于欧美发达国家经济总体增速较低,多数行业处于成熟阶段,因此并购基金是欧美私募股权业的主流投资方式。

(二) 按照投资标的分类

根据投资标的不同,可以把私募股权基金分为狭义的股权基金、夹层基金、母基金、S 基金、不动产基金及基础设施基金等。

1. 股权基金

非公开交易的企业普通股是私募股权基金重要的投资标的。投资收益主要来自企业价值的提升带来的资本利得,具有很大的不确定性。

2. 夹层基金(资本)

夹层基金(资本)是主要投资夹层融资(mezzanine financing)的基金。夹层融资是在企业资本结构中,位于高级债务(银行贷款、抵押贷款)和普通股股权之间的融资方式,风险与收益均介于股权与债权之间。夹层资本被称为"夹层",有以下两种原因:

一是夹层资本的风险与收益低于股权投资,高于优先债权。在公司财务报表中,处于底层的股权资本与上层的优先债之间,被称为"夹层"。

二是夹层资本很少寻求控股,也不愿长期持有股权,倾向于迅速退出。当企业处于两轮融资之间,或希望上市之前的最后冲刺阶段,资金处于青黄不接的时刻,夹层资本及时出现,为企业提供急需的资金,在企业进入新发展阶段后全身而退。

夹层基金的投资工具包括无抵押劣后级债权(通常与认股权相结合)、可转换债、可赎回优先股以及围绕上述基本形式与各类金融工具结合的变种等。其核心特征是一般没有抵押担保且偿付顺序可能相对劣后,同时附有认股权、转股权等条款。

3. 母基金

母基金(fund of funds,FOF)也被称为基金中的基金。母基金向机构和个人投资者募集资金,并分散化投资于私募股权、对冲基金和共同基金等。母基金一方面降低了投资者进入私募股权的门槛,另一方面还帮助投资者实现了不同基金之间的风险分散化。

我国的私募股权基金从事 FOF 投资一般有三种类型:一是市场化的母基金,通过精挑细选 GP 和基金创造收益,可满足有意配置私募股权基金但又缺乏专业经验的投资者需求;二是政府引导基金,一般主要开展 FOF 投资,但同时可直接投资于企业;三是普通私募股权基金,也会开展少量的 FOF 投资,以便与其他 GP 开展联合投资等。

4. S 基金

S 基金(secondary fund)是专门从投资者手中收购其他私募股权基金份额(包括实缴出资和认缴出资份额)的基金。

其与普通私募股权基金的区别在于:传统基金直接投资于企业,交易对手是企业或企业的股东;而 S 基金则是从投资者手中收购私募股权基金份额,交易对手是其他投资者。

其与 FOF 的区别在于:S 基金主要投资于现有的基金,该基金一般已经开展了部分项目投资,投资成果的不确定性较弱;而 FOF 主要投资于新设基金,一般属于"盲池"(blind pool)。我国的 S 基金处于起步阶段,考虑到政府引导基金等有限合伙人(limited partner, LP)的退出需要,发展前景广阔。

与此相关的概念是二级市场基金,投资对象是其他私募股权基金出售的企业股权。企业股权在基金之间的二手交易已经成为欧美私募股权的重要退出渠道。此外,也有一些二级市场基金交易的是私募股权基金的权益,而不是基金出售的企业股份。我国已经出现了一些二级市场基金,主要收购对象是基金权益。这类二级市场基金与 S 基金业务大致相同。

5. 不动产基金及基础设施基金

不动产基金指主要投资于土地以及建筑物等土地附着物的私募股权基金,也称为房地产基金。基础设施基金指主要投资于高速公路等各类具有良好现金流的基础设施私募股权基金。实务中,不动产基金和基础设施基金一般不直接持有土地、建筑等实物资产的物权,而是设立项目公司持有实物资产,然后再投资于项目公司的股权和债权。

四、私募股权投资的商业模式[①]

(一) 私募股权投资的参与者

(1) 基金管理人。私募股权商业模式的核心是基金管理人。基金管理人独立或通过银行等中介机构发起设立基金,设立后,基金管理人负责寻找项目、项目谈判与交易构造、监控被投资企业并实现投资退出等。

(2) 资金来源(投资人)。基金的主要资本来自养老基金(社保基金)、银行、保险公司、捐赠基金、慈善基金与个人投资者。

由于绝大多数私募股权基金的组织形式为有限合伙企业,因此承担管理职责的基金管理人也被称为普通合伙人(GP),而投资人通常被称为有限合伙人(LP)。

(3) 被投资企业。被投资企业即需要资金的企业,企业在不同的发展阶段所需要的资金规模与用途也不同。

(4) 中介服务机构。中介服务机构包括专业顾问、融资代理商、市场营销、公共关系、数据以及调查机构等。

(二) 利益分配方式

基金投资的收益主要来自初始投资与项目退出时的套现价值间的差额。私募股权基金

---

① 参考资料:欧阳良宜.私募股权投资管理[M].北京:北京大学出版社,2013:6.

管理人(GP)的收益包括：①年管理费,费用通常是承诺资本的1.25%~3%;②基金管理人还收取投资利润的15%~25%作为管理分红,私募股权基金有限合伙人(LP)享有基金投资利润的75%~85%。

为了使基金管理人与投资者收益一致,基金管理人只有在投资者收回全部资本,并且实现一定的保底收益之后,才能在利润的增量部分分享15%~25%,而1.25%~3%的固定管理费则是为了弥补基金管理人日常开支,通常包括员工工资、寻找项目的费用以及投资过程中支付给中介机构的费用。

(三) 生命周期

投资基金作为一种集合投资方式,通常存续相当长的时间。与其他投资基金不同的是,私募股权基金的存续期是有限的,一般为10年,中国的私募基金存续期也有短至5年的。调查表明,72%的私募股权基金的经济寿命在7~10年,合伙协议一般有延长基金寿命的条款,最常见的为3年。

案例阅读10-1:基金存续期限与造假

在10年的存续期内,基金要完成"募投管退"4个阶段,这与一般的风险投资的运作过程一致。其时间分配如下:

(1) 募:私募股权基金的募集要花费6~9个月,最长可达18个月。

(2) 投:从筹资截止日起,基金管理人开始部署投资项目,这个阶段为投资期,一般持续3~6年。

(3) 管:当一个项目投资完成后,基金管理人会持续关注被投资企业的经营状况,并视情况给予企业财务、战略或销售渠道等各种支持。

(4) 退:在4~10年的收获期,基金管理人会通过上市或出售等方式实现资本增值和项目退出,并将资金返还给投资者。

(四) 承诺资本制

1. 承诺资本制的概念

承诺资本制指在基金募集(或首轮募集)的最后阶段,基金出资人只需将承诺出资总额的一定比例安排资金到位,基金即可宣告成立。剩余部分则在后续的基金运作中根据项目进度的需要陆续进行实缴。大多数协议要求以现金形式投入总出资额的25%~33%,剩下的投资可以到未来某一天再投入(如每年投入总出资额的25%)。普通合伙人将监督有限合伙人按时缴纳出资。如果合伙人毁约,不能按时缴纳出资,会受到惩罚,如将其出资的所有权比例降低一半或限制他们撤销已投入的资本等。

资本金陆续到位的承诺出资是有限合伙形式基金的特点之一,已成为行业标准。操作上,首轮募集资金一般会快速投资于已就绪的投资项目。基金后续寻找、筛选并投资的项目,管理公司会根据实际情况向基金出资人发出缴纳通知(capital call)。在承诺出资后,基金出资人将在基金投资期内,根据管理公司的出资通知书分批缴纳资本金,直至累计的实际出资金额达到承诺出资总额。

2. 采用承诺资本制的原因

采用承诺资本制的根源是私募股权基金的管理分红机制。基金管理人获得20%管理分红的前提是基金年内部收益率超过一定的门槛,一般为8%。考虑到基金每年还需要支出2%的固定管理费,基金管理人实际上需要每年至少为投资者赚取10%的收益才能获得利润分享。而基金管理人寻找项目需要一定的过程,为了分散风险,一些基金管理人会在

3～5年的投资期内每年投出一定的数额。如果基金在募集时所有的资金都到位,那么多数资金只能闲置,从而拉低内部收益率。与全部资金一次到位的出资方式相比,承诺资本制大大提高了资金的使用效率。所以,一般情况下管理公司不会要求出资人一次性缴纳全部出资。

(五) 现金流模式

私募股权基金部署投资和项目退出是连续的过程。可能在尚未缴付完毕前,便有项目资本金和利润返还。但总体来说,在投资期内投资者为净现金流出,收获期主要为净现金流入。因此,私募股权投资的累计现金流和内部收益率一样是一个先负后正的变化过程。这样的现金流模式可能使普通投资者望而止步,相较于收益即时可见的共同基金,私募股权的投资周期更长,风险更高。

五、私募股权投资的组织形式

(一) 公司制

公司制私募股权投资基金是依据《公司法》成立的具备独立法人资格的基金管理公司或投资公司,以股份有限公司或有限责任公司的形式设立,是最早出现的私募股权投资的组织形式。基金投资者也是公司股东,以投资额为限承担有限责任,一般不参与公司经营管理和投资运作。

公司制私募股权基金的特点是:

第一,基金本身具备法人资格,能够独立行使民事权利、承担相应责任,在对外投资时受到限制相对较少。

第二,股东必须按照《公司法》和公司章程的约定,按时足额缴纳资本,除非破产或清算,否则股东不能撤资。因此,公司制私募股权基金的资金来源保障较好,稳定性高。

第三,公司制私募股权基金拥有较完善的治理结构,能够对代理人实施较为有力的法人治理约束,相对较好地解决委托-代理问题。

第四,股东以出资额为限承担有限责任。

(二) 有限合伙制

1. 概念

2006年8月颁布了修订后的《中华人民共和国合伙企业法》(以下简称《合伙企业法》),认可普通合伙人和有限合伙人的法律地位;2008年1月1日正式实施的新《中华人民共和国企业所得税法》又进一步明确了合伙企业税制。这对于风险投资基金等私募股权投资的发展至关重要。此后,私募股权在我国得到快速发展。典型的私募股权投资组织形式主要采用了有限合伙制,占到了总体的80%以上,成为主流模式。

有限合伙制私募股权基金有两种合伙人,即有限合伙人(LP)和普通合伙人(GP)。有限合伙人是大部分资金的提供者(超过95%),他们可以是个人,也可以是如养老基金或保险基金那样的机构,不参与基金管理,以出资额为限对有限合伙企业承担有限责任;普通合伙人通常是一群有经验的风险投资家(通常2～5人),出资比例较低(5%以下),负责管理多个私募基金或基金集团,每一个基金都分别对应一个法律上独立的有限合伙关系,并对合伙企业债务承担无限责任。

有限合伙制不具备独立的法人资格,GP和LP依据合伙协议来约定权利和义务,保障合伙企业运行。有限合伙制的私募股权基金运作机制如图10-1所示。

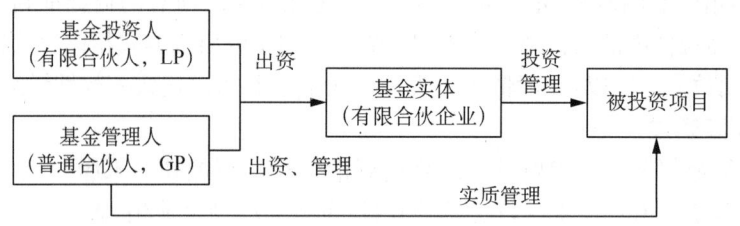

图 10-1　有限合伙制私募股权基金运作机制

参考资料:刘寒星,等.中国私募股权投资[M].北京:中国人民大学出版社,2021:40.

2. 有限合伙制的特点

第一,有限合伙制私募股权基金不具备法人资格,不能独立承担民事责任。合伙在英美法系国家中被视为自然人的聚合,因而不具备独立的法人资格,虽说合伙制的实体可以以其名义诉讼或被诉讼,以及偿付与被偿付,但其真正的法律责任最终仍然是由具体的合伙人承担。其区别于公司制,公司是独立于投资人的独立法人,投资人的债务、税负和法律责任仅以其出资为限。因此,有限合伙制私募股权基金无须在合伙企业层面缴纳所得税,避免了公司制双重纳税的问题。

第二,有限合伙制私募股权基金的经营管理权掌握在 GP 手中,GP 对企业债务承担无限连带责任。尽管对 LP 参与管理的权力有诸多限制,但通常允许他们就重大问题,如个别有限合伙协议、在契约终止前解散合伙企业、延长风险资金的期限、更换 GP 以及评估资产组合的价值等情况下有投票权。尽管合伙协议各不相同,但一般要求有 2/3 以上的合伙人投票才能使其变更生效。

第三,合伙协议较为灵活,没有固定框架,使有限合伙制私募股权基金的激励约束机制能够得到充分发挥。

第四,有约定的存续期。

第五,实行承诺资本制。

(三) 信托制

信托制私募股权基金也称契约型私募股权基金,是指投资者和基金管理人基于相互信任,通过签订信托契约设立集合投资计划,投资于未上市企业股权的集合投资模式。信托制私募股权基金本身不具备法人资格,不是独立的财产主体,因此基金财产的所有权必须转移到作为受托人的基金管理人名下,通常还会设立一名基金托管人(通常为商业银行)来托管基金资产,并对基金财产行使占有权。

第二节　中国私募股权投资的主要类型

本节将介绍创业投资基金(天使投资与风险投资)外的私募股权投资种类,即狭义上的私募股权投资(PE)包含的主要基金类型。其主要包括成长资本、政府投资基金与并购基金。

一、成长资本

(一) 概述

在国际市场上,占主流地位的私募股权投资策略是杠杆收购、房地产基金和创业投资(风险投资)。但在中国市场上,占据主流地位的投资策略却是成长资本(growth/expansion capital)。中国私募股权投资基金类型分布如表 10-3 所示。

表 10-3　中国私募股权投资基金类型分布(2020 年前三季度)　　金额单位:亿元
　　数量单位:只

	成长基金		创业基金		并购基金	
	数量	占比	数量	占比	数量	占比
募集基金数量	1 773	49.83%	1 538	44.22%	52	1.5%
募集资金规模	6 697.58	55.94%	2 909.31	24.3%	1 106.96	9.25%

资料来源:清科研究中心

从表 10-3 可以看出,无论是基金数量还是资金规模上,成长基金都占据了中国私募股权基金的半壁江山,行业整体呈现"中间大、两头小"的格局。

实践中很难非常严格地区分创投与成长资本,很多创业投资也覆盖成长阶段,一些创投基金的管理人也采取成长资本的策略。业界著名的深圳市创新投资集团超过一半的资金投资在成长期企业上。投资规模是二者最主要的差异,据清科创投的统计,2011 年中国新募集的成长资本基金平均规模约为 10 亿元,而创业投资基金为 4.5 亿元。

案例阅读 10-2:深圳市创新投资集团有限公司的股权投资

(二) 特点

成长资本策略指的是对成长期企业的少数股权或准股权投资,其有以下特点:

(1) 被投资企业角度。被投资企业的商业模式已经基本成熟并进入高速扩张阶段,企业已经从研发阶段过渡到了市场推广阶段并产生一定的收益,预期营收将快速增长,现金流为正或已接近盈利;资金用于企业发展新业务、进入新市场。

(2) 商业模式角度。基金通常只寻找少数股东权益,而不会要求控股地位;与风险投资相比,投资风险降低,投资规模增大,投资标的减少,成长资本往往会有单笔投资的下限。其往往针对具有良好发展前景的特定细分行业(业内称之为"赛道"),既投资于行业内多家企业,又对头部一家或几家企业进行重点投资。

(三) 投资理念

中国成长资本的投资理念就是投资于能在未来两到三年内具备上市条件的企业,在其上市后通过二级市场套现退出。主要上市地点为中国内地 A 股市场、中国香港的主板市场以及美国市场。由于监管制度不同,三个市场的上市标准也略有不同。但总体来说,稳定增长的现金流或利润是最基本的要求。

具体标准如下:

1. 杰出的管理团队

团队是基金挑选项目的重要因素之一,上市时如果企业有较为稳定的股东结构和较强背景的管理团队,则企业能在定价时占据有利地位。

2. 有效的商业模式和/或核心技术

商业模式(business model)是企业获取利润的方式。比如,携程网的商业模式是为客户提供机票和酒店预订服务,服务费是其收入的主要来源。商业模式可细分为价值贡献、目标客户、销售渠道、客户关系、核心竞争力、价值链、成本结构以及收入模型等多个环节。中国企业的核心技术并不强大,但在商业模式的创新方面却卓有成效。

基金在考察项目时经常依靠经验去判断商业模式的优劣。从实践中看,简单的商业模式成功的概率更高。投资界关于商业模式的经典案例,如红杉资本的合伙人在会见寻求投资的企业家时,会要求其在名片的空白处写下商业模式。由于名片的空白处有限,因此这种方法排除了商业模式复杂的企业。

案例阅读10-3:征途游戏的免费模式

即便从事相同的业务,商业模式不同的企业在收入模式和盈利能力方面也可能会存在巨大的差异。比如天猫商城和京东商城,虽然二者都是B2C商城,但前者的商业模式类似于房地产,收入来自入驻商家缴纳的服务费,而后者类似于电器店,收入主要来自销售利润。又如卡巴斯基和360安全卫士,前者的收入主要来自杀毒软件的订阅年费,而后者提供免费杀毒软件,主要收入来自商家收入的广告费用。

3. 持续盈利能力

成长资本高度重视企业的盈利及成长性。以中国A股市场作为退出渠道的人民币基金一般将盈利能力视为首要的考察标准。

美国证监会不会评价企业的优劣,而是将这一权利交给市场。因此,即便是亏损多年的企业,只要获得市场的认可并获得足够的认购,一样可以发行股票并达到交易所的挂牌要求。事实上,多数在美国上市的中国企业往往亏损多年,如百度、奇虎、新浪等。因此,在考察企业时,投资者更关注企业的业务成长性和资本市场的喜好,而不仅仅是盈利。伴随着注册制在中国的实施,国内外对盈利的要求也不断地趋于一致。

4. 可行的退出方案

(1) 上市后减持套现。IPO之后通过二级市场减持股份套现是理想选择,但大多数受资企业最终无法实现IPO。从国际经验看,绝大多数的私募股权投资退出的方式为整体出售给同行企业或其他基金。

(2) 回购。在实践操作中,如果以普通股或可转换优先股的方式进行投资,基金管理人往往会要求企业签订回购条款保证其利益。条款通常约定,企业在投资后3或5年内未在约定的交易所完成IPO,则企业或控股股东有义务按照约定的价格回购基金的股份。这个价格通常会比初始入股价格有一定的溢价,如初始入股价格加上每年5%、10%或20%的溢价。在未能完成IPO的企业财务状况不能支持溢价的回购的情况下,这一条款不能完全保障基金的退出收益。

(3) 可转换债券。其好处是如果未来企业盈利符合甚至超越预期,基金可以将债券转化为股票套现获利。摩根士丹利、英联、鼎晖对蒙牛的第二轮融资是这方面的典型案例。如果企业盈利不佳甚至上市失败,基金可在到期时要求企业返还本金。可转换债券是基金可行的投资选择,但更常见于海外IPO企业。国内发行可转换债券的企业通常为已上市公司。

二、政府投资基金

(一) 概述

中国政府深度参与了私募股权基金市场,形成了具有中国特色的政府投资基金。政府投资基金是指财政资金通过设立或参股设立创投基金、产业发展基金等形式,吸引社会资本的共同参与,采用股权投资等市场化方式,实现支持相关产业发展、推动经济转型升级等既定政策目标的资金。[①] 政府投资基金设立的主要目的是引导产业发展,核心属性是引导。这体现在两个方面:一是吸引社会资本。为了吸引社会资本的参与,政府投资基金会向社会让利,常见的形式有政府出资不分享或少分享基金投资收益,或政府出资充当劣后级。二是投向特定领域。政府设立投资基金的目的一般是扶持特定产业,具体包括:扶持战略性新兴产业;支持当地经济发展,如要求被投资企业在当地经营并纳税;为重大项目,如重大基础设施建设、保障房建设等融资。

在实践中,我国各级政府出资设立的投资基金有多种名称,包括政府股权投资引导基金、产业投资基金、创业投资引导基金、政府引导基金和政府出资产业投资基金等[②],同样主要开展股权投资,均具有私募性质,属于广义的私募股权基金范畴。此外,创业投资引导基金也属于政府引导基金[③],本质是由政府出资投资 VC 的母基金。这类基金在本教材第五章有过介绍,属于风险投资机构的一种类型。

(二) 背景

(1) 财政支持产业升级、经济结构转型的创新实践需要。党的二十大报告指出,加快实施创新驱动发展战略。提升科技投入效能,深化财政科技经费分配使用机制改革,激发创新活力。一方面,我国经济结束高速增长阶段,财政收入呈现减速趋势,以补贴为主的传统支持方式面临"财力有限""手段有限"的困境。且随着政府职能转变,财政资金需要更多地投向民生领域,利用大规模直接投入的方式促进企业创新既没有力量,也不合适,亟须创新支持手段。另一方面,要实现创新驱动,必须提高资源配置效率。政府直接投资由于缺乏专业的经营管理能力,不能很好地与高新技术产业发展、企业兼并重组、初创企业发展等融资需求相匹配,需要通过与专业机构合作的方式,更好地实现促进创新驱动与经济转型升级发展的目标。

(2) 初创期创新企业的融资难。由于新兴产业、初创企业,尤其是创新型的初创企业存在很大的不确定性以及更高的经营风险,大部分银行类金融机构乃至各类私募基金投资热情不高,使这类企业难以通过市场化的方式获得足够的资金支持。大部分私募基金倾向于投资成长后期甚至成熟期的创新型创业企业,以期能够在短期内获得较大的经济回报,风险投资的晚期化趋势是世界范围内的普遍现象,由此带来了早期创业投资的资金缺乏问题。政府投资基金则可以弥补这种市场失灵。

(3) 制度条件。2005 年,国家发展和改革委员会等部门发布了《创业投资企业管理暂行办法》,首次明确了国家与地方政府可以设立创业投资引导基金,通过参与和提供融资担保等方式扶持创投企业的设立和发展。2007 年 6 月施行的《合伙企业法》为 LP/GP 式的基金运转模式提供了法律保障。2008 年发布的《关于创业投资引导基金规范设立与运作的指导意见》,为设立引导基金提供了政策基础。

---

① 参考资料:孙飞,等.正确发挥政府投资基金作用 促进经济转型升级发展[M].北京:中国发展出版社,2019:22.
② 此类名称来源于:2015 年财政部印发《政府投资基金暂行管理办法》(财预〔2015〕210 号)和《关于财政资金注资政府投资基金支持产业发展的指导意见》(财建〔2015〕1062 号),国家发展和改革委员会 2016 年印发《政府出资产业投资基金管理暂行办法》(发改财金规〔2016〕2800 号)。
③ 参考资料:2008 年国务院办公厅转发《关于创业投资引导基金规范设立与运作的指导意见》。

补贴与税收优惠是传统财政支持产业发展的重要方式,但基于创新驱动与产业转型升级的经济现实,为了更好地发挥财政支持作用,需要创新财政工具以及财政资金使用方式。并且,2014年修正的《中华人民共和国预算法》发布,国务院开始严格限制地方政府对企业的财政补贴。在以上背景下,包括各种引导基金在内的政府投资基金应运而生。

(三) 作用机理

政府投资基金的作用机理如图10-2所示。一方面,政府投资基金通过财政资金链接、撬动社会资本,将资金投向市场失灵领域,能够缓解高新技术产业、战略性产业、初创企业、中小企业等领域的融资难题。政府投资基金除自身资金外,更重要的是还能够引导银行、PE、VC等资金流向这些企业,发挥"四两拨千斤"的作用,共同从资金端促进经济转型升级发展。另一方面,政府投资基金还发挥平台、协调功能,连接政府、社会资本主体和企业三方,促进资源整合集聚,将政府的政策资源、空间资源、产业资源和社会主体的创新意识、灵活机制、市场机会等有机结合,将货币、管理、技术、实物资本在实体经济层面有机整合,进而优化资源配置,为产业发展与经济转型升级提供助力。

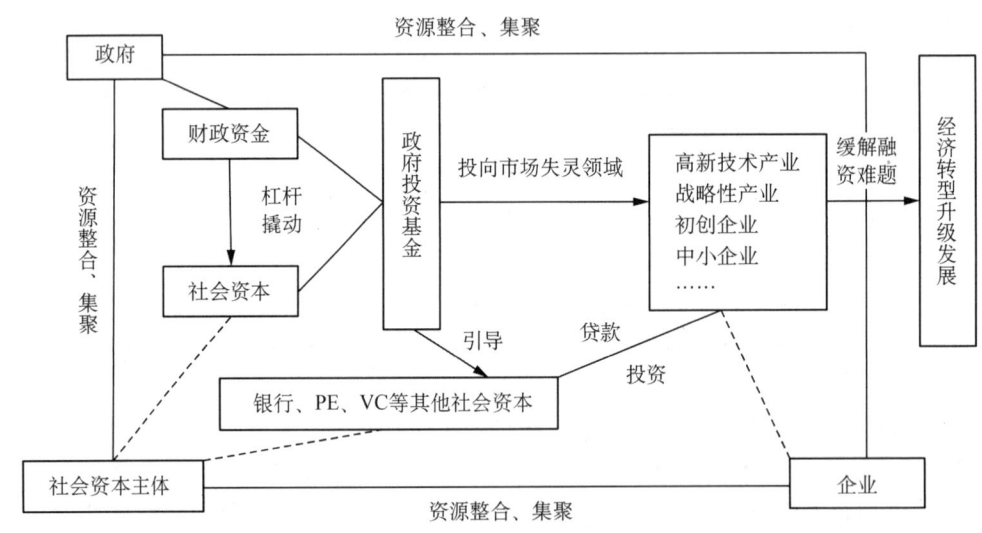

图10-2 政府投资基金的作用机理

参考资料:孙飞,等.正确发挥政府投资基金作用 促进经济转型升级发展[M].北京:中国发展出版社,2019:4.

(四) 分类①

(1) 按要实现的政策目标,政府投资基金可分为直接支持产业发展的投资基金(如创投基金、产业基金、并购基金等)、改善市场投融资环境的基金(如风险补偿、分担基金、融资担保基金等)以及基础设施投资等公共服务类基金。

(2) 按管理方式,政府投资基金可分为自我管理类基金和委托管理类基金。自我管理类可细分为事业单位管理和下属企业管理两种类型;委托管理类可细分为成立独立的政府投资基金管理公司进行管理和委托第三方机构管理两类。

(3) 按吸引社会资本方式(主要指FOF),政府投资基金可分为母基金全额财政出资和

---

① 参考资料:孙飞,等.正确发挥政府投资基金作用 促进经济转型升级发展[M].北京:中国发展出版社,2019:25.

母基金为财政、社会资本按比例出资两种类型。

（4）按组织形式，政府投资基金可以分为公司制、有限合伙制和契约制三种类型。

三、并购基金

（一）概述

在国际上，并购基金是私募股权投资的主流策略，而在中国市场上，占据主流的是成长资本。这与不同市场上的投资者或资金来源有关。在国际市场上，养老、保险公司和主权财富基金等机构投资者是主流，对于能吸纳较多资本的并购基金来说，性价比较高且较容易监控的并购基金是合理的投资选择。而在以高净值个人为主要投资者的中国市场，小规模的成长资本和创投基金成为主流。

（二）投资逻辑

1. 运作机制

并购基金主要选择那些具有稳定现金流和大量资产可以用于抵押举债的企业进行收购。并购基金的管理人本身并不会直接管理这些收购来的企业，而是需要依赖专业的管理团队进行管理。这些管理团队可以是目标企业的管理团队，或者是外部管理团队。由于存在信息不对称，并购基金一般倾向于与目标企业的管理团队合作进行杠杆收购，这种方式也被称为管理层收购（management buy-outs，MBO）。但是如果目标企业管理团队能力较差，或者是并购基金的竞争对手，并购基金则必须寻求外部管理团队的合作。外部管理团队主导的杠杆收购也称为管理层换购（management buy-ins，MBI）。

与企业一样，行业也存在生命周期。从产业整合的角度看，行业生命周期可以分为初创、规模化、集聚与整合以及平衡和联盟等 4 个阶段。创业投资和成长资本主要是投资于初创和规模化阶段的产业，而并购基金则主要投资于后两个阶段的产业。

拓展阅读 10-1：产业生命周期演进过程中的私募股权

2. 资金来源

并购基金收购企业的资金除来自并购基金自身之外，还会从商业银行、机构投资者和投资银行等筹集各种名目的债务资金。其中最主要的就是高级贷款（senior loan）和高收益债券（high-yield bond）。

高级贷款一般以目标企业的固定资产为抵押，偿还优先等级在所有债权中处于最高等级，利率较低。高级贷款通常由多家金融机构共同提供，以银团贷款的方式出现。银团贷款一般由投资银行负责安排，成员一般包括银行、共同基金、对冲基金和结构融资实体等。为吸引投资者，高级贷款的利率一般适用浮动利率，形式为伦敦银行同业拆借利率（london interbank offered rate，LIBOR）加上一定的升水。

此外，并购基金还通过发行无抵押的高收益债券来筹集资金。这种高收益债券又称垃圾债券（junk bond），通常没有资产抵押，偿还顺序上仅优先于股权资本。高收益债券性质上介于股权和债权之间，因而也被称为夹层资本。

3. 退出方式

与其他私募股权基金一样，并购基金的存续期限也是有限的。并购基金的最终目的并不是成为企业股东，而是在企业经营改善之后将企业以合适的价格套现。并购基金投资者衡量基金表现的主要标尺是内部收益率。并购基金会寻求在企业绩效改善之后尽快套现以实现更高的投资收益。并购基金一般退出的期限为 3~7 年。

套现的方式包括：

（1）整体套现。整体套现的方式有两种：公开上市发售给公众投资者或整体出售给其他投资者。

（2）部分套现。并购基金在企业盈利的前提下通过调整资本结构来实现部分套现。在这种模式下，目标企业发行债券并将筹集的资金以特别红利的形式发放给股东作为股东的并购基金。比如，高盛和鼎晖组成的投资团在收购双汇集团之后，便以大量发放现金红利的方式迅速回收部分投资。

4. 投资目标的选择标准

（1）可预测的稳定现金流。由于债务比率要超过普通企业，目标企业面临很大的利息支付压力。如果目标企业没有稳定现金流，那么宏观经济或行业层面的波动可能会造成企业违约。从这个角度看，周期性较弱的防御型行业，如食品、日用化工和公用事业等，比较适合作为杠杆收购的目标。而周期性较强的行业，如房地产、水泥、钢铁和重工业等，如果没有稳定的现金流保障，则不适合作为收购目标。

（2）较低的资产负债率。如果目标企业本身的杠杆率已经很高，在此基础上再行举债的空间并不大，杠杆收购也就失去了价值。发达国家市场上的上市公司往往负债率较低，因而经常成为杠杆收购的目标。以美国市场为例，上市公司的平均负债规模为未计利息、税项、折旧及摊销前的利润（earnings before interest, taxes, depreciation and amortization, EBITDA）的 1.2 倍左右，而杠杆收购的负债规模平均为 EBITDA 的 7 倍左右。我国的公司往往在上市之后资产负债率不断上升，负债规模平均为 EBITDA 的 10 倍左右，因而并不一定适合作为杠杆收购的目标。

（3）较低的运营资本要求。并购基金希望目标企业在尽量减少营运资本投入的情况下，尽量提高收入。因为目标企业的营运资本贷款一般是由银行提供的滚动信贷额度，如果需要大量营运资本投入将可能需要在收购结束后继续融资，不符合基金的利益。

（4）较低的资本支出要求。研发投入对于企业的长期发展具有重要意义，但其在短期内无法对现金流产生贡献。并购基金的目标投资期限并不长，因此其不希望在研发和资本开支上投入过多资金。按照这一标准，低科技的传统产业，如食品和服务业是理想的收购对象。实证研究表明，杠杆收购后企业的研发投入和资本开支确实有显著的降低，但企业申请的专利数量没有明显减少。这说明杠杆收购后的企业资金的利用效率、经营效率都有所提高。

（5）成本降低空间。杠杆收购的收益除了来自杠杆率的提升，还依赖于资产收益率的提升。因此，并购基金往往在以上标准之外，还希望企业有潜在的成本削减空间。杠杆收购后的企业往往会不择手段地削减开支，包括裁撤非必要的员工、减少奢侈性的开支等，成本削减空间需要详细的业务和财务尽职调查。成本削减速度也是并购基金考核管理团队的指标之一。

并购基金通常会收购那些具有良好品牌，市场地位不容易受到攻击的企业。这是因为杠杆收购后，企业往往要削减开支，降低运营成本，可能无法维持收购后的市场营销力度。而目标企业的易主往往会导致客户的流失。

（6）优秀管理团队。并购基金往往会青睐于那些有优秀管理团队的企业。通过和管理团队的合作，杠杆收购失败的风险会降低。但并非所有的管理团队都能扭转乾坤，一旦管理团队表现欠佳，并购基金就会介入干预。实证研究表明，杠杆收购企业的首席执行官（chief executive officer，CEO)更换频率要显著超过同行企业。这也是并购基金积极干预的证据之一。

(7) 良好的退出渠道。拥有合理的退出策略空间也是并购基金选择目标企业的标准，对于那些监管严格和市场准入难度较高的行业来说，退出策略的选择要比完全竞争行业多很多。比如中国的金融业，由于银行业的全国性牌照很难获得，新桥基金收购的深圳发展银行一开始便有很多潜在的买家。但也因为银行业的监管较为严格，新桥基金之前选定的不少买家(如通用电气)都陆续退出了竞争，最后才选定了平安集团。这也是监管严格行业的缺点之一。

(三) 收益来源

第一，估值倍数的增长。杠杆收购的收益来源与 PE 的 Pre-IPO 投资存在类似之处，Pre-IPO 以 10 倍的市盈率买进，如能在半年内实现上市，上市之后市盈率可以增加至 20 倍、30 倍，即使企业利润没有增长，也能实现收益的增长。

第二，业绩的增长。假如投资了一个很优秀的企业，这个企业每年都能创造 20%～25%的净利润，那么即使进入与退出时的估值差不多，基本上也可以实现年化收益率 20%～25%。

第三，利用杠杆。在美国，杠杆收购的收益来源较为单一，因为美国的 GDP 增长相对较低，一般在 2%～3%。那么企业的利润增长也不太可能长期超过 GDP，而且美国的一级市场和二级市场相对来说是分割不强的，资本的套利空间非常少。因此，收益的提高必须非常严格地依赖银行或者证券市场作为融资渠道完成交易，利用杠杆提高收益率就成为第三个收益的来源。

(四) 与成长资本的比较

并购基金与成长资本的比较如表 10-4 所示。

表 10-4 并购基金与成长资本的比较

项目	成长资本	并购基金
投资范围	新兴科技领域为主	涉及很多传统领域
投资阶段	成长期	多为成熟期，甚至上市公司
标的选择标准	成长性	更看重现金流的稳定性与降本增利空间
持股比例	财务投资，少数股权为主	控股型投资为主
杠杆使用	单笔投资金额相对较少，一般不使用杠杆	单笔投资金额较大，常使用杠杆
投后管理	较少介入企业日常经营，以增值服务为主	投前有明确的并购方案，并购后深度介入并主导企业运营
与产业公司协同	与产业公司存在协同，但不频繁	常与产业公司协同完成并购和并购后的业务重整
失败率	较高	相对较低
核心能力要求	对行业发展趋势把握能力，尤其是对新兴的商业模式或科技前景以及创业团队的判断力要求很高	更全面，除了把握产业发展趋势，要有更复杂交易结构设计能力、募集能力(并购贷款、夹层资金等)、实体企业运营管理能力等

参考资料：刘寒星，等. 中国私募股权投资[M]. 北京：中国人民大学出版社，2021：61.

关键概念

私募股权投资；政府投资基金；成长资本；并购基金

本章小结

1. 私募股权投资是指以非公开的方式向少数机构投资者或者个人募集资金，主要向未上市企业进行权益性投资，最终通过被投资企业上市、并购或管理层回购等方式退出而获利的一类投资。广义的私募股权投资涵盖了企业发展生命周期各阶段的股权投资，狭义的私募股权投资主要指的是对形成一定规模并产生稳定现金流的成熟企业的私募股权投资部分，主要指创业后期的私募股权投资部分。

2. 在国际市场上，占主流地位的私募股权投资策略是并购基金、房地产基金和创业投资（风险投资）。但在中国市场上，占据主流地位的投资策略却是成长资本。

3. 政府投资基金也是私募股权投资的一种，是政府参与私募股权的体现，目的在于吸引社会资本、扶持产业或地方经济发展。

4. 并购基金作为私募股权投资的一种形式主要出现在企业成熟期，主要选择那些具有稳定现金流，并且有相当的资产可以用于抵押举债的企业进行收购，有时也被称为杠杆收购。

思考习题

1. 简述企业生命周期不同阶段的私募股权投资形式。
2. 成长资本作为中国私募股权投资主要形式的原因与特点是什么？
3. 中国成长资本的投资理念与投资标的选择标准是什么？
4. 什么是并购基金与杠杆收购，其投资逻辑是什么？

案例与实训

案例分析

案例分析 10-1：紫燕食品引入机构投资者，准备上市

扫描二维码阅读案例资料，讨论以下问题：
(1) 紫燕食品引入机构投资者的目的与作用是什么？
(2) 界定紫燕引入机构投资者属于哪一类私募股权投资。

实训练习

扫描二维码阅读文件（《常州龙城科创发展基金管理办法》《常州市产业投资基金管理办法》《常州天使投资引导基金管理办法》），比较常州龙城科创发展基金、常州市产业投资基金、常州天使投资引导基金之间的区别。

第十一章 中小企业债券融资

 相关法律法规

《中华人民共和国中小企业促进法》

第十八条 国家健全多层次资本市场体系,多渠道推动股权融资,发展并规范债券市场,促进中小企业利用多种方式直接融资。

 本章学习目标

◇ 了解债券的概念与分类,以及中国非金融企业债券的分类与特征;理解中国中小企业债券的分类。
◇ 了解中小企业集合融资、集合债、集合票据的基本概念;掌握区域集优债、小微企业增信集合债的概念与运作。
◇ 了解中小企业私募债的概念,以及与其他中小企业债券的区别。
◇ 掌握双创孵化专项债券、双创专项债务融资工具、双创公司债务的概念与基本操作要点。

微课视频
11-1:思维导图

第一节 债券融资概述

一、债券概述

(一) 定义

债券是经济主体为融资而发行的,用以记载和反映债权和债务关系的有价证券。

(二) 分类

按照不同的标准,债券可以分为以下不同的类型:

(1) 按抵押担保状况,债券可分为抵押债券和信用债券。抵押债券就是以发行主体财产为担保而发行的债券。信用债券则是没有抵押品,完全靠发行主体良好的信誉而发行的债券。

(2) 按利率,债券可分为固定利率债券、浮动利率债券、零息债券和指数债券。固定利率债券将利率明确记载于债券上,按这一固定的利率向债权人支付利息;浮动利率债券是指将债券利率水平按某一标准(如国债利率、银行存款理论)的变化同方向调整的债券。零息债券以低于面值发行,到期按面值兑现,又称为贴现债券。指数债券与一般债券相同,只是债券利率随价格指数的变动而变动。通货膨胀上升时,债券利息也随之上升,可以保护债券持有人的利益。

（3）按债券的选择权不同,债券可分为可赎回债券、可转换债券、可退还债券及附认股权证债券。

微课视频11-2：案例阅读——中鼎股份的可转债融资与回售危机

可赎回债券是指发行者在债券基础上附加提早赎回或以新换旧条款,允许发行者选择到期日之前向债券持有人赎回全部或部分债券的债券品种。

可转换债券是指在一定期限内,可以按照规定的价格或一定的比例,由持有人自由选择转换为普通股的债券。

可退还债券。如果说可赎回债券给予发行者一种买权,那么可退还债券则给予投资者一种卖权。投资者购买了这种债券后,如果市场利率不变或持续下降,可以持有债券;反之,如果市场利率上升,投资者可以把这种利率相对较低的债券按照约定价格卖给债券发行者。

附认股权证债券又称可分离交易可转债,指在债券发行的同时,附有认股权证。债券和股票权证发行时是组合在一起的,但在上市后可自动分拆为可转换债券和股票权证。这种融资方式赋予了企业一次发行,两次融资的机会。

（三）发行审核制度

我国债券市场的发行审核制度主要有4种类型：审批制、核准制、备案制和注册制。

（1）审批制。其最主要的特点是存在较多行政干预,即发行人的选择和推荐,由地方和主管政府机构根据额度决定。

（2）核准制。与审批制相比,核准制在干预方面有较大放松,主要表现在以下几个方面：在选择和推荐企业方面,由主承销商培育、选择和推荐；在发行规模上,由发行人根据自身需要自主决定申请；在发行定价上,由发行人与主承销商协商,并充分反映投资者的需求,使发行定价真正反映内在价值和投资风险；在发行方式上,发行人和主承销商进行自主选择。由于发行过程中行政干预有所放松,因此核准制对发行人信息披露提出了较高要求：强制性信息披露和合规性审核。

（3）备案制。与核准制对内容的实质性审核不同,备案制仅进行形式审查,即只对申请文件的完整性和真实性进行核查,理论上并不对申请文件的内容做实质性审查。

（4）注册制。注册制下,发行人信息披露是核心,相关管理机构对发行人及债券的价值等实质问题不进行实质审核,以中介机构的尽职调查为基础,主要对披露材料的真实性、准确性和完整性进行评议。

综上所述,审批制和核准制体现实质管理原则,企业能否发行债券更多取决于审核者的实质判断。备案制和注册制为形式审查,企业能否发行债券主要取决于市场主体对企业风险和债券价值的判断。

从严格程度来看,审批制＞核准制＞备案制＞注册制；从信息披露要求程度来看,审批制＜核准制＜备案制＜注册制。

（四）发行方式

1. 私募发行

私募发行又称定向发行或私下发行,即面向少数特定投资者发行。私募发行不需要承销商,由债券发行人与投资者直接接触,洽谈发行条件等条款。一般而言,私募债券的发行对象为机构投资者,如保险公司、退休基金等。

私募发行的手续简便、发行时间短、效率高、发行成功率高。其发行条件较为灵活,只需与投资者协商决定即可,相对于公募发行需要达到的严格条件来说,其发行门槛较低。相应地,私募发行的债券由于发行条件低、流动性较差,收益率也较公募债券高。

2. 公募发行

公募发行又称公开发行,由证券承销商组织承销团将债券向广泛的社会投资者发行。公募发行面向公众投资者,筹资额大,债权分散,不易被少数大债权人控制,发行后上市交易方便,流动性强。但公募发行的要求较高,手续复杂,需要承销商参与,发行时间长,费用较私募高。

二、中国债券市场结构与品种分布

(一) 市场结构

中国的债券发行市场分为银行间市场、交易所市场、柜台市场和包括机构间私募产品报价与服务系统在内的其他市场。

银行间市场是债券市场的主体,市场参与者是各类机构投资者,属于大宗交易(批发市场),银行间市场的投资者直接在中央结算公司开立证券账户,中央国债登记结算有限责任公司提供交易结算服务,主要由中国人民银行监管。

交易所市场包括上海证券交易所和深圳证券交易所,实行两级托管制度,其中,中央国债登记结算有限责任公司为一级托管人,为交易所开立代理总账户,中国证券登记结算有限责任公司为债券二级托管人,记录交易所投资者账户,主要由中国证监会监管。

柜台市场是银行间市场的延伸。

(二) 品种分布

债券发行市场结构与品种分布如表 11-1 所示。其中,国债、地方政府债、政策性金融债、证券公司债、其他金融机构债、企业债券、政府支持机构债、证监会主管 ABS、可转债为跨市场发行品种。

表 11-1 债券发行市场结构与品种分布

市场种类	发行品种	2018 年发行额(亿元)
银行间市场	国债、地方政府债、同业存单、金融债、企业债券、中期票据、短期融资券、定向工具、国际机构债、政府支持机构债、中国银行间市场交易商协会 ABN、银监会(已撤销)主管 ABS、项目收益票据	402 762.71
交易所市场	国债、地方政府债、政策性金融债、证券公司债、其他金融机构债、企业债券、公司债券、证监会主管 ABS、可转债、可交换债	100 516.84
柜台市场	国债、政策性银行债、政府支持机构债	35 179.17
其他市场	国债、证监会主管 ABS、可转债	1 260.00

参考资料:李扬,王芳. 中国债券市场(2019)[M]. 北京:社会科学文献出版社,2019:186.

在中国债券市场发行的债券主要可分为以下几类:国债、央行票据、金融债券、企业债券、非金融企业债务融资工具、公司债券等。

(1) 国债。国债又称国家公债,是由国家发行的,承诺在一定时期支付利息,到期偿还本金的债权债务凭证。中央政府发行的为中央主权债券,即国家公债;地方政府发行的为地方主权债券,即地方公债。

(2) 央行票据。央行票据即中央银行票据,是中央银行为调节商业银行超额准备金而向商业银行发行的短期债务凭证,其实质是中央银行债券,之所以称为"票据",是为了突出其短期性特点(从已发行的央行票据来看,期限最短的仅有3个月,最长的也只有3年)。

(3) 金融债券。金融债券是指依法在中华人民共和国境内设立的金融机构法人在全国银行间债券市场发行的,按约定还本付息的有价证券。按金融机构从事的业务范围与监管限制,可以将金融债券分为政策性银行债、商业银行债和非银行金融债。非银行金融债包括保险公司债、证券公司债和其他金融机构债。

(4) 企业债券。企业债券是指企业依照法定程序发行,约定在一定期限内还本付息的有价证券。

(5) 非金融企业债务融资工具。非金融企业债务融资工具是指具有法人资格的非金融企业在银行间债券市场发行的,约定在一定期限内还本付息的有价证券。

(6) 公司债券。公司债券是指在中国证监会监管体系下,由中国证监会注册发行或者由中国证券业协会备案,依照法定程序发行,约定在一定期限还本付息的有价证券。

三、非金融企业债券

(一) 概述

在上述债券品种中,企业债券、非金融企业债务融资工具、公司债券统称为非金融企业债券,其发行主体在资质上没有太大的区别,部分企业既可以发行企业债券,也可以发行非金融企业债务融资工具。早期企业债券主要侧重于央企和大型国企,公司债券的发行主体主要是上市公司,现在也已扩展至非上市股份制公司。三者的区别主要体现在审核主管部门的不同上,其中,非金融企业债务融资工具由中国银行间市场交易商协会注册,在银行间市场注册发行。非金融企业债务融资工具要素如表11-2所示。企业债券和公司债券分别由国家发展和改革委员会和中国证监会注册发行,公司债券中的私募债则在证券业协会备案。企业债券与公司债券要素如表11-3所示。中国的企业债券发行呈现出多头监管的结构特征。

表11-2 非金融企业债务融资工具要素

要素	中期票据(中票)	短期融资券(短融)	非公开定向债务融资工具
审批机关	中国银行间市场交易商协会		
审核方式	注册制		
交易场所	银行间债券市场		
发行人	具有法人资格的非金融企业		
发行规模	不超过净资产的40%	不超过净资产的40%	不受净资产限制
发行时间	注册后2个月内完成首期发行,可在2年内分多次发行	注册有效期为2年,有效期内可分期发行;注册后2个月后完成首期发行	注册后6个月内完成首期发行,可分期发行,注册有效期为2年

(续表)

要素	中期票据(中票)	短期融资券(短融)	非公开定向债务融资工具
发行方式	银行间公开发行	银行间公开发行	非公开发行
募集资金投向	可补充营运资金、偿还债务等,运用灵活	必须用于核准用途	必须用于约定用途
信息披露	发行详尽要求,存续期无强制要求	中期报告和经审计的年度报告	按约定执行
评级要求	主体AAA级以上		未作要求,一般在AA级以上

参考资料:李扬,王芳.中国债券市场(2019)[M].北京:社会科学文献出版社,2019:200.

表11-3 企业债券与公司债券要素

要素	企业债券	公司债券(大小公募)	公司债券(私募)
审批机关	中国证监会		
审核方式	注册制		
交易场所	银行间、交易所债券市场	交易所债券市场	
发行人	以国有企业为主	以公司制法人(上市公司为主)	
发行规模	不超过净资产(不包括少数股东权益)的40%	不超过最近一期末净资产的40%,金融类公司的累计公司债券余额按金融类公司的有关规定计算	
发行时间	核准后2个月内完成	核准后12个月内完成首期发行,其余可在2年内分多次发行	完成发行后的5个工作日内向证券业协会备案
发行方式	银行间、交易所公开发行	交易所等公开发行	交易所等非公开发行
募集资金投向	必须用于核准用途,不得用于偿还债务和非生产性支出	必须用于核准用途	必须用于约定用途
信息披露	发行有详尽要求,存续期无强制要求	中期报告和经审计的年度报告	按约定执行
评级要求	无强制要求,可自愿评级以便分类审核	主体AAA级以上	未作要求

参考资料:李扬,王芳.中国债券市场(2019)[M].北京:社会科学文献出版社,2019:201.

2023年3月印发的党的二十届二中全会通过的《党和国家机构改革方案》明确指出:"划入国家发展和改革委员会的企业债券发行审核职责,由中国证券监督管理委员会统一负责公司(企业)债券发行审核工作。"中国债券市场的多头监管局面,逐渐由中国人民银行、国家发展和改革委员会、中国证监会三家,演变为中国人民银行、中国证监会两家。

(二) 企业债券

1. 定义与定位

根据2011年修订的《企业债券管理条例》,企业债券是指企业依照法定程序发行、约定在一定期限内还本付息的有价证券。在实践中,我们一般将国家发展和改革委员会按照《公司法》《证券法》和《企业债券管理条例》等核准发行的债券统称为"企业债券"。

企业债券是我国信用债券市场的重要组成部分,2023年4月以前由国家发展和改革委员会进行审批,后由中国证监会负责管理。企业债券主要为国家重大战略、重大工程、重大项目的落地实施,提供中长期、稳定的资金来源,在服务国家宏观调控和产业导向、服务实体经济、保障国家重大战略等方面发挥巨大作用。

2. 分类与品种

(1) 按债券期限,企业债券可分为短期企业债券和长期企业债券。一般来说,企业债券的期限都较长,属于中长期融资方式。在实践中,我们通常将期限在5年以内的企业债券称为短期企业债券,将期限在5年以上的称为长期企业债券。据万得(Wind)资讯统计,2018年企业债券的期限以6~7年为主,且7年期为主要品种。

(2) 按照发行主体,企业债券可分为平台类企业债券和产业类企业债券。平台类企业债券(城投类债券、城投债)是企业债券的主流品种,此类债券发行人为基础设施投融资主体(也称为"地方政府融资平台"),资金流向突出补短板、稳增长和强政策性,比如棚户区改造、园区建设、公路桥梁、环境治理、停车场、城市地下管网、轨道交通等项目。产业类企业债券发行人一般为生产经营性企业,如主营能源、水利、制造业等企业,募集资金主要用于主营业务的开发与建设,主要是一些重资产、长周期的工程项目,如电网电站、油气管道建设项目。产业类企业债券发行主体以央企与大型国企为主。

(3) 按企业的隶属关系,企业债券可分为中央企业债券和地方企业债券。前者隶属于中央政府的重点企业,分布在电力、化工、铁道、能源、交通等,后者则主要是隶属于地方政府的企业发行。

(4) 按产品品种不同,企业债券分为一般企业债券和其他企业债券,一般企业债券是历史最久、最成熟的企业债券品种,除了一般企业债券以外的企业债券品种称为其他企业债券,其包括专项企业债券和创新品种企业债券。

国家发展和改革委员会财政金融和信用建设司于2015年3月开始,陆续推出多个专项债券品种。这包括:城市地下综合管廊建设专项债券、城市停车场建设专项债券、养老产业专项债券、战略性新兴产业专项债券、双创孵化专项债券、配电网建设改造专项债券、市场化银行债权转股权专项债券、政府和社会资本合作(public-private-partnership,PPP)项目专项债券、农村产业融合发展专项债券、社会领域产业专项债券等。专项债券更加鲜明地引导和鼓励债券资金的产业投向,更好地体现国家产业政策意图。

创新企业债券品种包括项目收益债券、可持续企业债券、小微企业增信集合债券、绿色企业债券、优质企业债券、债贷组合债券、中小企业集合债等。

3. 发行规则要点

(1) 政策法规。这包括《公司法》《证券法》《企业债券管理条例》、国家发展和改革委员会《关于企业债券发行实施注册制有关事项的通知》等。

(2) 审核方式。2005年以前,审核方式为审批制;2005—2020年,审核方式为核准制;2020年以后,审核方式为注册制。2023年前由国家发展和改革委员会负责发行审核,后由中国证监会负责企业债券的注册发行工作,中央结算公司作为指定的企业债券受理机构。

(三) 非金融企业债务融资工具

1. 非金融企业债务融资工具的界定

(1) 定义。根据 2008 年中国人民银行发布的《银行间债券市场非金融企业债务融资工具管理办法》,非金融企业债务融资工具是指具有法人资格的非金融企业在银行间债券市场发行的,约定在一定期限内还本付息的有价证券。

(2) 银行间债券市场与中国银行间市场交易商协会。银行间债券市场是发行和买卖债券的场所,是金融市场的一个重要组成部分。银行间债券市场是银行间市场的重要组成部分,根据 2020 年中国银行间市场交易商协会发布的《中国银行间市场交易商协会章程》(修订稿)规定,银行间市场包括银行间债券市场、同业拆借市场、外汇市场、票据市场、黄金市场及相关衍生的市场。

中国银行间市场交易商协会的性质为银行间市场的参与者、中介机构及相关领域的从业人员和专家学者自愿组成的银行间市场自律组织,为全国性的非营利性社会团体法人。其接受中国人民银行、民政部的业务指导和监督管理。

企业发行债务融资工具应在中国银行间市场交易商协会注册,中国银行间市场交易商协会对债务融资工具的发行与交易实施自律管理。

2. 非金融企业债务融资工具品种

债务融资工具的产品线非常丰富,其包括:

(1) 短期融资券(commercial paper,CP)。短期融资券是具有法人资格的非金融企业在银行间债券市场发行的,约定在 1 年内还本付息的债务融资工具。其推出时间为 2005 年。

(2) 中期票据(medium-term notes,MTN)。中期票据是指具有法人资格的非金融企业在银行间债券市场按照计划分期发行的,约定在一定期限还本付息的债务融资工具。发行期限主要集中在:3 年期,约占 65%;5 年期,约占 30%。

(3) 超短期融资券(super short-term commercia,SCP)。超短期融资券是指具有法人资格、信用评级较高的非金融企业在银行间债券市场发行的,期限在 270 天以内的短期融资券。

(4) 非公开定向发行债务融资工具(private placement note,PPN)。非公开定向发行债务融资工具是在银行间债券市场以非公开定向发行方式发行的债务融资工具。

此外,非金融企业债务融资工具还包括中小非金融企业集合票据、永续票据、并购票据、项目收益票据、创投企业债务融资工具、扶贫票据、绿色债务融资工具、双创专项债务融资工具等。

3. 发行与审核方式

《非金融企业债务融资工具注册发行规则(2023 版)》有相关规定。其第三条规定:"企业发行债务融资工具应在中国银行间市场交易商协会(以下简称交易商协会)注册。交易商协会秘书处设注册办公室,按照相关规则指引要求开展债务融资工具注册发行等相关工作。"

第四条规定:"接受发行注册不代表交易商协会对债务融资工具的投资价值及投资风险进行实质性判断。注册不能免除企业及相关中介机构真实、准确、完整、及时披露信息的法律责任。投资人应当自主判断投资价值,自担投资风险。"

第五条规定:"债务融资工具可以面向银行间市场机构投资者发行,也可以定向发行。"

(四) 公司债券

1. 定义

根据 2023 年发布的《公司债券发行与交易管理办法》,公司债券是指公司依照法定程序发行、约定在一定期限还本付息的有价证券。在中国的债券发行市场结构体系下,公司债券特指在中国证监会监管体系下,由中国证监会注册发行或中国证券业协会备案的,按照法定程序发行、约定在一定期限还本付息的有价证券。

发行主体为公司;非公司主体,如合伙企业、个体工商户不能发行。

2. 分类与品种

(1) 分类。按照发行方式分类:向公众投资者公开发行的债券称为"大公募",仅向合格投资者公开发行的债券称为"小公募",向合格投资者非公开发行的公司债称为"私募债"。大公募、小公募和私募债是我国公司债券市场的独创。

按照资金投向可分为一般公司债和项目收益债。

按照公司债券的属性可分为纯债和股债混合债(可转债、可交债、永续债)。

(2) 品种。品种有一般公司债券或普通公司债券和其他公司债券。其他公司债券包括扶贫公司债、绿色公司债、可交换公司债券、可转换公司债券、可续期公司债券、双创公司债券、项目收益专项公司债券、"一带一路"公司债券、纾困专项公司债券、住房租赁公司债券等。

四、中小企业债券

在中国非金融企业债券市场"三足鼎立"、多头监管和制度性分割的背景下,适合中小企业发行的债券分别由国家发展和改革委员会、中国银行间市场交易商协会和中国证监会创设,隶属于企业债券、非金融企业债务融资工具和公司债券系列,成为上述三类非金融企业债券品种的子产品。① 中小企业债券汇总如表 11-4 所示。

表 11-4 中小企业债券汇总

从属品类	管理机构	债券名称
企业债券	中国证监会	中小企业集合债、小微企业增信集合债券、双创孵化专项债券
非金融企业债务融资工具	银行间市场交易商协会	中小非金融企业集合票据、区域集优债券(票据)、创投企业债务融资工具、双创专项债务融资工具
公司债券	中国证监会	中小企业私募债、双创公司债券

表 11-4 所列债券品类中,中小企业集合债券、小微企业增信集合债券及中小非金融企业集合票据(简称为中小企业集合票据)都属于中小企业集合融资品种,双创孵化专项债券、创投企业债务融资工具、双创专项债务融资工具与双创公司债券同为双创债系列,除此之外为中小企业私募债品种。本章以下几节按照以上分类分别介绍中小企业债券。

---

① 随着企业债的发行审核职责由国家发展和改革委员会划入中国证监会,对应的中小企业债券发行审核职责也转入中国证监会。

第二节　中小企业集合票据与集合债券

一、中小企业集合融资

(一) 中小企业集合融资概述

传统的融资方式是需要资金的企业一对一地与金融机构对接，金融机构须一家一家地考察与审查，对符合条件的企业满足融资需求，对不符合条件的企业则拒绝。而对于中小微企业来说，单个企业很难达到金融机构的要求，于是就产生了多家中小企业联合起来，进行集合融资的想法。

集合融资源于江浙地区中小企业联保联贷，企业联保贷款是指3~10户小企业（个体）自愿组成联保小组，成员之间协商确定授信额度，向银行联合申请授信。每个联保人均为其他所有借款人提供连带保证责任，银行给予一定额度的授信业务。

案例阅读11-1：中小企业联保贷款

中小企业集合融资，就是众多相同规模与资质的中小企业联合捆绑，采用统一冠名、分别负债、各自偿还、统一担保的形式进行融资的方式。

(二) 中小企业集合债券与集合票据概述

1. 创设

我国的债券因主管部门不同而被人为地划分为"企业债""公司债"和"中期票据"三种形式，并适用三套不同的债券规则。但三种债券无一例外将市场定位于大型企业，中小企业无缘债券融资。为了弥补这种缺陷，进而为中小企业创造公平的市场竞争环境和高效的融资渠道，国家发展和改革委员会于2007年通过制度创新，创设了中小企业集合债券，为中小企业开辟了一条独特的债券融资路径。

2009年11月，中国银行间市场交易商协会在《银行间债券市场非金融企业债务融资工具管理办法》的基础上，特别设置了《银行间债券市场中小非金融企业集合票据业务指引》，对中小企业集合票据进行指导和监管。

中小企业集合债券自产生起就被锁定在债券市场既定的发展轨迹上，分割为：第一，国家发展和改革委员会核准发行，既可以在银行间债券市场交易，也可以在上海、深圳证券交易所市场交易的"中小企业集合债券"模式；第二，央行授权中国银行间市场交易商协会自律监管，实行注册制发行，在银行间债券市场交易的中小企业集合票据。

广义上，中小企业集合债券包括集合债和集合票据，但为了便于区分，一般中小企业集合债券特指国家发展和改革委员会主管的"中小企业集合债券"。

在这样的背景和制度演进下，中小企业集合债券出现了两种不同称谓，在发行阶段受制于几种不同的法律规范，接受不同监管机构多重监管的模式。

2. 特征

实际发行人是中小企业联合体。中小企业联合体是指以融资为目的，以信用资产有序整合为主要特征，依托信用关系网络形成的中小企业融资合作组织。

形式上，表现为一些在地域上相邻或在产业链上相连的中小企业，为了互相提供融资便利，通过合力减少信息不对称、提升信用等级、降低融资成本而组成的"联盟"或"集团"形式。

目的上,国家为了保证融资效率、减少发行风险,规定了严格的债券发行条件,而中小企业联合体有效地克服了单个中小企业信用资产数量不足和结构单一的缺陷,在统一信用增级的基础上,使总体信用达到了法律规定的要求。

功能上,中小企业联合体对信用资产进行集聚和整合,以提高融资活动的专业化程度,增强中小企业融资能力,使中小企业融资机制从"无序竞争"走向"有序组织",从"个体行为"走向"集体协作",体现了特有的组织优势。[①]

(三) 中小企业集合债券(票据)优点

(1) 降低债券发行条件。中小企业联合起来达到一定的发行规模,产生外部规模经济,对单个企业的要求相对下降,可让更多符合条件的中小企业参与到这一融资方式中来。

(2) 降低债券发行融资成本。首先,提高债券的信用等级可降低发行成本;其次,集合融资发行过程中各种费用分摊到单个企业后变得相对较低;最后,中小企业集群内部,各企业间交流频繁,信息传播通畅,流动较快,降低了信息不对称程度,使投资者、评级机构、担保机构和发行机构等减少了信息搜集费用。

(3) 降低了债券违约风险。集合融资由多家企业集体发行,同时违约的概率相当小,投资收益基本能够保障。

二、中小企业集合票据

(一) 定义

根据《银行间债券市场中小非金融企业集合票据业务指引》的规定,中小企业集合票据是指 2 个(含)以上、10 个(含)以下具有法人资格的中小非金融企业,在银行间债券市场以"统一产品设计、统一券种冠名、统一信用增进、统一发行注册"方式共同发行的,并约定在一定期限还本付息的债务融资工具。

中小企业集合票据是中国人民银行、中国银行间市场交易商协会为了方便中小企业融资,于 2009 年 11 月推出的创新金融产品。

(二) 发行规则

(1) 发行人。发行人是国家相关法律法规及政策界定为中小企业的非金融企业联合体。

(2) 发行方式。发行方式为公开、定向。

(3) 审核方式。审核方式为由中国银行间市场交易商协会注册审核。

(4) 发行程序。中国银行间市场交易商协会鼓励创新,支持为中小企业拓宽融资渠道,项目可进入"绿色通道"注册,以有效提高发行效率。

(三) 产品设计

1. 金额

《银行间债券市场中小非金融企业集合票据业务指引》第五条规定,任一企业集合票据待偿还余额不得超过该企业净资产的 40%;任一企业集合票据募集资金额不超过 2 亿元人

---

① 参考资料:林洲钰,林汉川.中小企业融资集群的自组织演进研究——以中小企业集合债组织为例[J].中国工业经济,2009(9):87-95.

民币,单支集合票据注册金额不超过10亿元人民币。

2. 期限

集合短期融资券期限不超过1年,集合中期票据期限不超过3年。

3. 资金用途

《银行间债券市场中小非金融企业集合票据业务指引》第六条规定,企业发行集合票据所募集的资金应用于符合国家相关法律法规及政策要求的企业生产经营活动。企业在发行文件中应明确披露具体资金用途,任一企业在集合票据存续期内变更募集资金用途均须经有权机构决议通过,并应提前披露。

4. 风险缓释措施

《银行间债券市场中小非金融企业集合票据业务指引》第八条规定,企业发行集合票据应制定偿债保障措施,并在发行文件中进行披露,包括信用增进措施、资金偿付安排以及其他偿债保障措施。

在实践中,采取的措施包括:

(1) 担保。担保包括:一般性担保,信用担保机构如中债信用增进投资股份有限公司提供担保;再担保机构,如深圳市中小企业信用再担保中心提供再担保;反担保,由联合发行人为担保机构提供资产抵质押。

(2) 偿债基金账户与偿债风险准备金。发行人设立独立第三方监管的偿债基金账户,定期提前将应付本息存入账户,专项用于本息兑付;在银行开立专门的偿债风险准备金账户,在发行结束后,联合发行人按各自发行规模一定比例(如5%)存入该账户,用于应对可能的本息兑付风险。

(3) 其他措施。这包括:票据分层,将票据分成优先层和高收益层,优先偿付优先层;回购承诺,由第三方增信机构在债券不能按期偿付时回购投资者愿意出售的票据;发行人间的连带责任和政府的财政补贴支持等措施。

5. 评级

企业发行集合票据应披露集合票据债项评级、各企业主体信用评级以及专业信用增进机构(若有)主体信用评级。

三、区域集优债券(票据)

(一) 定义

区域集优债券(票据)是指一定区域内具有核心技术、产品具有良好市场前景的中小非金融企业,通过政府专项风险缓释措施的支持,在银行间债券市场发行中小企业集合票据的债务融资方式。

在中小企业集合票据发展过程中出现的问题是,中小企业集合票据侧重于依靠信用增进类机构,在自身发展规模和对外担保额度有限的情况下,随着中小企业直接融资需求的增长,信用增进机构难以支撑整个市场信用水平,中小企业直接债务融资模式也难以为继。因此,必须创新中小企业集合债的担保增信模式才能支撑更大规模的融资需求。

与一般中小企业集合票据相比,通过更多地发挥地方政府的作用来解决上述问题,创设了中小企业集合票据的区域集优融资模式。

(二) 区域集优债券发行中地方政府作用[①]

在区域集优模式下,政府作用主要表现在以下几个方面:

(1) 企业遴选。地方政府需指定相关部门,联合中国人民银行分支机构,并协调各商业银行的优势资源,按照基本标准遴选区域内产业政策重点支持的中小企业以及政府融资项目。

(2) 风险缓释措施。区域集优的模式在传统的风险缓释措施基础上增加了地方政府的作用,如推荐市级担保机构和措施,落实建立和完善中小企业直接债务融资担保机制,提供其他符合增信机构要求的抵质押措施等。

地方政府的参与提高了风险缓释中的"本土化"特色,发挥了地方金融机构对当地中小企业风险识别、控制和管理上的优势;同时,行政力量的介入便于协调各方利益,使相关的机制推动更加容易。

在区域集优这一新机制下,设置了严密的前置代偿安排,隐含三层担保机制分散分担风险:中小企业直接融资发展基金、中债信用增进投资股份有限公司、地方担保机构提供反担保。如果企业到期无法偿还,中债信用增进投资股份有限公司将负责偿还,同时追索地方担保公司;若后者也无法偿还,则地方中小企业直接融资发展基金将发挥偿付作用。

(3) 设立中小企业直接融资发展基金。区域集优融资机制的核心就是引入地方政府资源助推中小企业发债——由地方政府成立中小企业直接融资发展基金,作为风险缓释措施。地方专项基金将发挥杠杆作用,其规模也将与地方中小企业发债总规模挂钩。中小企业直接债务融资发展基金(风险缓释基金)是由政府主导出资、发债企业共同参与建设,形成对参与企业通过区域集优实现直接债务融资保障和风险代偿保护的专项基金。

(4) 融资企业的财税补贴。政府补贴的目的是降低发行小企业的融资成本,使实际融资成本符合小企业成本容忍度,保证债务融资工具发行工作顺利进行。

(5) 融资中小企业的统筹管理。政府指定相关部门加强对参与区域集优债务融资模式中小企业的管理,促进本地区债务融资市场有序健康发展。加强对发行人的督导和管理,督促发行企业按时还本付息和履行信息披露义务;指定部门主动了解发行企业的守法经营情况,支持增信机构对违反相关法律法规和债券市场信息披露规则的发行企业采取增信后管理措施。

工作思路概括为:依托地方政府、金融管理部门,承销机构、信用增进机构和其他中介机构各司其职,建立贯穿发行遴选、信用增进、风险缓释、后续管理等环节的风险分散分担机制,共同推动中小企业依托银行间债券市场开展直接融资。

简而言之,就是政府专业部门推荐企业,承销机构遴选企业,以政府和社会的力量缓释风险,由市场机制配置资源,形成市场各方积极参与的工作机制,实现长期可持续发展的目标。

四、中小企业集合债券

(一) 概念

国家发展和改革委员会虽然创设了中小企业集合债券,但没有专门出台相应的法律法规对其进行规范,各试点省市仅深圳市制定了《深圳市中小企业集合债券组织发行实施细

[①] 参考资料:丁加华.探索建立区域集优债务融资模式[J].中国金融,2011(18):39-40.

则》(深府办〔2007〕181 号)(已失效),其中规定,中小企业集合债券采取"政府牵头、企业自愿、集合发行、分别负债、统一担保、统一组织、市场运作"的模式,报经国家发展和改革委员会批准后公开发行。这种"捆绑发债"的方式打破了只有大企业才能发债的惯例,开创了中小企业新的融资模式。

我们可将中小企业集合债券界定为:由地方政府统一组织,多个中小企业自愿组成中小企业联合体,按照统一产品设计、统一运作、统一发行上市、统一管理以及统一偿还、分别负债的模式运行,对债券持有人承诺按一定利率和期限还本付息的债券融资形式。

案例阅读
11-2:11 豫中小债

(二) 发行规则

(1) 发行人。发行人为国家相关法律法规及政策界定为中小企业的非金融企业联合体。

(2) 发行方式。发行方式为公开发行。

(3) 审核方式。国家发展和改革委员会审批。

(4) 发行程序。发行工作主要包括企业遴选、组织申报和发行上市三个阶段。中小企业集合债券运行模式如图 11-1 所示。

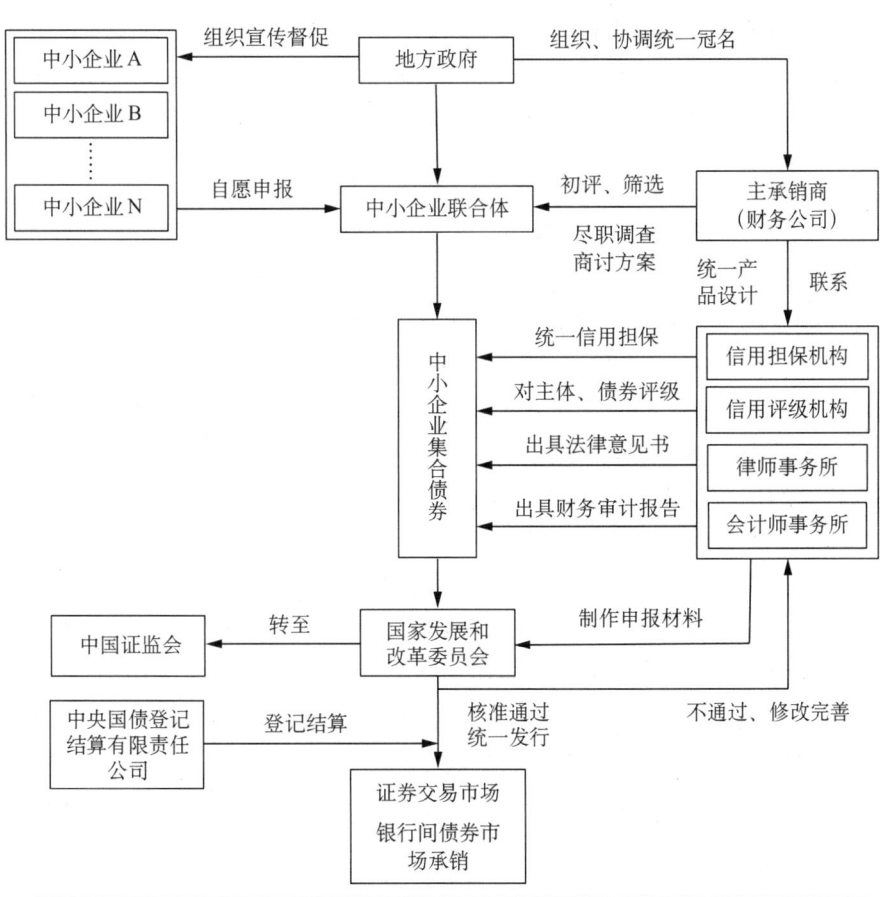

图 11-1 中小企业集合债券运行模式

参考资料:陈怡西.中小企业集合债券法律制度研究[M].北京:法律出版社,2020:19.

(三)产品设计

1. 债券名称

中小企业集合债券一般根据发行时间、牵头人、中小企业所在地来命名,如"07 深中小"(2007 年深圳市中小企业集合债券)、"11 豫中小债"(2011 年河南省中小企业集合债券)、"11 常州中小债"(2011 年常州中小企业集合债券)。

这种命名方式的独特性在于:在形式上,时间以年为单位在名称中加以表述,便于金融监管和信息服务的标准化统计公示;地域名称的使用便于国家发展和改革委员会统筹、计划、管理全国各省市的中小企业集合债券发行工作,也便于揭示处于相同地域、具有相同社会文化和产业政策环境的中小企业联合体的区域经济风险;在实质上,以行政单位的名称进行命名,不仅明确了牵头人的主导作用,而且体现了以政府信用为担保是中小企业集合债券成功发行的先决条件。

2. 债券额度和资金用途

债券额度以"集合"募集资金为准,单个中小企业不会受到法律规定募集额度的限制,可以根据自身现实需求和偿债能力进行申报。

这赋予了中小企业极大的资金运用自由,资金可用于固定资产投资项目、收购产权(股权)、调整债务结构(以债还贷)、补充营运资金等。

3. 信用增级

中小企业集合债的信用增级方式包括信用担保、反担保、再担保、风险准备金机制等不同形式。

4. 运行方式

牵头人机制是中小企业集合债的重要运行方式,是指政府在筹备发行中小企业集合债券的过程中,依法实施的组织申报、初步筛选、明确中介机构以及对中介机构进行监督等系列活动的功能和运行机理。牵头人机制的构建是组织发行中小企业集合债券的首要环节,是政府宏观调控在中小企业融资活动中的体现。

牵头人机制的正当性源于:中小企业集合债券并非市场自发形成,而是强制性制度变迁的结果。中小企业集合债券的组织形式决定了需要多个中小企业集体行动,通过政府的统一组织的制度成本相对较低。此外,中小企业的信用缺失比较严重,牵头人承担了与信誉较高的第三方信用担保机构进行沟通、协调的工作,破解了中小企业因信用过低而无法发行债券的难题。部分中小企业集合债券与集合票据的牵头人情况如表 11-5 所示。

表 11-5 部分中小企业集合债券与集合票据的牵头人情况

中小企业集合债券		中小企业集合票据	
债券名称	牵头人	票据名称	牵头人
07 深中小	深圳市贸易工业局	10 广中小	广州市中小企业局
07 中关村债 10 中关村债	中关村科技园区管理委员会和北京中关村科技担保有限公司	10 江苏高新技术中小	江苏省政府金融工作办公室
09 大连中小债	中国中小企业协会、大连市政府	10 内蒙古中小	内蒙古自治区人民政府金融工作办公室

(续表)

中小企业集合债券		中小企业集合票据	
债券名称	牵头人	票据名称	牵头人
10 武汉中小债	武汉市发展和改革委员会	10 重庆中小	重庆市中小企业局
11 豫中小债	河南省中小企业服务局	10 深圳中小	深圳市中小企业信用担保中心有限公司
11 常州中小债	常州市发展和改革委员会	10 北京经济技术开发区中小	北京经济技术开发区管委会、北京经济技术投资开发总公司
11 蓉中小	中国中小企业协会和成都市政府	11 上海浦东张江科技型中小	上海市张江高科技园区管委会
12 芜中小	芜湖市发展和改革委员会	11 福建晋江中小	晋江市政府
12 扬州中小债 14 扬州中小债	扬州市发展和改革委员会	11 哈尔滨中小	哈尔滨工业与信息化委员会
12 合肥中小债	合肥市发展和改革委员会	11 陕西农业和科技中小	陕西省中小企业促进局
12 石开中小债	石家庄高新技术产业开发区管委会	12 苏高新科技型中小	苏州高新区科技局
13 云中小	昆明市工业和信息化委员会	12 北京农产品加工中小	北京市农村工作委员会
14 邯郸中小债	邯郸市工业和信息化委员会	12 江苏文化创意中小	江苏省文化、江苏省人民政府金融工作办公室
15 湖南中小债	湖南省人民政府金融工作办公室		

5. 担保模式与风险分散机制

(1) 深圳模式。国家政策性银行担保,如"07 深中小债"由国家开发银行统一担保,债项评级达到 AAA 级,票面利率 5.7%,发行规模 10 亿元,发行主体由 24 家中小企业构成,这 24 家企业按募集资金的比例分别承担本息偿还。

(2) 大连模式。大企业担保的两级担保模式是大连市人民政府国有资产监督管理委员会辖下国有企业大连港集团有限公司作为一级担保方,为该债券提供为期 3 年的担保;大连市财政全额出资的企业信用担保公司和联合创业担保有限公司则作为二级担保方。大连市政府给予该债券发行方 1.5%~2% 的利息补贴。

(3) 河南模式。担保公司集合担保,由河南省工业和信息化厅牵头,河南大用实业有限公司等 8 家全省范围内跨行业的优质企业联合发行,河南省中小企业投资担保股份有限公司等 4 家非银行性担保机构统一担保,并由河南省中小企业担保集团股份有限公司为统一担保人提供免费的再担保增信服务。

拓展阅读 11-1:中小企业集合债 尴尬前行

五、小微企业增信集合债券

(一) 政策背景

《关于进一步支持小型微型企业健康发展的意见》(国发〔2012〕14号)明确提出,"搭建方便快捷的融资平台,支持符合条件的小企业上市融资、发行债券"。为贯彻国务院文件精神,国家发展和改革委员会于2013年推出小微企业增信集合债券创新品种。

2013年发布的《关于加强小微企业融资服务支持小微企业发展的指导意见》(发改财金〔2013〕1410号)提出,要扩大小微企业增信集合债试点规模,在完善风险防范机制的基础上,继续支持符合条件的国有企业和地方政府投融资平台试点发行"小微企业增信集合债券",募集资金在有效监督下,通过商业银行转贷管理,扩大支持小微企业的覆盖面。鼓励地方政府出台配套措施,采取政府风险缓释基金、债券贴息等方式支持"小微企业增信集合债券",稳步扩大试点规模。《关于进一步改进企业债券发行审核工作的通知》(发改办财金〔2013〕957号)对企业债券发行申请,按照"加快和简化审核类""从严审核类"以及"适当控制规模和节奏类"三种情况进行分类管理。小微企业增信集合债项目属于当前国家重点支持范围的发债申请,加快和简化审核类。

2013年8月发布的《关于金融支持小微企业发展的实施意见》(国办发〔2013〕87号)明确提出,"逐步扩大中小企业集合债券和小微企业增信集合债券发行规模"。

(二) 小微企业增信集合债券的基本属性

小微企业增信集合债券由城投平台或当地国有企业发行,募集资金由监管银行通过委托贷款的形式贷给符合条件的当地小微企业。小微企业增信集合债券于2013年推出。

(1) 债券名称。小微企业增信集合债券,简称"小微债"。

(2) 主承销商。具有企业债券主承销商资格的证券公司或具备固定收益类产品承销经验且小微企业贷款业务开展较好的商业银行,也可由证券公司和商业银行联合主承销。

(3) 发债主体。在地方政府的支持下,由单一企业(国有企业或地方政府投融资平台)发行债券。

(4) 募集资金用途。小微企业增信集合债券募集资金在有效监管下,通过商业银行转贷给小微企业。

(三) 小微企业增信集合债券的特点

小微企业增信集合债券的主要特点是采取多层次风险缓释信用安排措施,作为债券本息偿付的基础。

一是发行人设立风险储备基金。债券转贷后可取得相应的利差收入,并由委贷银行设立风险储备基金账户进行管理,转贷中出现不良贷款导致本金损失时,将以该账户资金为限用于本期债券还本付息。

二是政府设立风险缓释基金。由地方政府按照小微企业增信集合债发债规模5%的比例设定政府风险缓释基金,基本能够覆盖不良率导致的本金损失,保障还本付息安全。

三是发行人自身信用。发行人需要符合企业债券发行的基本条件,一般资产实力雄厚,可以以自身经营收入和必要时的资产变现保障债券偿还。

(四) 小微企业增信集合债的创新

(1) 交易结构。通过地方政府融资平台发行债券,解决了小微企业信用评级低、抵押不足等带来的融资难、融资贵等问题。

(2) 资金用途。政府平台发行小微债券,募集资金投放给小微企业,是该产品的重要突破,而且通过债券市场支持小微企业发展,也是国务院重点倡导鼓励的方式途径。

(五) 小微企业增信集合债发行实务

1. 业务流程及职责

小微企业增信集合债业务流程如图11-2所示。从该图中可以看出,小微企业增信集合债的发行涉及主体有4类,分别是政府、发行人、主承销商与小微企业。四方主体之间的契约主要有:政府、发行人、主承销商之间的"三方合作协议"与"风险缓释基金监管协议";发行人与主承销商之间的"承销协议、募集资金账户监管协议""委托贷款合同";主承销商与小微企业之间的"委托贷款借款合同"。

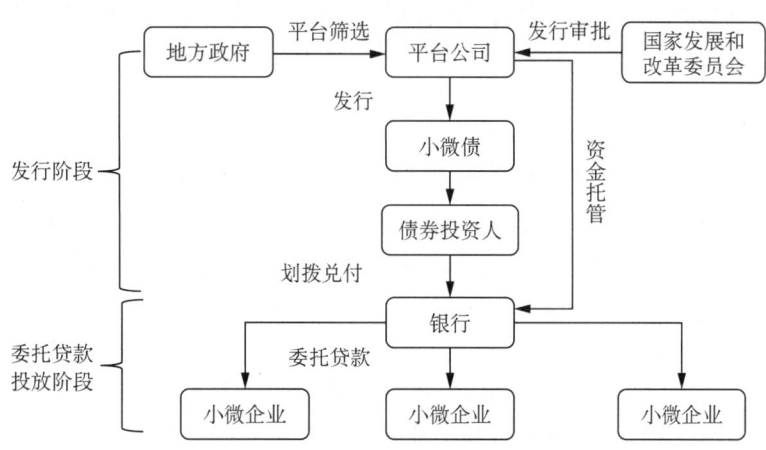

图11-2 小微企业增信集合债业务流程

(1) 政府及其职责。政府的职责包括:①负责指导、协调发行人债券报批、发行工作,协调确定发行规模、期限、利率、资金用途和资金监管方案等;②负责从地方政府财政中划拨发行规模5%的专项资金,作为债券的风险缓释金;③在发行人发行的债券已届偿还期,出现兑付风险时,按照合同约定风险缓释基金承担债券偿付义务;④在三方框架协议有效期内,不得再向其他机构推荐相同或类似的项目。

(2) 发行人及其职责。发行人在发行阶段的职责包括:①负责发行规模、期限、利率、资金用途、资金监管方案的最终制定;②按照诚信的原则,真实、准确、完整、及时地向有关方面披露信息;③负责向承销商支付承销费;④开立募集资金本金利息专用账户,并将相应资金存到专用账户,同时委托主承销商进行监管;⑤负责筹集还款资金,并按期还本付息。

发行人在委贷投放阶段的职责包括:①发行人有权对主承销商提出的拟使用委托贷款的小微企业名单提出意见,或直接指定接受委托贷款的小微企业;②发行人有权就贷款的小微企业是否需要担保提出意见;③发行人应自行或专项委托主承销商跟踪发放的小微企业贷款的回收情况,自行或专项委托主承销商对到期未收回的贷款进行清收;④分享偿付债券本息后的剩余资金。

(3) 主承销商及其职责。主承销商在发行阶段的职责包括:①协助发行人确定债券发行规模、利率、期限等债券发行中的重要因素;②牵头组织债券的发行承销工作,协助发行人办理债券发行的报批手续;③监管募集资金的使用;④接受发行人委托,管理募集资金中的闲置部分,用于流动性好、易于变现的固定收益产品。

主承销商在委托贷款投放阶段的职责包括:①接受发行人委托,使用募集资金对小微企业发放贷款;②接受发行人委托、监管发行人设立的债券募集资金本金专用账户、债券募集资金利息专用账户;③分享偿付债券本息后的剩余资金;④在符合内部授信政策的前提下,向委托贷款借款人提供融资。

(4) 小微企业及其职责。小微企业在委托贷款投放阶段的职责包括:①小微企业开立账户,用于办理提款、还款、付息等手续;②小微企业应签订《委托贷款借款合同》,按照合同的约定支付利息并偿还合同项下的借款本金。

2. 申报条件

(1) 发行人应为中华人民共和国境内注册的企业,A股上市公司和H股上市公司除外。

(2) 股份有限公司净资产不低于3 000万元,有限责任公司和其他类型企业净资产不低于6 000万元。

(3) 成立时间满3年。

(4) 距上次债券发行已超过半年。

(5) 拟债券发行人自身与其直接或间接控股子公司发行债券累计余额之和,不超过企业所有者权益(含少数股东权益)的40%;若拟债券发行人母公司发行过债券,则该企业及其母公司均需满足此条件;政府投融资平台公司为其他企业发行债券提供担保的,按担保额的1/3计入该平台公司已发债余额。

(6) 最近三个会计年度净利润平均值足以支付发行人自身发行本期债券一年的利息。

(7) 发债规模应与地方政府财力和企业实力相匹配,原则上申请发债规模不能超过所在地政府一般预算收入。所属地区非债务预警地区。

(8) 筹集资金投向符合国家产业政策和行业发展方向,所需相关手续齐全。用于固定资产投资项目的,应符合资本金制度的要求,原则上累计发行和使用发债资金不超过该项目总投资的60%(棚户区改造项目不超过70%)。用于收购产权(股权)的,比照该比例执行。用于调整债务结构的,不受比例限制,但应提供银行同意以债还贷的证明。用于补充营运资金的,不超过发债总额的20%。

(9) 募投项目的法人主体或代建方(仅限于与政府机关签署的代建协议),须是发行人或其具有股权投资关系的公司。

(10) 公开发行企业债券筹集的资金,须用于核准的用途,不得用于弥补亏损和非生产性支出,不得用于房地产买卖、股票买卖和期货交易等与本企业生产经营无关的风险性投资。

(11) 拟债券发行人偿债资金来源70%以上(含70%)须来自其自身收益,该自身收益除项目本身经营性收益外,还可包括已注入平台公司的土地出让金收入和车辆通行费收入等其他经营性收入。

(12) 债券利率由企业根据市场情况确定,但不得超过国务院限定的利率水平。

(13) 前一次公开发行的债券已募足,未擅自改变前次企业债券募集资金的用途。已发行的企业债券或者其他债务未处于违约或者延迟支付本息的状态。

(14) 最近三年没有重大违法违规行为。

3. 小微企业增信集合债券的要求

(1) 小微企业增信集合债券由单一企业(国有企业或地方政府投融资平台)发行,募集资金在有效监管下,通过商业银行转贷给小微企业。

(2) 发行人、发行人所在地市政府和负责转贷业务的商业银行应签订三方协议,明确各方在小微企业增信集合债券中的权利义务。地市政府应在协议中承诺提供不低于债券发行规模 5% 的风险缓释基金,并指定相关职能部门负责定期核查债券募集资金转贷情况。

(3) 商业银行在办理募集资金转贷业务时,应按照自营贷款的标准和程序,认真审慎选择符合条件的小微企业贷款发放对象,并经发行人书面同意后放款。

(4) 商业银行应在自营贷款和债券资金转贷业务之间设置防火墙,转贷利率综合水平应不高于自营贷款利率综合水平。

4. 风险及风险缓释措施

小微企业增信集合债的风险包括:①与发行人有关的风险,即债券不能偿还;②小微企业到期不能偿还委托贷款的风险。

对于与发行人有关的风险,风险缓释措施有:①严格筛选发行人资格,如主体信用评级要在 AA 级以上,发行过企业债、中票的优先;②控制发行规模:按照净资产测算的最大发债额能满足发行规模要求,即累计债券余额不超过公司净资产的 40%;③信用增进措施,包括抵押和担保。

小微企业委托贷款不能按时偿还时,可按照以下顺序清偿贷款本息:①小微企业规划或清收贷款本息(含罚息);②上述第一项资金不足以清偿时,以风险储备基金资金偿付债券本息;③上述第二项资金仍不足以清偿时,从政府风险缓释基金中支付(以账户资金为限);④上述第三项资金仍不足以清偿时,由发行人支付全部清偿债券不足部分。在符合银行内部授信政策的前提下,可由主承销商银行向委托贷款借款人提供融资。

第三节 中小企业私募债

一、背景

债券的公开发行对发行主体有较高的要求,需要达到一定的财务标准以及资信条件,大多数单个的中小微企业很难满足这样的要求,因此中小微企业公开发行债券多采取了"捆绑发行"的方式,产生了中小企业集合债券(票据)的债券创新品种。除此之外,"私募"的方式也为中小微企业通过债券方式直接融资提供了可行的途径,通过私募发行债券可以大大降低对企业的要求,从而使中小企业发行债券融资变得可行。中国证监会 2012 年创设了"中小企业私募债"品种,满足中小企业通过公司债形式融资的需求。中小企业集合债与集合票据分别为国家发展和改革委员会和中国银行间市场交易商协会创设的债券品种,而中小企业私募债则属于由中国证监会创设的公司债券序列。

二、定义

根据《上海证券交易所中小企业私募债券业务试点办法》和《深圳证券交易所中小企

私募债券业务试点办法》,中小企业私募债券是指中小微型企业在中国境内以非公开方式发行和转让,约定在一定期限还本付息的公司债券。其包括三个要素:中小微企业(符合《中小企业划型标准规定》的要求)、非公开发行(私募发行,不设行政许可)、公司债券(由中国证监会主管,在上海证券交易所和深圳证券交易所发行上市)。

三、政策法规

为了规范中小企业私募债的发行,上海证券交易所和深圳证券交易所分别制定了《上海证券交易所中小企业私募债券业务试点办法》和《深圳证券交易所中小企业私募债券业务试点办法》,以及相应的业务指引和指南(《上海证券交易所中小企业私募债券业务指引(试行)》《深圳证券交易所中小企业私募债券试点业务指南》)。

中国证监会于2015年1月15日正式发布《公司债券发行与交易管理办法》,自公布之日起施行。该管理办法明确要求扩大发行主体范围,将原来限于境内证券交易所上市公司、境外上市外资股的境内股份有限公司、证券公司的发行范围扩大至所有公司制法人。这也意味着之前发行条件较为宽松的中小企业私募债优势不再,发行范围被公司债覆盖。

2015年10月,中国证券业协会发布《关于发布公司债券承销业务自律规则的通知》,废止了《证券公司开展中小企业私募债券承销业务试点办法》,相应地,沪深证券交易所也废止了相应的中小企业私募债券业务试点办法。

第四节 双创债券

一、双创债券概述

1. 背景

2014年9月,时任国务院总理李克强在夏季达沃斯论坛上首次提出,要在960万平方公里的土地上掀起"大众创业""草根创业"的新浪潮,形成"大众创业、万众创新"的新势态。近年来,"双创"正在成为中国创新驱动发展战略的重要支撑,创新创业型企业普遍存在较强的融资需求,但因企业规模较小,轻资产类型居多,缺少资产抵押,面临融资难、融资贵的问题。

2. 种类

我国目前的创新创业类债券市场包含了双创孵化专项债券、双创公司债券(含可转债)和双创专项债务工具,分别由国家发展和改革委员会、中国证监会和中国银行间市场交易商协会负责审批和监管。

二、发展历程

改革开放以来,我国债券市场支持创新创业公司的发展经历了从无到有、从探索到实践、从粗放发展到规范运行的过程。

(一)起步阶段(1996—2008年)

20世纪90年代,随着我国经济体制改革的深入,计划经济体制向市场经济体制转型,资本市场重新登上历史舞台。从最早发行国库券开始,中国债券市场不断发展。1987—1992年,企业债券市场快速发展。1997年后,债券融资越来越向超大型中央企业集中,甚至连一些规模较大的中型企业、上市公司都很难发行企业债券。这期间,只有科学技术部在1998年和2003年两次组织多家中小高科技企业通过捆绑方式发行中小企业高新债券。两次高新技术产业开发区企业债券发行情况如表11-6所示。

表11-6 两次高新技术产业开发区企业债券发行情况

项目	企业数（家）	规模（亿元）	期限（年）	利率	评级	特别条款
1998高新债	13	3	3	8%	AA级	发行人无法偿付时由开发区财政垫付
2003高新债	13	8	3	3.52%	AA级	托管人负有追讨本息和代理破产清算责任

参考资料:Wind资讯

两次债券发行都是由科学技术部负责挑选发债企业,并且监督后续发行及偿还。另外,这两次债券发行采取了统一冠名、分别负债、分别担保、捆绑发行的模式,未涉及复杂的共同负债、共同担保等权责分配问题。在担保方面,由发债企业控股或参股股东担保,高新技术产业开发区财政兜底,解决了银行所需的担保条件。在交易上,都没有在交易所或银行间市场挂牌上市。

（二）探索阶段(2009—2015年)

自2009年开始,为了解决中小企业融资难问题,我国债券市场进行了多次尝试,创造出了中小企业集合债、集合票据等融资品种,为中小企业开辟了更多的融资渠道。2012年5月,上海证券交易所和深圳证券交易所正式公布了中小企业私募债券试点办法,发行主体为非上市的中小微企业,采取交易所备案,无须审批,不强制评级。

（三）发展阶段(2016年至今)

创新创业公司是我国高科技发展的基础性力量,中国经济要继续保持中高速增长,必须依靠科技创新来实现。尽管创新创业公司债券风险很大,但是国家必须鼓励创新创业公司通过发行高收益债券来促进我国高科技产业的发展。

为支持大众创业、万众创新,我国债券市场的主管单位国家发展和改革委员会、中国人民银行和中国证监会积极进行产品创新,出台了一系列政策,对发展我国创新创业公司融资进行了各种有益的探索。国家发展和改革委员会2015年11月出台了《双创孵化专项债券发行指引》,加大企业债券融资对双创孵化项目的支持力度。中国银行间市场交易商协会研究推出高收益票据,为中小科技型企业开辟出更多的融资渠道。2017年7月4日,中国证监会正式发布《关于开展创新创业公司债券试点的指导意见》(中国证监会公告〔2017〕10号),标志着我国正式推出了创新创业债券这一具有中国特色的高收益债券新品种。

三、双创孵化专项债券

2015年11月9日,国家发展和改革委员会发布了《关于印发双创孵化专项债券发行指引的通知》(发改办财金〔2015〕2894号)。对于双创孵化专项债券的发行主体及资金用途,《双创孵化专项债券发行指引》规定:

(1)支持提供"双创孵化"服务的产业类企业或园区经营公司发行双创孵化专项债券,募集资金用于涉及双创孵化服务的新建基础设施、扩容改造、系统提升、建立分园、收购现有设施并改造等,包括但不限于纳入中央预算内资金引导范围的"双创"示范基地、国家级孵化园区、省级孵化园区以及经国务院科技和教育行政管理部门认定的大学科技园中的项目建设。

"创业孵化"服务是指为降低企业的创业风险和创业成本,提高企业的成活率和成功率,为入孵企业提供研发、中试生产、经营的场地和办公方面的共享设施,以及政策、管理、法律、财务、融资、市场推广和培训等方面的服务。

(2) 支持运营情况较好的双创孵化园区经营公司,在偿债保障措施完善的条件下发行双创孵化专项债券用于优化公司债务结构。

(3) 支持符合条件的创业投资企业、股权投资企业、双创孵化投资基金发行双创孵化债券,专项用于投资双创孵化项目;支持符合条件的双创孵化投资基金的股东或有限合伙人发行双创孵化专项债券,扩大双创孵化投资基金资本规模。

四、双创专项债务融资工具

(一) 概念

双创专项债务融资工具主要是指非金融企业在银行间发行的,募集资金通过投债联动的模式用于支持双创企业发展的债务融资工具。

双创专项债务融资工具由中国银行间市场交易商协会主管,暂未出台专门的发行指引,涉及的相关政策法规如表11-7所示。

案例阅读11-3:成都高新投资集团双创专项债务融资工具发行

表11-7 双创专项债务融资工具相关政策法规汇总

文件名称	部门	时间	相关内容
《国务院关于促进创业投资持续健康发展的若干意见》(国发〔2016〕53号)	国务院	2016年9月	支持创业投资企业及其股东依法依规发行企业债券和其他债务融资工具融资,增强投资能力
《关于金融支持制造强国建设的指导意见》(银发〔2017〕58号)	中国人民银行等5部门	2017年3月	支持高新技术产业开发区的园区运营机构发行双创专项债务融资工具,用于建设和改造园区基础设施
《关于推动创新创业高质量发展打造"双创"升级版的意见》(国发〔2018〕32号)	国务院	2018年9月	推动科技型中小企业和创业投资企业发债融资,稳步扩大创新创业债试点规模,支持符合条件的企业发行"双创"专项债务融资工具
《关于促进中小企业健康发展的指导意见》	中共中央办公厅、国务院办公厅	2019年4月	大力发展高收益债券、私募债、双创专项债务融资工具、创业投资基金类债券、创新创业企业专项债券等产品

(二) 实务操作要点

(1) 发行主体。以创新创业资源集聚区内的高评级园区企业为主(外部主体评级AA+级以上),应为具备良好的盈利能力及偿债能力的实体产业运营主体,如国有资本投资、运营公司,园区经营企业等科技创新领域具有股权投资需求的企业,包括17个双创示范基地、国家级经济技术开发区、国家级高新技术产业园区、国家级保税区、国家级边境经济合作区、国家出口加工区、其他国家级园区的主要开发主体。依托园区经营企业较强的风险控制能力,能够有效降低债务的信用风险。

(2) 发行方式。双创专项债务融资工具实行注册制。

(3) 形式与期限。双创专项债务融资工具的发行人可以优先选择中期票据、定向工具两个品种，债券期限可设计为3年以上。

(4) 资金用途与投债联动的使用方式。资金可用于偿还银行贷款、补充企业营运资金、项目建设等，同时要求一定比例的资金以股权投资或基金出资等形式支持科技创新企业发展，企业应合理设置募集资金用于股权投资或基金出资等的比例，原则上不超过注册金额的50%。募集资金以委托贷款的形式投放给多个双创公司，最好应确保委托贷款期限小于债券存续期限，避免出现债券到期后发行人被迫进行大规模垫资的情形。

(5) 偿债保障措施。未就包括增信在内的偿债保障措施作强制性要求。中国银行间市场交易商协会积极推动"投债联动"模式，将债券信用锁定在大型园区经营企业上，从而起到强化偿债保障的作用。

(6) 规范管理。通过开立资金监管专户、增加专项信息披露方式，严格管理募集资金投向，提高用款情况透明度，确保专款专用，精准支持双创企业发展，坚持"促发展"与"防风险"并重。

五、双创公司债券

(一) 概念

双创公司债券的全称为创新创业公司债券。中国证监会发布的《关于开展创新创业公司债券试点的指导意见》（中国证监会公告〔2017〕10号）明确规定，创新创业公司债券是指符合条件的创新创业公司、创业投资公司，依照《公司法》《证券法》和《公司债券发行与交易管理办法》，以及其他法律法规及部门规章发行的公司债券。

(二) 双创公司债的市场特点

(1) 发行主体以新三板挂牌和上市公司为主。在首批的28单（23家发行企业）（截至2017年年末）中，3家为上市公司，15家为新三板公司，5家为非上市挂牌公司；21家为创新创业公司，其中19家拥有高新技术企业资质，2家为创业投资公司。15家新三板企业中，11家为创新层，4家为基础层。从企业性质上看，23家发行人中民营企业共有20家，国有企业有3家，以民营企业为主。

(2) 发行方式以非公开发行为主。在已发行的28单创新创业公司债券中，非公开发行21单，占比75%；公开发行仅为7单，占比25%。

创新创业公司债券以非公开发行为主，其主要原因在于：

一是公开发行对发行主体的资质要求较高，如最近三年平均可分配利润足以支付公司债券一年的利息，要求强制性评级，且累计公开发行债券余额不得超过公司净资产的40%等。很多处于成长期的创新创业公司净资产规模普遍较小，净利润数额有限且变化幅度大，发行主体很难达到AA-级、AA级及以上评级。

二是非公开发行可以减少评级支出，同时非公开审核周期较短，能够更快满足融资需求。对于资质较好或有较高额度资金需求的创新创业公司，如本身符合公司债券公开发行条件，或者通过第三方担保可以评为AA级以上，为了降低发行成本，公开发行不失为更好的选择。

(3) 公开发行利率低于非公开发行。从发行利率上看，公开发行创新创业公司债券的利率较低,且期限较长,多为 3~5 年,3 年期平均发行利率为 6.15%,5 年期平均发行利率为 6.07%。

(4) 平均发行规模。首批 28 单,平均发行规模为 1.5 亿元,其中公开发行的平均规模为 4.56 亿元,私募发行的平均规模为 0.21 亿元。

(5) 行业分布。从发行人的行业分布来看,主要集中在新材料、TMT、医疗保健、半导体、节能环保、传媒和创投等行业,行业分布较为集中。

(6) 评级。无评级占比超过 2/3,有评级的主体评级多集中在 AA一级和 AA 级,债项评级多为 AA 级、AA一级和 AAA 级。

(7) 增信。超过 2/3 的企业由控股股东或第三方机构提供增信。

(8) 用途。募集资金主要用于创新创业公司生产运营、偿还金融机构借款、补充运营资金和投资于产品研发。

(9) 投资者。投资者仍以商业银行、证券公司资管计划为主,并有个别私募基金参与,这和海外高收益债券投资者为保险公司、投资基金、对冲基金、养老基金、高收益共同基金的情况存在很大差别。

(三) 实务操作要点

1. 主体资格

(1) 适用范围包括创新创业公司和创业投资公司。

创新创业公司是指从事高新技术产品研发、生产和服务,或者具有创新业态、创新商业模式的中小型公司。创新创业公司发行创新创业公司债,应当就本公司创新创业特征作专项披露;债券承销机构应当依据以下规范性文件进行审慎筛查,就发行人是否具有创新创业特征发表明确意见:①国家战略性新兴产业相关发展规划;②国务院《关于印发〈中国制造 2025〉的通知》(国发〔2015〕28 号)及相关政策文件;③国务院及相关部委出台的大众创业、万众创新政策文件;④国家及地方高新技术企业认定标准;⑤其他创新创业相关政策文件。

创业投资公司是指符合《私募投资基金监督管理暂行办法》《创业投资企业管理暂行办法》等有关规定,向创新创业企业进行股权投资的公司制创业投资基金和创业投资基金管理机构。发行创新创业公司债募集的资金应专项投资于种子期、初创期、成长期的创新创业公司的股权。

(2) 重点支持。①注册或主要经营地在国家"双创"示范基地、全面创新改革试验区域、国家综合配套改革试验区、国家级经济技术开发区、国家高新技术产业园区和国家自主创新示范区等创新创业资源集聚区域内的公司。②已纳入全国中小企业股份转让系统(新三板)创新层的挂牌公司。

2. 发行条件

在满足公司债券发行条件的基础上,为稳妥推进创新创业公司债券试点,加强风险管理,主承销商在内部立项时可对试点发行创新创业公司债的企业提出一些财务方面的要求,如要求试点企业必须成立两年以上,以及满足一些利润和营业收入等财务指标。

3. 发行方式

由于创新创业公司大多处于成长期,债券发行规模一般较小,对投资人的专业能力和风险把控能力要求较高,因此市场发行的创新创业公司债券一般以非公开发行为主。

4. 募集资金用途

根据《关于开展创新创业公司债券试点的指导意见》，创业投资公司发行创新创业公司债券，募集资金应专项投资于种子期、初创期、成长期的创新创业公司股权，且募集资金使用项目申报前需进行可行性分析，不得用于募集资金使用项目外的其他用途，并定期进行审计和披露。

对募集资金用途一般不设具体限制，由发行人与投资者自行约定，并设立专项账户。筹集资金可用于补充营运资金、偿还银行贷款，也可用于受让现有股权、认购新增股权或收购资产、偿还并购重组贷款等特殊用途，但不得转借他人。

5. 发行流程

创新创业公司债的发行流程为：由交易所对上报材料进行预审，中国证监会简化审核，审议时间短。

创新创业公司债受理及审核设立专项机制，实行"专人对接、专项审核"，适用"即报即审"政策，提高上市审核、挂牌转让条件确认工作效率。

例如，龙腾光电和德品医疗于2016年9月30日向上交所提交发行申请材料，该所当日受理，并组建专门的审核团队进行快速审核，7个工作日出具无异议函，2016年10月20日发行完成。

6. 交易监管

（1）投资者适当性管理。由于创新创业公司债券的复杂性和高风险性，目前对创新创业公司债券实行投资者适当性管理，具体按照交易所合格投资者标准执行，交易所可以根据创新创业公司债券的特点实行更高的投资者适当性管理。

（2）信息披露。创新创业公司债券在信息披露上比现有公司债券更加严格。

（3）差异化安排。创新创业公司债券属于公司债券中的一个子类别，实行债券市场内部分层，依照现有公司债券发行管理体制和分类进行管理，按照交易所业务规则上市交易，不突破现有规则框架。同时，考虑到创新创业公司债券的行业特性和可以含有转股条款，在发行条件、信息披露、发行人偿债责任、投资者适当性以及债券持有人权益保护等方面，将《证券法》和《公司债券发行与交易管理办法》的有关规定作为最低标准，债券交易所可以根据实际情况出台创新创业公司债券的有关业务指引，做出更高或更具体的规定。

（四）基础设施

中国证监会是创新创业公司债券的主管部门，依法对创新创业公司债券公开发行、非公开发行及其交易或转让活动进行监管管理。中国证券业协会等证券自律组织依照相关规定对创新创业公司债券的上市交易或转让、非公开发行及转让、承销、尽职调查、信用评级、受托管理及增信等进行自律管理。

创新创业公司债券按照《公司债券发行与交易管理办法》可以申请在沪深证券交易所、全国中小企业股份转让系统、机构间私募产品报价与服务系统、证券公司柜台等场所上市交易或挂牌转让。目前，创新创业公司债券上市交易和挂牌转让的场所仅为沪深证券交易所，其余场所尚未开通。中国证券登记结算有限责任公司对创新创业公司债券进行统一登记托管。

六、中国双创债券比较

目前，我国创新创业类债券市场分为三大部分：一是由国家发展和改革委员会主管的双创孵化专项债，募集资金用途、准入条件等需满足《双创孵化专项债券发行指引》的监管要求;二是由中国证监会主管的双创公司债(含可转债),发行主体范围、信息披露等需满足《关于开展创新创业公司债券试点的指导意见》的监管要求;三是由中国银行间市场交易商协会主管的双创专项债务融资工具,暂未出台专门的发行指引或监管意见。

具体而言,上述三类双创债券在发行制度、发行主体、资金用途、产品设计、偿债保障等方面的监管要求既有相同点又有不同点。中国创新创业类债券比较如表11-8所示。

表11-8 中国创新创业类债券比较

	双创孵化专项债	双创专项债务融资工具	双创公司债(含可转债)
主管部门	国家发展和改革委员会	中国银行间市场交易商协会	中国证监会
创设时间	2015年	2016年	2017年
相关文件	《双创孵化专项债券发行指引》	暂未出台专门的发行指引或监管意见	《关于开展创新创业公司债券试点的指导意见》
发行制度	核准制	注册制	公募核准制,非公开发行先由交易场所确认,发行完成后再向中国证券业协会备案,同时中国证监会明确将对其实行"专人对接、专项审核"
发行主体	范围较宽,囊括了提供"双创孵化"服务的产业类企业或园区经营公司、创业投资企业、股权投资企业、双创孵化投资基金及其股东或有限合伙人等	未从监管层面明确界定,实践中包括了有双创服务经验的园区经营企业和具备高新技术企业证书的一般双创企业	范围较窄,仅包括创新创业公司和创业投资公司两类
资金用途	用于涉及双创孵化服务的新建基础设施、扩容改造、系统提升、建立分园、收购现有设施并改造等,同时还可以在偿债保障较完善的情况下使用不超过50%的募集资金偿还银行贷款和补充营运资金;创业投资企业、股权投资企业、双创孵化投资基金则应将募集资金专项用于投资双创孵化项目	未从监管层面予以限定,从实践来看既可用于园区基础设施建设,也可用于偿还有息债务、补充营运资金,可通过投资联动模式,利用委托贷款、股权投资等形式直接或间接地用于支持双创企业的发展	可较为灵活地使用募集资金,用于偿还有息债务、补充营运资金等都是被允许的;创业投资公司则必须将募集资金专项投资于种子期、初创期、成长期的双创公司股权
产品设计	发行人拥有较大的灵活设计空间,比如对具有稳定偿债资金来源的双创孵化项目,可发行项目收益债券;对投资回收期较长的项目,可发行可续期或超长期债券	从实践来看,发行人应优先选择中期票据、定向工具这两个品种,债券期限可设计为3年及以上。此外,若募集资金拟以委托贷款的形式投放给多个双创公司,最好应确保委托贷款期限小于债券存续期限,避免出现债券到期后发行人被迫进行大规模垫资的情形	可以选择发行大公募公司债、小公募公司债、非公开发行公司债等多个品种,同时还可以在符合监管规定的前提下选择非公开发行附可转换成股份条款的双创公司债券(债券持有人行使转股权后,发行人股东人数不得超过200人)

(续表)

	双创孵化专项债	双创专项债务融资工具	双创公司债(含可转债)
偿债保障	未就包括增信在内的偿债保障措施作强制性要求。国家发展和改革委员会鼓励双创孵化项目采取"债贷组合"的形式,由商业银行对发行人进行债券和贷款的统筹管理,进而降低偿付风险	未就包括增信在内的偿债保障措施作强制性要求。中国银行间市场交易商协会则积极推动"投债联动"模式,将债券信用锁定在大型园区经营企业上,从而起到强化偿债保障的作用	未就包括增信在内的偿债保障措施作强制性要求。中国证监会鼓励券商研究以发行人合法拥有的依法可以转让的股权或注册商标专用权、专利权、著作权等知识产权等作为抵质押资产为双创公司债提供增信

关 键 概 念

债券;非金融企业债券;企业债券;公司债券;非金融企业债务融资工具;中小企业集合债;中小企业私募债;双创债

本 章 小 结

1. 在中国债券市场发行的债券主要可分为以下几类:国债、央行票据、金融债券、企业债券、非金融企业债务融资工具、公司债券等。其中,非金融企业债券包括企业债券、公司债券与非金融企业债务融资工具。

2. 在中国非金融企业债券市场"三足鼎立"、多头监管和制度性分割的背景下,适合中小企业发行的债券分别由国家发展和改革委员会、中国银行间市场交易商协会和中国证监会创设,隶属于企业债券、非金融企业债务融资工具和公司债券系列,成为上述三类非金融企业债券品种的子产品,分别有中小企业集合债券、私募债、双创债系列品种。

3. 中小企业集合融资,就是众多相同规模与资质的中小企业联合捆绑,采用统一冠名、分别负债、各自偿还、统一担保的形式进行融资的方式,包括中小企业集合债券与集合票据。区域集优债(票据)是指一定区域内具有核心技术、产品具有良好市场前景的中小非金融企业,通过政府专项风险缓释措施的支持,在银行间债券市场发行中小企业集合票据的债务融资方式。小微企业增信集合债券由城投平台或当地国有企业发行,募集资金由监管银行通过委托贷款的形式贷给符合条件的当地小微企业。

4. 中小企业私募债券是指中小微型企业在中国境内以非公开方式发行和转让,约定在一定期限还本付息的公司债券。

5. 双创债券包括双创孵化专项债券、双创专项债务融资工具、创新创业公司债券,分别由国家发展和改革委员会、央行和中国证监会主管。

思 考 习 题

1. 简述中国债券市场的基本结构与品种分布。

2. 中国的非金融企业债券有哪些,对应的中小企业债券品种有哪些?
3. 什么是区域集优债券?在区域集优债发行中地方政府的作用是什么?
4. 什么是小微企业增信集合债,其运作特点是什么?
5. 简述双创孵化专项债券、双创专项债务融资工具、双创公司债券的概念及基本属性。

案例与实训

案例分析

案例分析 11-1:中国首只中小企业集合债券成功发行

扫描二维码阅读案例资料,讨论以下问题:

(1) 以"07 深中小债"为例说明中小企业集合债的特征。

案例分析 11-1:中国首只中小企业集合债券成功发行

(2) 以"07 深中小债"发行过程中政府的作用讨论什么是"牵头人机制",以及在中小企业集合债发行中的作用。

(3) 依据案例材料讨论中小企业集合债发行中的增信与风险控制方式。

实训练习

1. 请自行在网上下载中小企业集合票据的募集说明书,尝试讨论以下问题:

(1) 具体描述该集合票据的基本属性(如发行主体、额度、担保增信手段,等等)。

(2) 对照《银行间债券市场中小非金融企业集合票据业务指引》说明该集合票据如何贯彻该指引的规定。

(3) 在此基础上讨论中小企业集合票据如何解决中小企业的融资问题。

2. 请在"中国债券信息网"搜索下载"双创孵化专项债券"的相关信息,尝试讨论以下问题:

(1) 用具体案例,如"2015 年内江建工集团有限责任公司双创孵化专项债券"介绍双创孵化专项债的基本要素及发行企业的基本特征。

(2) 搜集 2015 年至今的资料,尝试对双创孵化专项债进行统计分析,包括发行额、平均发行额、期限等债券特征,以及企业特征、地区分布等信息。

3. 从中国债券信息网、中国银行间市场交易商协会官方网站及相关网站查询有关中小企业集合债、集合票据的相关信息,对债券担保的风险分散机制进行统计分析。

第十二章
中小企业上市融资

 相关法律法规

《中华人民共和国中小企业促进法》

第十八条 国家健全多层次资本市场体系,多渠道推动股权融资,发展并规范债券市场,促进中小企业利用多种方式直接融资。

 本章学习目标

◇ 了解上市的成本与收益、上市的板块及上市方式的选择;理解中国股票发行监管制度的分类及变迁过程。
◇ 了解科创板上市的规则体系、条件、标准与一般程序;掌握科创板推出的基本背景、理念与企业类型。
◇ 了解创业板上市的基本条件与流程;理解创业板的基本定位。
◇ 掌握科创板、创业板上市公司再融资的主要方式;了解不同板块再融资方式的差别、再融资的要求与程序。

微课视频
12-1:思维导图

第一节 上市融资概述

一、上市与否的权衡①

(一) 上市的收益

1. 对拟上市企业而言

(1) 筹集资金。发行股票可募集大规模资金,为企业的发展提供充足的财务资源支持。

(2) 获得持续、稳定的融资渠道。上市对企业融资的影响体现在:第一,提高企业声誉,上市公司信用资质越高,越有利于获得银行贷款,有效降低融资成本,缓解宏观调控对企业融资的负面影响;第二,上市后企业可获得更丰富的融资渠道与工具,拥有更加丰富的再融

---

① 参考资料:沈春晖.一本书看透 IPO:A 股 IPO 全流程深度剖析[M].北京:机械工业出版社,2023:3.

资工具。

（3）改善财务结构，降低资产负债率，提高抗风险能力。

（4）健全企业法人治理机构。为企业长期可持续发展提供制度保障，有利于引进职业经理人，方便解决接班人问题。

（5）获得资本运作平台，方便通过兼并收购等方式实现扩张型发展战略。企业除了可以用募集资金直接收购，还可以用股权作为支付手段，通过换股的方式进行收购。

（6）借助资本市场建立有效的股权激励机制。作为上市公司，无论在股东人数、股份数量还是股票的流动性等方面，其都较非上市公司具有优势，能够为实施股权激励提供条件，可以通过适当的股权激励设计（如股票期权、限制性股权、股票增值权等）吸引人才，提高公司经营绩效。

（7）提升市场形象，获得宣传平台。上市对企业而言是巨大的无形资产，具有强大的广告效应。在发行过程中的市场推介活动，以及之后的挂牌交易及持续信息披露，都可以向资本市场展现企业的综合实力，提升企业形象。

（8）有效提升企业地位，在日常运行与遭遇危机时更容易获得政府支持，对民营企业尤其有意义。

2. 对拟上市企业的股东而言

（1）迅速提升财富价值。企业在上市以前，股东的财富价值一般通过净资产计算，而上市之后其价值通过二级市场市值计算，股东的财富价值将获得巨大增值。

（2）通过证券化，流动性大大增强，股东可以更方便地在公开市场出售股权。构筑良好的退出平台，方便股东退出。

（3）分散投资风险，利用资本杠杆控制更多资源。企业在改制上市过程中既可以通过股权转让或增资扩股引进战略投资者，又可以引进成千上万的公众投资者。在控制权没有转移的情况下，控股股东达到了转嫁和分散风险的目的；同时可以通过层层控股的方式以有限的资金去控制更多的资产或资源，实现杠杆效应。

（4）股权质押融资。上市公司股东可以将所持有的上市公司股权非常便利地通过证券公司进行股票质押融资。

（二）上市的约束与成本

1. 上市的约束：对拟上市企业而言

（1）必须建立规范的公司治理结构。根据规范法人治理结构的要求，公司须规范"三会"运作、增设独立董事，重大决策须履行一定程序。规范公司治理在降低决策风险的同时，也可能增加决策成本，降低决策效率。

（2）公司运作行为必须规范。公司须建立规范的内控制度，包括但不限于在财务、税务、员工社会保障、环保等方面严格执行公司相关规定。长远利好公司发展的同时，可能增加公司运行成本。

（3）严格和持续的信息披露。公司必须严格遵守相关规则指引，真实、准确、完整地披露信息。严格和持续的信息披露会增加公司的成本，甚至会影响公司的竞争力。

2. 上市的约束：对拟上市企业的大股东而言

（1）控股股东及实际控制人不得侵害上市公司利益，不得滥用权力，通过关联交易、利润分配、资产重组、对外投资等方式损害上市公司及其他股东的利益。

(2) 控股股东及实际控制人必须遵守相关行为指引,依照法律法规以及上市公司章程的规定善意行使权利,严格履行各项承诺。

(3) 控股股东及实际控制人不得利用其身份上的便利进行内幕交易或者操纵市场。上市后企业成为"公众公司",不再是大股东或控股股东的私产。

3. 上市的成本

在 A 股发行审核制度的情况下,在审核环节进行实质性审核,在发行环节设定发行价格上限,这些制度加上长期形成一些审核惯例导致在 A 股进行 IPO 时有一些具有中国当前特色的特殊"成本"。但是,随着我国证券发行逐步全面实行注册制,这些"成本"也在发生变化。

拓展阅读 12-1:背信损害上市公司利益罪

(1) 时间、机会成本。一方面是发行审核节奏与时间,以及是否能够通过审核的不确定,另一方面是在审核期内股权转让、增资扩股、并购重组等均受限,影响业务发展机会。其表现在:第一,A 股 IPO 发行条件要求股权清晰,因此上报后的企业股权结构不能发生变动,限制了进行股权融资。第二,三年内业务不能发生重大变化。变化既包括质的变化(变化行业),也包括量的变化(并购重组)。因此,上报了 IPO 申报材料的企业,在相当长的一段时间里,不能股权融资、不能进行大的并购重组,基本只能依靠内生发展。

(2) 发行价格抑制带来的股本摊薄成本。当前 A 股 IPO 发行价格的上限被认定为不超过 23 倍。但 A 股市场大部分行业的二级市场估值偏高,且 A 股 IPO 发行的"管制溢价"消除还需要一定时间,普遍认为这一发行价格上限的设定压低了发行价格。无风险的新股申购、上市后的连续涨停也证明了这一点。监管层对发行价格上限的设定实际上是让拟上市公司让利于市场,以获取市场和社会对于 IPO 加速发行的更大公约数理解和支持。

(3) 过度审核带来的商业秘密、客户渠道损耗。股票发行审核需进行详细的信息披露,但由于当前 A 股 IPO 审核仍然是事前审核,为了抑制造假行为的发行,审核中对于财务核查的要求越来越高,包括对于财务信息的披露程度要求越详细,对供应商、采购商的核查也越来越烦琐。例如,在实践中,为了防止利用关联方输送利润,设计"假"的"真交易",对客户股权结构、关联关系等的详尽核查就可能让客户反感,特别是海外客户更是难以理解此类烦琐的核查。

二、上市板块的选择

我国的资本市场分为几个层次:一是上交所、深交所的主板市场;二是创业板与科创板上市;三是北交所上市;四是"新三板"与区域性股权市场挂牌。

上市指在主板、创业板和科创板或北交所上市发行交易股票。拟在 A 股 IPO 的发行人有三个板块可供选择,分别是上交所主板和科创板、深交所主板和创业板以及北交所。在满足发行条件的基础上,企业可以自由选择上市板块。影响板块选择的依据主要有各板块的定位与企业自身特征、企业所在地、不同板块的上市条件等因素。

案例阅读 12-1:那些不上市的优秀企业

三、上市的费用

上市相关的费用,主要包括三个部分:

(1) 中介机构费用,包括保荐机构(主承销商)收取的费用(具体包括改制财务顾问费、辅导费用、保荐费、承销费)、会计师费用、律师费用等。

(2) 交易所费用,包括上市初费和年费等。与境外相比,境内上市的初费与年费均较低。

(3) 推广辅助费用,包括印刷费、媒体及路演宣传推广费用等。

关于A股IPO收费的具体情况如表12-1所示。

表12-1 A股IPO收费的具体情况

收费机构	费用名称	费用数额
保荐机构(券商)	改制财务顾问费	50万元~100万元
	辅导费	50万元~100万元
	保荐费	200万元~500万元
	承销费	一般占承销额的3%~8%。对于中小型项目,一般会约定保底承销费(如不少于1 500万元,即按照实际募集资金乘以承销费率低于1 500万元,按照1 500万元)
会计师事务所	审计及验资费	150万元~500万元
律师事务所	律师费用	150万元~300万元
登记公司	股票登记费	按所登记的股份面值收取,5亿股以下的按千分之一收取;超过5亿股的部分,费用为万分之一;金额超过300万元的免收费用
交易所	上市初费、年费	深交所:根据股本规模,中小板初费为15万元~35万元,上市年费为5万元~15万元;创业板减半征收

参考资料:沈春晖.一本书看透IPO:A股IPO全流程深度剖析[M].北京:机械工业出版社,2023:62.

随着注册制的试点和全面推开,发行价格的高低除了取决于发行人本身的资质好坏,市场总体形势、市场时机的选择、保荐机构(主承销商)的推介和销售工作也开始发挥越来越大的作用。在此情况下,保荐机构(主承销商)的收费也可能开始出现分化。

四、上市方式的选择

(一) 上市的方式

上市是企业资产在股票市场上实现证券化的过程。上市的方式主要有直接上市和间接上市两种,直接上市即IPO,间接上市即借壳上市(取得既有上市公司控制权,并将自身公司资产注入上市公司)。二者的比较如表12-2所示。

表12-2 上市方式比较

方式	定义	控制权归属
IPO	发行人发行股份并直接在交易所上市	证券化后,原大股东继续掌握公司控制权,发行人同时获得融资
借壳上市	借壳方取得上市公司控制权并将自身资产注入该公司	证券化后,借壳方获得上市公司控制权,但上市公司不能同时获得融资

拓展阅读12-2:借壳上市的通俗解释

(二) 借壳上市的概念

借壳上市也称后门上市,是指一家非上市公司通过把资产注入一家市值较低的上市公司("壳",shell),得到该公司一定程度的控股权,利用其上市公司地位,使母公司的资产得以上市。通常该公司会被改名。

(三) 借壳上市原因

(1) 对买"壳"的企业。国内上市的时间太长(大约需要 2 年的时间),或不甚具备上市条件的企业,通过借壳可以在 A 股快速上市。

(2) 对卖"壳"的企业。国内的"壳"费在一两个亿到几十亿元不等,对于那些上市公司业务经营惨淡,甚至无法持续的"壳"拥有者而言,通过借壳把上市公司卖了,仍可以有可观的收益。

五、上市的一般程序

(一) 选择中介机构

A 股 IPO 的过程中需要聘请的中介机构主要包括证券公司、会计师事务所和律师事务所。三类中介机构的主要工作内容是:

(1) 证券公司。证券公司,在美国等发达资本市场国家也称为投资银行,是 A 股 IPO 最重要的中介机构,是企业上市过程中的总设计师和总协调人。在上市的不同阶段其工作侧重点略有不同,名称上也有差异。在股份公司设立阶段其被称为"财务顾问",辅导阶段被称为"辅导机构",在申报审核阶段为"保荐机构",发行阶段担任股票发行的"主承销商"。按照《证券发行上市保荐业务管理办法》的规定,前三个阶段都可称为"保荐机构"。

(2) 会计师事务所。其主要工作包括协助企业完善财务管理、会计核算和内控制度,就改制上市过程中的财务、税务问题提供专业意见,协助申报材料制作,出具审计报告和验资报告等。具体工作包括:负责财务报表审计,出具审计报告;负责企业盈利预测报告审核,并出具盈利预测审核报告;负责企业内部控制鉴证,并出具内部控制鉴证报告;负责核验企业的非经营性损益明细项目和金额;对发行人主要税种纳税情况出具专项意见;对发行人原始报表与申报财务报表的差异情况出具专项意见。

(3) 律师事务所。其主要工作包括解决改制上市过程中的有关法律问题,协助企业准备报批所需的各项法律文件,出具法律意见书和律师工作报告等。具体工作包括:对改制重组方案的合法性进行论证;指导股份公司设立或有限公司变更为股份公司;对设立相关的法律事项进行审核并协助企业规范、调整和完善;对发行人的历史变革、股权结构、资产、组织机构运作、独立性、税务等法律事项的合法性进行判断;对股票发行上市各种法律文件合规性进行判断;协助和指导发行人起草公司章程等公司法律文件;出具法律意见书和律师工作报告,根据反馈意见出具补充法律意见书;对有关文件提供鉴证意见等。

(二) 引进私募基金

引进私募基金不是 IPO 的必经程序。一般而言,引进私募的动机有以下几个方面。

(1) 资金需要。这包括:①IPO 申报审核期间的资金需要;②IPO 时的融资额不能满足企业需要;③上市后的资金需要。

(2) 为企业经营管理带来的好处。这包括:①有助于企业产业链完善,提升战略规划水平。借助私募基金丰富的产业或行业经验,帮助企业完善战略,改善供应链管理,为企业提供原材料供应、产品销售方面的便利。②完善公司治理,改善经营管理。特别是对发行前大股东持股集中且较多家庭成员任职的企业,引进私募会提高公司治理与内控的有效性。

③"背书"效应。引进知名大型企业或有影响的私募基金,有利于提升公司形象,提高IPO成功的概率。

（3）原股东的套现需要。创始人股东或前期进入的私募投资基金也可能因为资金套现需要、基金年限、提升当期业绩等因素提前退出。

（三）设立股份公司

A股IPO的条件中包括持续运行（3年）的要求,直接发起设立股份公司需要等待3年的运行时间。同时规定,有限责任公司按原账面净资产折股整体变更为股份有限公司的,持续运行时间从有限责任公司成立之日计算。目前,申报A股IPO绝大多数股份公司的设立方式均为有限公司整体变更。

（四）上市辅导与申报材料制作

1. 上市辅导

《证券发行上市保荐业务管理办法》要求保荐机构在申报前应对发行人进行辅导,并由发行人所在地的中国证监会派出机构（证监局）辅导验收。因此,接受保荐机构的辅导并通过验收是A股IPO的必经程序。

2. 申报材料制作和保荐机构内核

《证券发行上市保荐业务管理办法》第二十一条第二款规定,保荐机构决定推荐发行人证券发行上市的,可以根据发行人的委托,组织编制申请文件并出具推荐文件。

在保荐机构向中国证监会报送首次公开发行股票并上市申请文件之前,须经过保荐机构设立的内核机构通过。发行保荐书应当包括保荐机构内部审核程序简介和内核意见。

（五）审核与注册

根据《证券法》《首次公开发行股票注册管理办法》《创业板首次公开发行股票注册管理办法（试行）》等相关法律法规文件,在科创板和创业板IPO的公司实行注册制。因此,在程序上,证监局完成科创板（创业板）拟上市公司的辅导验收工作并出具辅导验收文件后,保荐机构就可以向上海证券交易所提交上市申请文件。发行上市文件由上海证券交易所审核,并在中国证监会进行注册。

（六）发行与上市

中国证监会作出注册决定后,发行人股票可在注册有效期内（1年）发行股票,发行时点由发行人自主选择。

六、中国股票发行监管制度

（一）证券发行监管制度的分类[①]

根据发行人是否受实质条件的限制、证券监管机构对发行申请的审查原则与方式以及发行申请生效的确定原则,证券发行监管制度主要分为两大类:一种是注册制,另一种是核准制。

采用哪一种制度与一国的证券市场发育水平和监管机制有关。西方发达国家的市场经济发展较为成熟完备,因此注册制占主导地位。中国作为一个新兴加转轨的证券市场,证券发行监管制度随着证券市场的发展和管理体制的改革,也经历了由审批制、核准制到注册制

---

① 参考资料:顾连书.中国股票发行监管制度变迁研究[M].北京:经济管理出版社,2014:48.

的变革。

证券发行监管制度是政府对证券发行进行监督管理的制度，是证券市场准入制度。其主要的目标大致都是阻止不良证券进入市场，保护投资者利益，以保持证券市场优质、高效、公平、公正地运行。

1. 证券发行核准制

核准制又称"准则制"或者"实质审查制"，证券发行核准制是指发行人申请发行证券，不仅要公开披露与发行证券有关的信息，还必须符合法律所规定的发行条件，政府有权对证券发行人资格及其所发行证券作出审查和决定，只有符合条件的发行人经证券监督机构的核准方可在证券市场上发行证券。因此，该制度以维护公共利益和社会安全为出发点，发行人必须符合法定条件，否则申请将被否决。在这个意义上，它并不将个人的自主性放在首位，而是更多从社会稳定与福利角度出发进行制度安排，为经济活动提供可预见性的保障措施，排除不良证券的发行，防止投资人蒙受无谓伤害。核准制的主要代表是英国，其法律依据为《公司法》和《金融服务法》，同时具体的操作需要符合《伦敦证券交易所上市规则》的要求。一般来说，实质性审查的内容主要包括以下几个方面：拟发行人的营业性质及其未来是否具有商业成功机会；拟发行人的资本结构是否合理；拟发行人是否规范运行等。新兴市场国家多数采取证券发行核准制。

证券发行核准制主要具有以下特征：

第一，体现政府有形之手对证券发行的干预。证券发行权利通过证券审核机构批准获得，发行人的股票发行权是由证券监管机构以法定的形式授予的，充分体现了行政权力对证券发行的监管。

第二，重视信息披露在证券发行中的地位。发行人必须提供完整、真实、准确的信息，否则无法获得发行权。

第三，强调实质管理原则。通过实质性审查来判断发行人是否符合发行条件，监管机构有权否决不符合条件的股票发行申请。

第四，事前事后并举。证券监管机构在核准证券发行申请后，如发现证券发行人存在造假、欺诈或其他重大违法违规情形的，证券监管机构有权撤销已作出的核准，且证券监管机构撤销已作出核准的，无须承担责任。

2. 证券发行注册制

注册制又称"申报制"或者"登记制"，证券发行注册制是指证券主管机关对证券发行人发行有价证券事先不做实质条件的限制，发行人在发行证券时只需全面、准确地将投资人判断证券性质、投资价值所必需的重要信息和材料作出充分的公开，经证券主管机关所确认公开的信息全面、真实、准确即可允许。证券主管机关不对证券发行行为及证券本身作出价值判断，对公开资料的审查只涉及形式，不涉及任何发行实质条件。发行人只要按规定将有关资料完全公开，主管机关就不得以发行人的财务状况未达到一定标准而拒绝其发行。美国一般称这种发行制度为"以披露为导向的"(disclosed oriented)，以区别于"价值评审"(merit review)。证券发行注册制的代表是美国、日本等资本市场相对发达的国家。

证券发行注册制主要具有以下特征：

第一，在不需要政府特别授权的情况下发行人可以自然取得发行证券的权利。只要证券发行人在申报后的法定时间内未被证券监管机构拒绝注册，发行注册即为生效，发行证券的权利自动取得。

第二,充分的信息披露是注册制最为核心的特征。监管者的职责就是制定公平公正的法律法规,保证有关证券发行的信息全面、真实、准确、及时公开,市场自身做出选择,淘汰劣质证券。

第三,在注册制下的证券发行审核机构不对拟发行的证券进行实质性的价值判断。监管部门的责任仅仅在于监督证券发行人信息披露真实、完备、及时,由投资者自行判断证券的实质价值。

第四,强调事后控制。当投资者在因证券发行人在注册文件中存在虚假或欠缺信息而导致投资损失时,有权要求证券发行相关责任人赔偿损害,证券监管机构并不承担注册责任。

(二)注册制与核准制的比较分析

作为两种完全不同的证券发行监管制度,注册制与核准制从理念、实施效果、具体操作等层面皆有所区别,各有利弊。

1. 理念不同

注册制和核准制作为两种不同的证券发行监管制度,反映了不同的政府监管理念,实质就是政府在证券发行过程中到底应该扮演什么样的角色、发挥怎样的作用。在核准制的支持者看来,无论是证券发行者还是投资人都是有优劣之分的,不是所有人都有能力做出准确判断,因此需要政府进行裁决;而在注册制的支持者看来,在市场中证券的发行人与投资者处于平等对称的位置,没有人有资格对其优劣做出评判,包括政府。在注册制下,政府不通过对证券质量的审查来决定是否批准证券发行,而是要求证券发行人提供全面的信息,由投资者自己来判断证券发行人及其发行的证券是否具有投资价值。这种理念充分尊重市场经济的自由、市场主体行为的自主、监管部门的规范与效率。

2. 实施效果不同

注册制与核准制各有优劣,这也是二者长期并存的根源。

注册制的优点在于:对证券发行者而言,所有有发行证券意愿的公司可以公平地获得发行证券的机会;对证券监管部门而言,形式审查缩短了证券审核和发行的时间,提高了监管部门的效率,降低了制度运行成本;对投资者而言,把证券的发行交由市场来选择有助于市场机制的培育和成熟,培养和提高投资者接受信息能力和理性投资能力,投资者的成熟理性是证券市场理性的根本所在。

核准制的优点在于:由于政府部门对证券市场的实质性监管,可以在一定程度上克服市场失灵,阻止经营管理不善的垃圾股票发行上市,并可通过发行证券实现产业倾斜,从而实现国家对经济的宏观调控。在市场经济发展初期,这种做法有助于稳定证券市场秩序,保障投资者利益。

政府进行实质性审核的缺点在于:政府的理性也是有限的,存在监管失灵情形。个体判断存在差异性,不当审核确实无法避免,其结果可能是导致一些合格甚至优秀公司无法正常和公平地从证券市场筹资,也会让一些劣质公司进入市场,损害投资者利益和社会整体福利。另外,对投资者而言,政府对证券发行进行实质性的审核相当于政府对发行证券的隐形担保和背书,使投资者习惯性地形成投资判断依赖,在投资时容易受政府行为的影响,不进行审慎、独立的判断,难以建立自己的投资判断和责任意识。一旦政府审查有误,投资人难免蒙受损失。

3. 具体操作不同

由于理念不同、特征不同,注册制与核准制在监管方式、发行监管制度、审核内容等方面都有所区别。注册制与核准制的比较如表 12-3 所示。

表 12-3 注册制与核准制的比较

项目	注册制	核准制
代表国家	美国	英国
监管方式	强调市场自律功能	重视政府证券监管机构职能
发行监管制度	证监会负责形式审核,中介机构实质性审核	中介机构和证监会分担实质性审核职责
市场化程度	完全市场化	半市场化
审核内容	信息披露充分、真实、准确、及时	强调信息披露,同时要求主体资格、规范运行、盈利能力、发行程序、发行方式等应符合条件
发行证券的权利取得方式	自然取得,无须政府特别授权	证券监管机构批准获得
控制方式	强调事后控制	事前控制与事后控制并举

(三)中国股票发行制度的演进历程[①]

中国是世界上证券发行制度最为严格的国家之一,证券发行大致经历了"审批制""核准制""注册制"三种不同的制度,总体上体现了从计划与行政主导,向市场化的方向演进过程。

1990 年,沪深证券交易所相继成立。1993 年,证券市场建立了全国统一的股票发行审核制度,并先后经历了行政主导的审批制和市场化方向的核准制以及全面实施注册制三个阶段。具体而言,审批制包括"额度管理"和"指标管理"两个阶段,而核准制包括"通道制"和"保荐制"两个阶段。

1. "额度管理"阶段(1993—1995 年)

1993 年 4 月 22 日,国务院颁布了《股票发行与交易管理暂行条例》,标志着审批制的正式确立。在审批制下,股票发行由国务院证券监督管理机构根据经济发展和市场供求的具体情况,在宏观上制定一个当年股票发行总规模(额度或指标),经国务院批准后,下达给中华人民共和国国家计划委员会(2003 年改组为国家发展和改革委员会),中华人民共和国国家计划委员会再根据各个省级行政区域和行业在国民经济发展中的地位和需要进一步将总额度分配到各省、自治区、直辖市、计划单列市和国家有关部委。省级政府和国家有关部委在各自的发行规模内推荐预选企业,证券监管机构对符合条件的预选企业的申报材料进行审批。对企业而言,需要经历两级行政审批,即企业首先向其所在地政府或主管中央部委提交额度申请,经批准后报送中国证监会复审。中国证监会对企业的质量、前景进行实质审查,并对发行股票的规模、价格、发行方式、时间等作出安排。额度是以股票面值计算的,在溢价发行条件下,实际筹资额远大于计划额度,在这个阶段共确定了 105 亿发行额度,共有

---

① 参考资料:中国新股发行审核制度的历史演进[J]. 中国总会计师,2015(4):21-23.

200多家企业发行,筹资400多亿元。

2. "指标管理"阶段(1996—2000年)

1996年,国务院办公厅公布了国务院证券委员会《关于1996年全国证券期货工作安排意见》,推行"总量控制,限报家数"的指标管理办法。由中华人民共和国国家计划委员会、中国证券监督管理委员会共同制定股票发行总规模,中国证监会在确定的规模内,根据市场情况向各省级政府和行业管理部门下达股票发行家数指标,省级政府或行业管理部门在指标内推荐预选企业,证券监管部门对符合条件的预选企业同意其上报发行股票正式申报材料并审核。

1997年,中国证监会下发了《关于做好1997年股票发行工作的通知》,同时增加了拟发行股票公司预选材料审核的程序,由中国证监会对地方政府或中央企业主管部门推荐的企业进行预选,改变了两级行政审批下单纯由地方推荐企业的做法,开始了对企业的事前审核。1996年、1997年分别确定了150亿股和300亿股的发行量,共有700多家企业发行,筹资4 000多亿元。

3. "通道制"阶段(2001—2004年)

1999年7月1日正式实施的《证券法》明确确立了核准制的法律地位。1999年9月16日,中国证监会推出了股票发行核准制实施细则。随后,中国证监会又陆续制定了一系列与《证券法》相配套的法规和部门规范性文件,如《中国证券监督管理委员会股票发行审核委员会条例》《中国证监会股票发行核准程序》《股票发行上市辅导工作暂行办法》等,构建了股票发行核准制的基本框架。

新的核准程序包括:第一,省级人民政府和主管部委批准改制设立股份有限公司;第二,拟发行公司与有资格的证券公司签订辅导(保荐)协议,报当地中国证券监督管理委员会备案,签订协议后,每两个月上报一次辅导材料,辅导时间为期1年;第三,辅导期满,拟发行公司提出发行申请,证券公司依法予以推荐(保荐);第四,中国证监会进行合规性初审后,提交发行审核委员会审核,经发行审核委员会专家投票表决,最终经中国证监会核准后,决定其是否具有发行资格。核准制以强制性信息披露为核心,旨在强化中介机构的责任,减少行政干预。

核准制的第一个阶段是"通道制"。2001年3月17日,中国证监会宣布取消股票发行审批制,正式实施股票发行核准制下的"通道制"。2001年3月29日,中国证券业协会对"通道制"做出了具体解释:每家证券公司一次只能推荐一定数量的企业申请发行股票,由证券公司将拟推荐企业逐一排队,按序推荐。所推荐企业每核准一家才能再报一家,即"过会一家,递增一家"(2001年6月24日又调整为"每公开发行一家才能再报一家",即"发行一家,递增一家"),具有主承销资格的证券公司拥有的通道数量最多8条,最少2条。到2005年1月1日"通道制"被废除时,全国83家证券公司一共拥有318条通道。

"通道制"改变了由行政机制遴选和推荐发行人的做法,使主承销商在一定程度上承担起股票发行的风险,同时也获得了遴选和推荐股票发行人的权利。

4. "保荐制"阶段(2004—2019年)

2003年12月,中国证监会出台了《证券发行上市保荐制度暂行办法》等,这是适应市场需求和深化股票发行制度改革的重大举措。"保荐制"起源于英国,全称是保荐代表人制度。中国的保荐制度是指有资格的保荐人推荐符合条件的公司公开发行证券和上市,并对所推荐的发行人的信息披露质量和所做承诺提供持续训示、督促、辅导、指导和信用担保的制度。其主要内容包括：建立保荐机构和保荐代表人的注册登记管理制度；明确保荐期限；分清保荐责任；引进持续信用监管和"冷淡对待"的监管措施等。保荐制度的重点是明确保荐机构和保荐代表人的责任并建立责任追究机制。与"通道制"相比，保荐制度增加了由保荐人承担发行上市过程中连带责任的内容。保荐人的保荐责任期包括发行上市全过程以及上市后的一段时期(如两个会计年度)。2004年5月10日，首批共有67家证券公司、609人被分别注册登记为保荐机构和保荐代表人。

5."注册制"阶段(2019年至今)

推进股票发行注册制改革是党的十八届三中全会决定提出的重大改革任务。2020年3月1日，新《证券法》实施，其第四十六条规定，申请证券上市交易，应当向证券交易所提出申请，由证券交易所依法审核同意，并由双方签订上市协议。2019年，《科创板首次公开发行股票注册管理办法(试行)》等多项规则推出，科创板正式落地。2020年6月12日，中国证监会发布了《创业板首次公开发行股票注册管理办法(试行)》等，宣告中国证监会创业板改革和注册制试点开始。这些都标志着中国的股票发行制度逐渐进入全面注册制的时代。

第二节 科创板上市

一、科创板推出的背景

当前中国已进入科技创新驱动经济增长的新时代，中国制造要借助科技创新推动产业升级和经济转型，科创板作为金融服务科技的重要抓手，引导资金向优质的科创型企业集聚支撑科技创新，能够提升金融供给的质量和效率。

设立科创板并试点注册制是我国多层次资本市场体系构建的重要举措，是落实创新驱动发展战略，增强资本市场对提高我国关键核心技术创新能力的服务水平，支持上海国际金融中心和科技创新中心建设，完善资本市场基础制度，坚持稳中求进工作总基调，贯彻新发展理念，深化金融供给侧结构性改革的重要举措。

设立科创板着重解决科技型企业的股权融资问题，其意义不仅是为企业提供更多的融资途径，更是为科技企业发展和多层次资本市场完善发挥重要作用。"科技＋金融"的模式为优质实体经济发展注入金融资源，是资本与科技创新的有效结合，有助于实现国民经济从高速增长到高质量发展的跨越。

二、科创板的理念

科创板的核心理念为注册制。科创板实施的注册制努力做到"理念市场化、标准全公开、结果可预期、审核透明化"。

随着我国资本市场的发展与成熟，长期以来实施的股票发行核准制逐渐显现出诸多弊端，实行股票发行注册制的改革是大势所趋。注册制下的工作重心由原来的重监管审批转移到防范信息欺诈和虚假信息披露，原先中国证监会手中关于发行与上市审核的权力被分散到相应的市场主体手中,能充分发挥中介机构的有效作用,让合格投资者自行判断股票的价值。保荐机构、律师事务所、会计师事务所等中介机构是发行人最直接的知情者和把关人,科创板上市企业的质量首先要通过中介机构的关口,中介机构成为"看门人"。监管机构处于后台,中介机构处于第一线。

在我国的核准制下,过会即意味着IPO成功,几乎不会发行失败,但是在注册制下可能会发生企业IPO发行失败的情况。对于投资者而言,如果对注册制下IPO企业价值判断出现偏差,其投资风险也会随之加大。

上市门槛的降低也伴随着更为严格的退市安排。如果决定公司持续经营能力的核心技术、研发人员等关键要素出现问题,或成交量、市值、股价、股东人数等指标过低,均有可能触发退市风险。

根据交易所发布的《上海证券交易所科创板股票上市规则》的规定,对于存在欺诈发行、重大信息披露违法、涉及国家安全、公共安全等行为,以及在交易所连续120个交易日实现累计股票成交量低于200万股,连续20个交易日每日股票收盘价均低于股票面值、市值均低于3亿元、股东数量均低于400人的科创板企业实行强制退市,被称为"史上最严退市制度"。

注册制下,科创板上市企业的质量要求并没有降低。质量把关主要靠信息披露、持续监管和严格的退市制度。此外,还有市场化询价、战略配售和保荐跟投等前期配套规则。故科创板的根基是市场化和法治化,科创板制度努力在市场化和法治化中寻求平衡。

三、科创板上市的企业类型

发行人申请首次公开发行股票并在科创板上市,应当符合科创板定位,面向世界科技前沿、面向经济主战场、面向国家重大需求。优先支持符合国家战略,拥有关键核心技术,科技创新能力突出,主要依靠核心技术开展生产经营,具有稳定的商业模式,市场认可度高,社会形象良好,具有较强成长性的企业。

上交所鼓励券商推荐来自"硬科技"的行业企业,企业在行业领域或技术属性上是否具备在科创板上市的资格主要由《上海证券交易所科创板企业发行上市申报及推荐暂行规定》和《科创属性评价指引(试行)》两个文件来具体确定。

重点鼓励的行业领域包括以下5类。

第一类:新一代信息技术,主要包括集成电路、人工智能、云计算、大数据、互联网、软件、物联网等。

第二类:高端装备制造和新材料,主要包括船舶、高端轨道交通、海洋工程、高端数控机床、机器人及新材料。

第三类:新能源及节能环保,主要包括新能源、新能源汽车、先进节能环保。

第四类:生物医药,主要包括生物医药和医疗器械。

第五类:技术服务领域,主要包括为半导体集成电路、新能源、高端装备制造和生物医药提供技术服务的企业。

此外,限制金融科技、模式创新企业在科创板发行上市。禁止房地产和主要从事金融、投资类业务的企业在科创板发行上市。

四、科创板首次公开发行与上市条件

(一)首次公开发行并上市的一般规则体系

A股IPO的发行条件由三个层次组成。

第一个层次是法律。《证券法》第十二条规定了公司公开发行新股应当符合的条件。

第二个层次是中国证监会的部门规章。中国证监会根据《证券法》的上述授权性规定颁布了《首次公开发行股票注册管理办法》,对发行条件进行了详细规定。

第三个层次是交易所的上市条件。这体现在《上海证券交易所股票上市规则》(2024年4月修订)、《上海证券交易所科创板股票上市规则》(2024年4月修订),以及《深圳证券交易所股票上市规则》(2024年修订)和《深圳证券交易所创业板股票上市规则》(2020年修订)中,分别适用申请在上交所主板、科创板,以及深交所主板、深交所创业板上市的企业。

(二)科创板首次公开发行股票条件

科创板公开发行股票条件的设定充分体现了以信息披露为中心的注册制改革理念,精简优化现有发行条件,突出重大性原则并强调风险防控。

《首次公开发行股票注册管理办法》取消了现行发行条件中关于盈利业绩、不存在未弥补亏损、无形资产占比等限制等方面的要求,第二章第十至十三条详细规定了申请首次公开发行应当满足的4个方面条件:一是发行人组织机构健全,依法设立且持续经营3年以上的股份有限公司;二是发行人会计基础工作规范,内部控制制度健全;三是发行人业务完整,具有直接面向市场独立持续经营的能力;四是发行人生产经营符合法律、行政法规的规定,符合国家产业政策。

(三)科创板上市的市值与财务标准

在科创板上市企业的具体条件,包括市值与财务指标条件,以及具有表决权差异安排的市值与财务指标条件等由《上海证券交易所科创板股票上市规则》等文件详细规定。

五、科创板上市的流程

科创板上市流程如下:

(1)发行人委托保荐人通过上交所发行上市审核业务系统报送发行上市申请文件——上交所收到发行上市申请文件后5个工作日内,对文件进行核对,作出是否受理的决定,并在网站公示(发行人补正时限最长不超过30个工作日)。

(2)上交所受理发行上市申请文件当日,发行人在上交所网站预先披露招股说明书(不能含有股票发行价格信息)等文件。(上交所受理发行上市申请文件后10个工作日内,保荐人应以电子文档形式报送保荐工作底稿和验证版招股说明书。)

(3)交易所按照规定的条件和程序,3个月内作出同意或者不同意发行人股票公开发行并上市的审核意见(回复上交所审核问询的时间总计不超过3个月)。

(4)中国证监会履行发行注册程序,20个工作日内对发行人的注册申请作出同意注册或者不予注册的决定。(主要关注交易所发行上市审核内容有无遗漏,审核程序是否符合规定,以及发行人在发行条件和信息披露要求的重大方面是否符合相关规定。可以要求交易所进一步问询。)

第三节 创业板上市

一、创业板的定位

2009年10月30日,中国创业板正式开板。2020年6月,借鉴科创板、香港创业板以及美国纳斯达克的建设经验,创业板改革并试点注册制正式实施。

根据《首次公开发行股票注册管理办法》第三条的规定,发行人申请首次公开发行股票并在创业板上市,应当符合创业板定位。创业板深入贯彻创新驱动发展战略,适应发展更多依靠创新、创造、创意的大趋势,主要服务成长型创新创业企业,支持传统产业与新技术、新产业、新业态、新模式深度融合。可以将上述创业板的定位概况为"三创一融合"。

根据《深圳证券交易所股票发行上市审核规则》《深圳证券交易所创业板企业发行上市申报及推荐暂行规定》,创业板实行注册制后,原则上不支持在创业板申报发行上市的行业包括:农林牧渔业;酒、饮料和精制茶制造业;纺织业;黑色金属冶炼和压延加工业;电力、热力、燃气及水生产和供应业;建筑业;交通运输、仓储和邮政业;住宿和餐饮业;金融业;房地产业;居民服务、修理和其他服务业。

上述行业中与互联网、大数据、云计算、自动化、新能源、人工智能等新技术、新产业、新业态、新模式深度融合的创新创业企业仍可以在创业板上市,并要求保荐人对推荐此类企业进行尽职调查,做出专业判断,在发行保荐书中说明相关核查过程、依据和结论,充分体现创业板创新创业的定位。

二、创业板首次公开发行与上市条件

创业板首次公开发行与上市条件分别由《首次公开发行股票注册管理办法》与《深圳证券交易所创业板股票上市规则》规定。

三、创业板首次公开发行与上市流程

《首次公开发行股票注册管理办法》第三章"注册程序"中详细规定了首次公开发行的基本流程。创业板注册制审核流程分为4个环节:

第一,受理环节。深交所收到发行上市申请文件后5个工作日内,对文件进行核对,作出是否受理的决定。

发行上市申请文件不符合中国证监会和深交所要求的,比如文档名称与文档内容不相符、签章不完整或者不清晰,发行人应当予以补正,补正时限最长不超过30个工作日。

第二,审核顺序及问询环节。深交所发行上市审核机构按照发行上市申请文件受理的先后顺序开始审核,自受理之日起20个工作日内,通过保荐人向发行人提出首轮审核问询。

首轮审核问询后,深交所发现新的需要问询事项、发行人及中介机构的回复未能有针对性地回复深交所审核问询或深交所就其回复需要继续审核问询、发行人信息披露仍未满足规定要求的,深交所发行上市审核机构收到发行人回复后10个工作日内可以继续提出审核问询。

第三,上市委员会审议环节。如果深交所发行上市审核机构收到发行人及其保荐人、证券服务机构对深交所审核问询的回复后,认为不需要进一步审核问询的,将出具审核报告并提交上市委员会审议。

上市委员会审议时,参会委员就审核报告的内容和发行上市审核机构提出的初步审核意见发表意见,通过合议形成发行人是否符合发行条件、上市条件和信息披露要求的审议意见。

第四,向中国证监会报送审核意见和注册环节。深交所审核通过的,向中国证监会报送发行人符合发行条件、上市条件和信息披露要求的审核意见、相关审核资料和发行人的发行上市申请文件。

中国证监会在20个工作日内对发行人的注册申请作出予以注册或者不予注册的决定。中国证监会认为存在需要进一步说明或者落实事项的,可以要求深交所进一步问询。

第四节 北交所上市

一、北交所上市概述

(一)背景

2021年9月2日,习近平总书记在2021年中国国际服务贸易交易会全球服务贸易峰会上的致辞中宣布:"我们将继续支持中小企业创新发展,深化新三板改革,设立北京证券交易所,打造服务创新型中小企业主阵地。"

北交所成立的背景包括:

第一,党中央、国务院高度重视中小企业创新发展和新三板改革。2021年7月召开的中共中央政治局会议对发展专精特新中小企业、深化新三板改革做出了重要部署。设立北交所是对资本市场更好服务构建新发展格局、推动高质量发展做出的新的重大战略部署,为进一步深化新三板改革、完善资本市场对中小企业的金融支持体系指明了方向。

第二,精选层改革奠定了坚实的企业基础、市场基础和制度基础。新三板自2013年正式运营以来,通过不断改革探索,发展成为资本市场服务中小企业的重要平台。2019年以来,中国证监会推出了精选层,建立了公开发行制度,引入了连续竞价和转板机制等一系列改革措施,激发了市场活力,取得了积极成效。精选层设立后,总体运行平稳,各项制度创新经受了市场考验,吸引了一批"小而美"的优质中小企业挂牌交易,为进一步深化改革、设立证券交易所打下了坚实的企业基础、市场基础。

第三,新发展阶段对资本市场服务创新中小企业提出新要求。深化新三板改革,设立北交所是实施国家创新驱动发展战略、持续培育发展新动能的重要举措,也是深化金融供给侧结构性改革、完善多层次资本市场体系的重要内容,对于发挥资本市场功能作用、促进科技与资本融合、支持中小企业创新发展具有重要意义。

(二)意义

北交所的设立破除了新三板建设的政策障碍,围绕满足专精特新中小企业发展的需求,对于完善中国特色多层次资本市场体系,形成科技、创新和资本的集聚效应,打造服务中小企业创新发展的专业化平台具有重要的意义。

第一，创新发展的需要。面对新的发展形势和环境，中央提出加快构建以国内大循环为主体、国内国际双循环相互促进的新发展格局。构建新发展格局的根本要求是提升供给体系的创新能力，不断推动科技创新和产业结构升级。北交所的设立将有力地推动中小企业，尤其是专精特新企业的创新。

第二，有效解决中小企业融资难。在我国经济转型的关键时期，中小企业，尤其是轻资产、创新型中小企业的融资难问题尤为突出。沪深证券交易所尚不能完全满足广大中小企业的直接融资需求。在2020年新三板精选层设立之前，新三板的定位职能并没有充分发挥，中小企业通过挂牌新三板基础层、创新层解决直接融资困难，增加中小企业直接融资途径非常关键。北交所设立后，新三板基础层、创新层与北交所形成制度合力，延长资本市场服务链条，吸引更多创新型中小企业对接资本市场。

第三，满足投资需求。北交所的设立增加了居民的投资渠道，丰富了投资产品。

第四，实现共同富裕。北交所的设立有助于改变中国金融发展格局，推动区域均衡发展。北交所的设立使我国资本市场布局更加合理，有助于缩小南北经济差距，助力首都完善金融市场及服务体系、提升京津冀地区甚至整个北方地区的经济活力。

(三) 理念

北交所以新三板精选层为基础，坚持错位发展。按照"坚守一个定位，处理好两个关系，实现三个目标"的原则，北交所整体平移精选层的各项基础制度，探索建立适合创新型中小企业特点的发行上市制度和信息披露制度安排。

(1) 坚守"一个定位"。北交所将牢牢坚持服务创新型中小企业的市场定位，尊重创新型中小企业发展规律和成长阶段，提升制度包容性和精准性。

(2) 处理好"两个关系"。一是北交所与沪深证券交易所、区域性股权市场坚持错位发展与互联互通，发挥好转板上市功能；二是北交所与新三板现有创新层、基础层坚持统筹协调与制度联动，维护市场结构平衡。

(3) 实现"三个目标"。一是构建一套契合创新型中小企业特点的涵盖发行上市、交易、退市、持续监管、投资者适当性管理等基础制度安排，提升多层次资本市场发展普惠金融的能力；二是畅通北交所在多层次资本市场的纽带作用，形成相互补充、相互促进的中小企业直接融资成长路径；三是培育一批专精特新中小企业，形成创新创业热情高涨、合格投资者踊跃参与、中介机构归位尽责的良性市场生态。

(四) 板块定位

《北京证券交易所向不特定合格投资者公开发行股票注册管理办法》第三条规定，北交所充分发挥对全国中小企业股份转让系统的示范引领作用，深入贯彻创新驱动发展战略，聚焦实体经济，主要服务创新型中小企业，重点支持先进制造业和现代服务业等领域的企业，推动传统产业转型升级，培育经济发展新动能，促进经济高质量发展。

(五) 上市路径与转板机制

1. 转板上市

转板上市是指非上市公众公司转板到各交易所上市。由于北交所坚持上市公司应来自创新层挂牌公司，因此新三板企业可通过"基础层—创新层—北交所"或"创新层—北交所"的路径完成在北交所上市。

新三板企业:可以在新三板运行满12个月后申请进入北交所实现上市(申请时应为创新层公司)。

非新三板企业:可选择在新三板的基础层或创新层挂牌,再申请进入北交所上市。

北交所上市路径如图12-1所示。

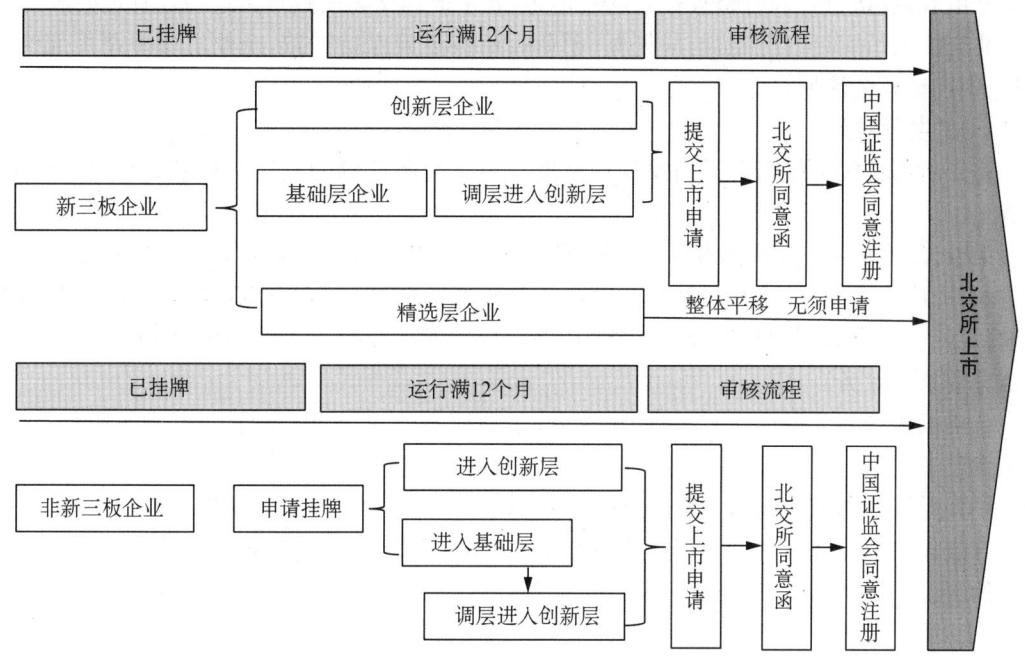

图 12-1　北交所上市路径

参考资料:崔彦军,金祥慧.北交所上市全程指引[M].北京:机械工业出版社,2022:43.

2. 上市后转板

北交所上市公司可以转板至科创板或创业板上市。转板条件与首次公开发行并在沪深交易所上市的条件基本保持一致,沪深交易所可根据监管需要提出差异化要求。北交所转板路径如图12-2所示。

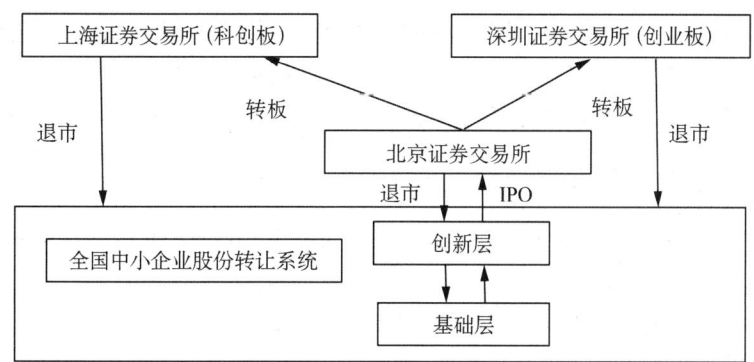

图 12-2　北交所转板路径

参考资料:崔彦军,金祥慧.北交所上市全程指引[M].北京:机械工业出版社,2022:47.

二、北交所首次公开发行与上市条件

申请在北交所上市需同时满足发行条件与上市条件,发行条件的规定为《北京证券交易所向不特定合格投资者公开发行股票注册管理办法》,上市条件的规定为《北京证券交易所股票上市规则(试行)》。合格投资者的规定为《北京证券交易所投资者适当性管理办法》。

北交所上市实行注册制,与科创板、创业板审核政策保持一致,企业上市申请由北交所审核、中国证监会注册。

(一)发行对象

北交所市场实行投资者适当性管理制度。在北交所证券的发行与交易对象为"合格投资者"。

根据《北京证券交易所投资者适当性管理办法》的规定,投资者参与北交所证券交易等相关业务,应当熟悉本所业务规定,了解上市公司风险特征,结合自身风险偏好确定投资目标,客观评估自身的心理和生理承受能力、风险识别能力及风险控制能力,审慎决定是否参与证券交易等业务。

合格投资者分为两类:一是机构投资者,包括证券公司、银行、保险及基金等机构;二是个人投资者。

个人投资者参与本所市场股票交易,应当符合下列条件:①申请权限开通前20个交易日证券账户和资金账户内的资产日均不低于人民币50万元(不包括该投资者通过融资融券融入的资金和证券);②参与证券交易24个月以上。

(二)发行条件

根据《北京证券交易所向不特定合格投资者公开发行股票注册管理办法》,股票向不特定合格投资者公开发行并在北交所上市的发行注册,应满足的发行条件为:

(1)发行人应当为在全国股转系统连续挂牌满12个月的创新层挂牌公司。

(2)发行人申请公开发行股票,应当符合下列规定:①具备健全且运行良好的组织机构;②具有持续经营能力,财务状况良好;③最近3年财务会计报告无虚假记载,被出具无保留意见审计报告;④依法规范经营。

(3)发行人及其控股股东、实际控制人存在下列情形之一的,发行人不得公开发行股票:①最近3年内存在贪污、贿赂、侵占财产、挪用财产或者破坏社会主义市场经济秩序的刑事犯罪;②最近3年内存在欺诈发行、重大信息披露违法或者其他涉及国家安全、公共安全、生态安全、生产安全、公众健康安全等领域的重大违法行为;③最近1年内受到中国证监会行政处罚。

(三)上市条件

根据《北京证券交易所股票上市规则(试行)》的规定,发行人申请公开发行并上市,应当符合下列条件:

(1)发行人为在全国股转系统连续挂牌满12个月的创新层挂牌公司;

(2)符合中国证监会规定的发行条件;

(3)最近1年期末净资产不低于5 000万元;

(4)向不特定合格投资者公开发行的股份不少于100万股,发行对象不少于100人;

(5)公开发行后,公司股本总额不少于3 000万元;

(6) 公开发行后,公司股东人数不少于200人,公众股东持股比例不低于公司股本总额的25%;公司股本总额超过4亿元的,公众股东持股比例不低于公司股本总额的10%;

(7) 市值及财务指标符合本规则规定的标准;

(8) 其他上市条件。

发行人申请公开发行并上市,市值及财务指标应当至少符合下列标准中的一项:

(1) 预计市值不低于2亿元,最近两年净利润均不低于1 500万元且加权平均净资产收益率平均不低于8%,或者最近1年净利润不低于2 500万元且加权平均净资产收益率不低于8%;

(2) 预计市值不低于4亿元,最近两年营业收入平均不低于1亿元,且最近1年营业收入增长率不低于30%,最近1年经营活动产生的现金流量净额为正;

(3) 预计市值不低于8亿元,最近1年营业收入不低于2亿元,最近两年研发投入合计占最近两年营业收入合计比例不低于8%;

(4) 预计市值不低于15亿元,最近2年研发投入合计不低于5 000万元。

上述所称预计市值是指以发行人公开发行价格计算的股票市值。

三、北交所上市的流程

《北京证券交易所向不特定合格投资者公开发行股票注册管理办法》规定了申请公开发行股票的注册程序,《北京证券交易所向不特定合格投资者公开发行股票并上市审核规则》则详细地规定了北交所上市的流程。北交所申请上市的大致流程如图12-3所示。

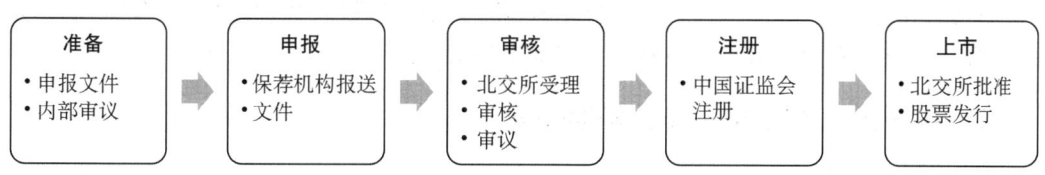

图 12-3　北交所申请上市的大致流程

第五节　上市公司的再融资

一、再融资的基本工具

再融资特指上市公司的再融资行为,"再"是相对于首次公开发行(IPO),上市公司除IPO以外在证券市场上的直接融资行为都被称为再融资。

上市公司再融资是企业上市的第一要务,企业想要做大做强,打造成为行业龙头,或在国际竞争中取得胜利,没有资金的支持是不可能的。企业上市的目的之一便是获取持续稳定的融资渠道。对于上市公司来说,上市后融资工具变得更为丰富,本节所述的上市公司再融资主要是指作为上市公司特有的,或企业在上市后才获得的再融资。

再融资包含股权再融资和债权再融资两类。常见的股权再融资工具为配股和增发;债权再融资工具为公司债券。

(1) 配股。配股是指上市公司根据公司发展需要,依照有关法律的规定和相应的程序,向原股东按其持股比例、以低于市价的某一特定价格配售一定数量新发行股票的融资行为。配股因其发行简便、快捷被上市公司广泛使用,同时也是我国上市公司最早采用的再融资工具。

配股的特点是,为了鼓励股东出价认购,新股的价格是以股票市价作一定折价处理确定的。原股东可以自行选择是否配股,但配股后股票会进行除权处理,股价将向下调整,若原股东放弃配股,可能会因持仓股数不变,而股价调整下降导致一定损失。

(2) 增发。增发是指上市公司增发新股以筹得资金的融资方式。增发根据发行对象的不同可以分为公开增发和定向增发,公开增发的发行对象为所有投资者,而定向增发的发行对象为符合条件的少数特定投资者。增发的新股价格通常为上市公司增发前某一时间段的平均股价或其折价。

(3) 公司债券。公司债券是指公司依照法定程序发行,约定在一定期限内还本付息的有价证券。公司债券是上市公司外部融资的重要手段,也是金融市场上的重要金融工具之一。

(4) 可转换公司债券。可转换公司债券(可转债)是一种常见的比较特殊的再融资工具。其特殊之处在于,可转债是一种混合型证券,是公司普通债券和证券期权的组合体,同时兼具债权和股权的特征。可转债的持有人在一定期限内,可以按照事先规定的价格或者转换比例将债券转换为普通股票,也可以放弃转换权利,持有至债券到期还本付息,获得固定收益。

不同的再融资工具各有长处,上市公司融资时具体选择哪一种,需要综合考虑自身的融资规模需求、对未来业绩增长的判断以及资本市场情况的适用性。

二、科创板与创业板上市公司再融资

(一) 发行方式

《上市公司证券发行注册管理办法》第三条规定:

上市公司发行证券,可以向不特定对象发行,也可以向特定对象发行。

向不特定对象发行证券包括上市公司向原股东配售股份(简称配股)、向不特定对象募集股份(简称增发)和向不特定对象发行可转债。

向特定对象发行证券包括上市公司向特定对象发行股票、向特定对象发行可转债。

(二) 发行条件

1. 股票

《上市公司证券发行注册管理办法》第九条规定,上市公司向不特定对象发行股票,应当符合下列规定:

(1) 具备健全且运行良好的组织机构;

(2) 现任董事、监事和高级管理人员符合法律、行政法规规定的任职要求;

(3) 具有完整的业务体系和直接面向市场独立经营的能力,不存在对持续经营有重大不利影响的情形;

(4) 会计基础工作规范,内部控制制度健全且有效执行,财务报表的编制和披露符合企业会计准则和相关信息披露规则的规定,在所有重大方面公允反映了上市公司的财务状况、

经营成果和现金流量,最近3年财务会计报告被出具无保留意见审计报告;

(5) 除金融类企业外,最近1期末不存在金额较大的财务性投资;

(6) 交易所主板上市公司配股、增发的,应当最近3个会计年度盈利;增发还应当满足最近3个会计年度加权平均净资产收益率平均不低于6%;净利润以扣除非经常性损益前后孰低者为计算依据。

2. 可转债

上市公司发行可转债,应当符合下列规定:

(1) 具备健全且运行良好的组织机构;

(2) 最近3年平均可分配利润足以支付公司债券1年的利息;

(3) 具有合理的资产负债结构和正常的现金流量;

(4) 交易所主板上市公司向不特定对象发行可转债的,应当最近3个会计年度盈利,且最近3个会计年度加权平均净资产收益率平均不低于6%;净利润以扣除非经常性损益前后孰低者为计算依据。

除前款规定条件外,上市公司向不特定对象发行可转债,还应当遵守《上市公司证券发行注册管理办法》第九条第(二)项至第(五)项、第十条的规定;向特定对象发行可转债,还应当遵守第十一条的规定。但是,按照公司债券募集办法,上市公司通过收购本公司股份的方式进行公司债券转换的除外。

(三) 募集资金用途

1. 股票

《上市公司证券发行注册管理办法》第十二条规定,上市公司发行股票,募集资金使用应当符合下列规定:

(1) 符合国家产业政策和有关环境保护、土地管理等法律、行政法规规定;

(2) 除金融类企业外,本次募集资金使用不得为持有财务性投资,不得直接或者间接投资于以买卖有价证券为主要业务的公司;

(3) 募集资金项目实施后,不会与控股股东、实际控制人及其控制的其他企业新增构成重大不利影响的同业竞争、显失公平的关联交易,或者严重影响公司生产经营的独立性;

(4) 科创板上市公司发行股票募集的资金应当投资于科技创新领域的业务。

2. 可转债

《上市公司证券发行注册管理办法》第十五条规定:上市公司发行可转债,募集资金使用应当符合本办法第十二条的规定,且不得用于弥补亏损和非生产性支出。

(四) 发行程序

上市发行证券再融资的基本程序如下:

(1) 董事会决议,并提请股东大会批准。董事会决议的内容包括:证券发行的方案、本次发行方案的论证分析报告、本次募集资金使用的可行性报告、其他必须明确的事项。

(2) 股东大会就证券发行的相关事项做出决议。

(3) 按照中国证监会有关规定制作注册申请文件,依法由保荐人保荐并向交易所申报。交易所收到注册申请文件后,5个工作日内作出是否受理的决定。

(4) 交易所对发行文件的审核。交易所审核部门负责审核上市公司证券发行上市申请。交易所主要通过向上市公司提出审核问询、上市公司回答问题方式开展审核工作,判断上市公司发行申请是否符合发行条件和信息披露要求。上市公司向交易所报送审核问询回复的相关文件，并以临时公告的形式披露交易所审核问询回复意见。

交易所自受理注册申请文件之日起2个月内形成审核意见。

（5）中国证监会发行注册审核。中国证监会在交易所收到上市公司注册申请文件之日起，同步关注其是否符合国家产业政策和板块定位。

中国证监会收到交易所审核意见及相关资料后，基于交易所审核意见，依法履行发行注册程序。在15个工作日内对上市公司的注册申请作出予以注册或者不予注册的决定。

（6）中国证监会的予以注册决定，自作出之日起1年内有效，上市公司应当在注册决定有效期内发行证券，发行时点由上市公司自主选择。

三、北交所上市公司再融资

（一）发行方式

《北京证券交易所上市公司证券发行注册管理办法》第三条规定，上市公司发行证券，可以向不特定合格投资者公开发行，也可以向特定对象发行。

（二）发行条件

1. 股票

上市公司向特定对象发行股票，应当符合下列规定：

（1）具备健全且运行良好的组织机构；

（2）具有独立、稳定经营能力，不存在对持续经营有重大不利影响的情形；

（3）最近1年财务会计报告无虚假记载，未被出具否定意见或无法表示意见的审计报告；最近1年财务会计报告被出具保留意见的审计报告，保留意见所涉及事项对上市公司的重大不利影响已经消除。本次发行涉及重大资产重组的除外；

（4）合法规范经营，依法履行信息披露义务。

上市公司向不特定合格投资者公开发行股票的，除应当符合《北京证券交易所上市公司证券发行注册管理办法》第九条、第十条规定的条件外，还应当符合《北京证券交易所向不特定合格投资者公开发行股票注册管理办法》规定的其他条件。

2. 可转债

上市公司发行可转换为股票的公司债券，应当符合下列规定：

（1）具备健全且运行良好的组织机构；

（2）最近3年平均可分配利润足以支付公司债券1年的利息；

（3）具有合理的资产负债结构和正常的现金流量。

除前款规定条件外，上市公司向特定对象发行可转换为股票的公司债券，还应当遵守《北京证券交易所上市公司证券发行注册管理办法》第九条、第十条的规定；向不特定合格投资者公开发行可转换为股票的公司债券，还应当遵守《北京证券交易所上市公司证券发行注册管理办法》第十一条的规定。但上市公司通过收购本公司股份的方式进行公司债券转换的除外。

（三）募集资金用途

《北京证券交易所上市公司证券发行注册管理办法》第十五条规定：上市公司应当将募集资金主要投向主业。上市公司最近1期末存在持有金额较大的财务性投资的，保荐人应当对上市公司本次募集资金的必要性和合理性审慎发表核查意见。

（四）发行程序

北交所上市公司再融资需要按照以下流程，如图12-4所示。

图12-4　北交所上市公司再融资流程

（1）发行人审议。公司内部的董事会、监事会、股东大会就发行的相关事宜做出审议。

（2）向北交所申请。按照中国证监会有关规定制作注册申请文件，由保荐人保荐并向北交所申报。北交所收到注册申请文件后，在5个工作日内作出是否受理的决定。

（3）北交所审核。北交所应当自受理注册申请文件之日起2个月内形成审核意见。

（4）证监会注册。中国证监会在15个工作日内对上市公司的注册申请作出同意注册或不予注册的决定。

（5）定价、发售与认购。

关 键 概 念

上市；IPO；借壳上市；注册制；科创板；创业板；北交所；再融资

本 章 小 结

1. 企业权衡上市的成本与收益，做出是否上市的决策。对中国的中小企业来说，可供选择科创板、创业板或北交所上市。上市方式包括首次公开发行股票（IPO）和借壳上市两种。

2. 证券发行监管制度主要有三种类型：审批制、核准制和注册制。中国是世界上证券发行制度最为严格的国家之一，证券发行大致经历了"审批制""核准制""注册制"三种不同的制度，总体上体现了从计划与行政主导，向市场化的方向演进过程。

3. 科创板核心理念就是以信息披露为核心的注册制。鼓励"硬科技"企业上市。创业板深入贯彻创新驱动发展战略，适应发展更多依靠创新、创造、创意的大趋势，主要服务成长型创新创业企业，支持传统产业与新技术、新产业、新业态、新模式深度融合。

北交所以新三板精选层为基础，按照"坚守一个定位，处理好两个关系，实现三个目标"的原则，坚持服务创新型中小企业的市场定位。

4. A股IPO的发行条件由三个层次组成：第一个层次是法律，如《证券法》；第二个层次是中国证监会的部门规章，如《首次公开发行股票并上市管理办法》；第三个层次是交易所的上市条件。

5. 上市公司除IPO以外在证券市场上的直接融资行为都被称为再融资。再融资包含股权再融资和债券再融资两类。常见的股权再融资工具为配股和增发；债权再融资工具为公司债和可转债。

思考习题

1. 企业如何权衡上市的收益与成本，做出是否上市的决策？
2. 证券发行的监管制度有哪些？中国的股票发行制度经历了什么样的演进历程？
3. 简述科创板的创设背景、理念与定位。
4. 创业板的制度创新与定位是什么？
5. 什么是上市再融资？中国上市公司的再融资工具主要有哪些？

案例与实训

案例分析

案例分析 12-1：南微医学的科创板上市融资之路

扫描二维码阅读案例资料，讨论以下问题：

(1) 南微医学为什么要上市融资？
(2) 南微医学最初上市失败的原因是什么？
(3) 南微医学选择科创板上市的原因是什么？
(4) 从南微医学的上市融资之路讨论科创板对企业融资与发展的作用。

案例分析12-1：南微医学的科创板上市融资之路

实训练习

找一家科创板或创业板上市公司，通过网络或实地调研搜集资料，包括企业网站、新闻报道、招股说明书、年报等，写一份关于企业上市融资的调研报告（包括企业的发展历程、融资需求、上市决策、上市的过程、上市后的融资等方面）。

参考文献

[1] 陈工孟,傅建源. 小额信贷理论与实务[M]. 北京:清华大学出版社,2017.
[2] 陈晓华,吴家富. 供应链金融[M]. 北京:人民邮电出版社,2018.
[3] 程之. P2P网贷:从入门到精通[M]. 北京:清华大学出版社,2016.
[4] 崔彦军,金祥慧. 北交所上市全程指引[M]. 北京:机械工程出版社,2022.
[5] 狄娜,叶小杭. 信用担保实务案例[M]. 北京:经济科学出版社,2005.
[6] 丁先云,刘海旭. 科创板IPO上市全流程指导[M]. 北京:中华工商联合出版社,2020.
[7] 范力,等. 创新创业公司债券的探索与实践[M]. 北京:经济科学出版社,2018.
[8] 范鑫豪. 小额贷款:业务·实战·疑难[M]. 北京:法律出版社,2017.
[9] "供应链金融"课题组. 供应链金融:新经济下的新金融[M]. 上海:上海远东出版社,2017.
[10] 顾颖. 新三板操作实务指引[M]. 北京:法律出版社,2017.
[11] 关振海. 商业保理融资指南[M]. 北京:中国发展出版社,2017.
[12] 贺志东. 企业融资管理操作实务大全[M]. 北京:企业管理出版社,2018.
[13] 胡海峰,胡吉亚. 风险投资学[M]. 2版. 北京:北京师范大学出版社,2020.
[14] 焦瑾璞. 普惠金融导论[M]. 北京:中国金融出版社,2019.
[15] 姜仲勤. 融资租赁在中国:问题与解答[M]. 2版. 北京:当代中国出版社,2018.
[16] 立金银行培训中心. 银行应收账款融资操作培训[M]. 北京:中国金融出版社,2019.
[17] 李耀东,李钧. 互联网金融框架与实践[M]. 北京:电子工业出版社,2014.
[18] 李扬,王芳. 中国债券市场2019[M]. 北京:社会科学文献出版社,2019.
[19] 李晓艳. 我为什么要投资你[M]. 北京:中国商业出版社,2012.
[20] 李志辉. 中国银行业改革与发展:回顾、总结与展望[M]. 上海:格致出版社,上海人民出版社,2018.
[21] 李心愉. 公司融资管理[M]. 北京:企业管理出版社,2018.
[22] 廖理. 全球互联网金融商业模式:格局与发展[M]. 北京:机械工业出版社,2018.
[23] 林毅夫. 新结构经济学(增订版)[M]. 苏剑,译. 北京:北京大学出版社,2014.
[24] 刘东涛. 中国股票发行注册制法律理论与实务[M]. 北京:法律出版社,2021.
[25] 刘寒星,等. 中国私募股权投资[M]. 北京:中国人民大学出版社,2021.
[26] 刘曼红,王佳妮,陈苏. 天使投资学[M]. 北京:对外经济贸易大学出版社,2018.
[27] 刘曼红,Pascal Levensohn,刘小兵. 风险投资学[M]. 2版. 北京:对外经济贸易大学出版社,2018.
[28] 刘淑莲. 财务管理[M]. 北京:机械工业出版社,2015.
[29] 刘淑莲,任翠玉. 高级财务管理[M]. 2版. 大连:东北财经大学出版社,2017.

[30] 刘新来. 信用担保概论与实务[M]. 3版. 北京：经济科学出版社，2013.

[31] 刘志硕. 股权众筹：创业融资指南[M]. 北京：机械工业出版社，2017.

[32] 楼裕胜. 征信技术与实务[M]. 北京：中国金融出版社，2018.

[33] 卢明明. 一本书读懂私募股权投资[M]. 北京：人民邮电出版社，2016.

[34] 卢明明. 赢在四板[M]. 北京：人民邮电出版社，2016.

[35] 罗明雄，侯少开，桂曙光. P2P网贷[M]. 北京：中国财政经济出版社，2016.

[36] 马丽娟. 信托与融资租赁[M]. 4版. 北京：首都经济贸易大学出版社，2019.

[37] 欧阳良宜. 私募股权投资管理[M]. 北京：北京大学出版社，2013.

[38] 邱立军，胡茵. 商业银行信贷实务[M]. 北京：化学工业出版社，2018.

[39] 饶刚，洪卫青. 饶胖说新三板[M]. 北京：法律出版社，2017.

[40] 沈春晖. 一本书看透IPO：A股IPO全流程深度剖析[M]. 北京：机械工业出版社，2020.

[41] 深圳证券交易所创业企业培训中心. 中小企业板、创业板股票发行上市问答[M]. 3版. 北京：中国财政经济出版社，2019.

[42] 史建平. 中国中小微企业金融服务发展报告（2019）[M]. 北京：中国金融出版社，2020.

[43] 宋华. 供应链金融[M]. 北京：中国人民大学出版社，2015.

[44] 田轩. 创新的资本逻辑[M]. 北京：北京大学出版社，2018.

[45] 王重润，等. 中小企业信用担保风险分担与补偿机制研究[M]. 北京：中国社会科学出版社，2017.

[46] 王骥. 四板掘金600问：区域股权市场运营操作与投融资途径[M]. 北京：中国经济出版社，2014.

[47] 王勇. P2P网络借贷的实务与法律分析[M]. 北京：人民出版社，2019.

[48] 温灏. 中国小微贷款：理论与实践[M]. 北京：经济管理出版社，2020.

[49] 吴维海. 企业融资170种模式及操作案例[M]. 2版. 北京：中国金融出版社，2019.

[50] 谢平，邹传伟，刘海二. 互联网金融手册[M]. 北京：中国人民大学出版社，2014.

[51] 肖翔. 企业融资学[M]. 3版. 北京：清华大学出版社，北京交通大学出版社，2019.

[52] 徐明. 新三板理论与实践[M]. 北京：中国金融出版社，2021.

[53] 杨宜. 中小企业投融资管理[M]. 北京：北京大学出版社，2016.

[54] 杨立，等. P2P网贷投资学[M]. 北京：中国金融出版社，2018.

[55] 杨海平. 商业银行小微企业批量授信管理[M]. 北京：中国金融出版社，2015.

[56] [美]伊查克·爱迪思. 企业生命周期[M]. 王玥，译. 北京：中国人民大学出版社，2017.

[57] 殷华. P2P网络借贷审判实务问题研究[M]. 北京：法律出版社，2020.

[58] 叶金福. IPO财务透视：方法、重点和案例[M]. 北京：机械工业出版社，2014.

[59] 郁冰峰，邓海清，郝延山. 金融新格局：资产证券化的突破与创新[M]. 北京：中信出版社，2014.

[60] 赵永新，陈晓华. 互联网金融概论[M]. 北京：人民邮电出版社，2016.

[61] 赵国忻. 中小企业融资[M]. 2版. 北京：高等教育出版社，2014.

[62] 詹继生，尹世洪. 风险投资实务[M]. 南昌：江西人民出版社，2004.

[63] 张燕玲. 商业保理发展指南[M]. 北京：中国金融出版社，2017.

[64] 张钟允. 读懂供应链金融[M]. 北京：中国人民大学出版社，2019.
[65] 张文博. 大数据对信贷的影响研究：基于个人及中小企业视角[M]. 北京：经济管理出版社，2021.
[66] 邹健，等. 中国债券市场操作手册[M]. 北京：中国金融出版社，2020.
[67] 中国产权协会. 中国产权交易资本市场研究报告[M]. 北京：中国经济出版社，2018.
[68] 中国银行业协会保理专业委员会. 银行保理业务理论与实务[M]. 北京：中国金融出版社，2013.
[69] 中国人民银行征信管理局. 现代征信学[M]. 北京：中国金融出版社，2015.
[70] 中央国债登记结算有限责任公司. 资产证券化的理论与实践[M]. 北京：中国金融出版社，2020.
[71] 周沅帆. 中小企业私募债券：中国式高收益债券[M]. 北京：中信出版社，2013.
[72] 周红. 企业上市全程指引[M]. 4版. 北京：中信出版集团，2019.